内蒙古扶贫资金监管法律制度研究

张 磊◎著

人民法院出版社

图书在版编目（CIP）数据

内蒙古扶贫资金监管法律制度研究 / 张磊著 . -- 北京：人民法院出版社，2024.4

ISBN 978-7-5109-3706-4

Ⅰ . ①内… Ⅱ . ①张… Ⅲ . ①扶贫资金—资金管理—法规—研究—内蒙古 Ⅳ . ① D927.260.229.04

中国国家版本馆 CIP 数据核字（2023）第 007122 号

内蒙古扶贫资金监管法律制度研究

张　磊　著

策划编辑：丁塞峨
责任编辑：丁塞峨
出版发行：人民法院出版社
地　　址：北京市东城区东交民巷 27 号（100745）
电　　话：（010）67550656（责任编辑）　67550558（发行部查询）
65223677（读者服务部）
客服 QQ：2092078039
网　　址：http://www.courtbook.com.cn
E-mail：courtpress@sohu.com
印　　刷：天津嘉恒印务有限公司
经　　销：新华书店

开　　本：787 毫米 ×1092 毫米　1/16
字　　数：312 千字
印　　张：23.25
版　　次：2024 年 4 月第 1 版　2024 年 4 月第 1 次印刷
书　　号：ISBN 978-7-5109-3706-4
定　　价：78.00 元

前言

消除贫困，实现经济社会繁荣进步，是世界各国政府和人民矢志不渝的奋斗目标。党的十八大以来，现行贫困标准下贫困人口脱贫成为我国全面建成小康社会的底线任务和标志性指标。党的十九届四中全会进一步提出，在2020年消除绝对贫困后，我国贫困治理的重心将转向建立解决相对贫困的长效机制。国家保障贫困人口基本权利的实现，离不开扶贫资金作为必要的物质基础，对于扶贫资金的监管则关乎我国脱贫攻坚工作的成败。实践中，扶贫资金呈现点多、面广、来源渠道多元等特征，由于扶贫资金监管权配置不尽完善，难以形成对扶贫资金有效的监管体系和扶贫资金使用不当的问责机制。本书在精准扶贫的背景下，分析扶贫资金监管的现实困境，继而探讨扶贫资金监管法律制度的构建。

本书分析了与扶贫资金监管相关的国家责任理论和委托代理理论，这些理论为扶贫资金监管奠定基础，并对如何有效监管扶贫资金提供理论指导。在扶贫资金监管法律制度的构建上，采用两条线索：

一是完善扶贫资金监管法律制度框架，即从扶贫资金的监管主体、监管对象、监管行为和监管责任等方面来构建扶贫资金监管法律制度框架；二是建构扶贫资金运行全过程监管的法律制度体系，即针对扶贫资金运行环节存在的主要问题来建构扶贫资金监管法律制度。因此，本书建立了从扶贫资金筹集端到使用端，从扶贫资金级到项目级的“矩阵式”扶贫资金监管法律制度体系。对于扶贫资金运行全过程监管的研究，需要跟踪具体地区的扶贫实践作为研究样本。因此，本书基于内蒙古的个案研究，全面梳理和总结扶贫资金监管法律制度的运行状况。以扶贫资金监管法律制度的构建和完善作为研究贫困法治治理的切入点，对其在扶贫开发中存在的问题及原因进行以点带面的分析，并提出相关建议。作为我国“多元致贫”的贫困地区，内蒙古存在的问题具有普遍的实践参考意义，本书的研究不仅对内蒙古扶贫资金监管地方性立法具有一定的理论价值，同时也能为我国其他贫困地区提供有益经验和借鉴，并对2020年后我国扶贫开发立法进行展望。

除导论和结语外，本书共分六章。第一章是全文的基础，立足精准扶贫的时代性，以我国扶贫开发的不同历史阶段作为划分标准，基于对各时期的扶贫资金监管的体制、机制和法律规范文本的分析，确定了扶贫资金监管法律制度的萌芽时期、形成时期和完善时期。通过对扶贫资金监管法律制度的回顾和梳理，对我国现行扶贫资金监管法律制度进行整体评价。本章聚焦扶贫资金的运行安全、使用绩效、分配公平以及法律责任设置和实施等扶贫资金监管法律制度亟待解决的问题，并以问题为导向展开对扶贫资金监管法律制度构建的研究。第二章是全文的核心，系统梳理了扶贫资金监管的理论依据，在探讨扶贫资金监管法律制度的立法模式和基本原则的基础上，确定了以扶贫资金监管主体、监管对象、监管行为和监管责任为主要内容的扶贫资金监管法律制度框架。第三章至第五章涉及扶贫资金运行的全过程监管。第三章是扶贫资金筹集和分配的监管，主要研究了财政扶贫资金、社会扶贫资金、金融扶贫资金的资金安排和分配。在财政扶贫资金方面，讨论财政扶贫资金的预算监管，并对中央涉农资金整合后带来的法律问题提出解决方案。在社会扶贫资金方面，重点阐述扶贫协作支援地和定点扶贫帮扶单位对扶贫帮扶资金的监管，由于此类资金具有显著的财政资金属性，本书提出将扶贫帮扶资金纳入预算监管的构想。在金融扶贫资金方面，重点论述扶贫小额信贷投放的风险防范，提出完善扶贫小额信贷差异化监管和构建金融扶贫风险分担机制的思路。第四章是扶贫资金使用方式和支出绩效的监管。扶贫资金使用方式主要包括扶贫行政给付和扶贫项目政府采购。对于扶贫行政给付的监管，在明确贫困人口行政给付受益权的前提下，对发生扶贫资金分配不公时的救济途径进行探讨。对于政府采购扶贫项目的监管，分别对扶贫项目的非招标采购方式、政府购买扶贫服务的变相融资行为以及扶贫 PPP 项目全生命周期监管进行分类研究。在此基础上，提出财政扶贫资金绩效评价的法制化进路。第五章是扶贫资金投后资产运营和收益分配的监管。根据扶贫投后资产的资金来源、资产类型、资产权属、受益范围等要素将扶贫资产类型化，确立资产的类型和产权归属。根据扶贫资产收益分配的特点，将折股量化的扶贫资产限定为经营性扶贫资产，明确折股量化的股权设置和取得方式，提出按照“所有权与监管权相独立”的原则，构建扶贫资金投后资产的动态监管体系。第六章是扶贫资金监管法律责任与追究机制的完善。在扶贫资金监管责任方面，明确法律责任承担的主体范围、责任形式和承担方式，对法律责任承担异化的原因进行剖析，进而提出通过协调追责机制和优化追责程序，实现扶贫资金监管法律责任追究效果的提升。

目录

导论

第一章 扶贫资金监管法律制度的现实考察

第二章
扶贫资金监管法律制度的理论依据和基本构想

第三章
扶贫资金筹集和分配的监管

第四章 扶贫资金使用方式和支出绩效的监管

第六章
扶贫资金监管法律责任与追究机制的完善

附　录

导 论

一、研究背景与意义

（一）研究背景

改革开放四十年以来，我国开始实施多轮大规模的扶贫开发。以1986年国务院贫困地区经济开发领导小组成立为标志，我国开始了规模化的扶贫开发工作，确定了扶贫资金投入贫困县的标准，一定程度上做到了集中有限资源治理贫困问题。但与此同时，我国各地区之间经济发展的差异逐渐拉大，贫困人口越来越集中于深度贫困地区，扶贫资金分配使用所引发的法律问题亟待研究解决。在2020年消除农村绝对贫困之后，我国贫困治理的重心将转向相对贫困的长效机制的制度构建，本书的研究背景主要基于以下三点。

1. 扶贫资金使用绩效是精准扶贫工作的应有之义

长期以来，我国贫困人口底数不清、扶贫资金和扶贫项目指向不准等问题较为突出。针对扶贫开发这一现状，国家于2013年提出精准扶贫的治贫理念，其以扶贫对象、扶贫措施、项目安排、资金使用、因村派人为主要内涵。扶贫资金是实现国家对公民物质帮助的基础，是我国扶贫开发工作中的重要物质保障。扶贫资金的精准使用依赖于贫困人口的精准识别和脱贫措施的精准选定，而各项精准扶贫工作的目的是实现扶贫资金的投向精准。因此，扶贫资金精准使用是联结精准扶贫各项工作的重要环节。

2. 扶贫资金使用绩效是相关制度演进的价值目标

1994年起至今，国务院连续制定和发布了《国家八七扶贫攻坚计划（1994—2000年）》《中国农村扶贫开发纲要（2001—2010年）》《中国农村扶贫开发纲要（2011—2020年）》，上述文件是指引全国开展扶贫开发工作的行动指南。在《国家八七扶贫攻坚计划（1994—2000年）》中，资金的管理使用是重要内容之一，注重扶贫资金的投向管理，强调各级扶贫办对扶贫项目的管理和监督，侧重于对扶贫资金的监督和检查，以财政监督和审计监督作为监督检查的主要方式。对于中央扶贫资金的管理，采用授权相关部门制定具体办法。在这一时期，国务院和有关部门相继制定颁布了与扶贫资金管理相关的规范性文件，具有代表性的是国务院制定的《国家扶贫资金管埋办法》。在《中国农村扶贫开发纲要（2001—2010年）》中，财政扶贫资金的管理使用不再仅停留在资金的监督层面，更加突出财政扶贫资金的管理和使用绩效；在中央财政扶贫资金监管方面，明确了中央财政扶贫资金的使用用途和重点投向、规定了财政扶贫资金的资金专户管理、细化了财政扶贫资金的分配和下达程序。为了实现财政扶贫资金的绩效管理，财政部也陆续印发《财政扶贫资金报账制管理办法》《财政扶贫资金绩效考评试行办法》等部门规章予以具体规定。在《中国农村扶贫开发纲要（2011—2020年）》中，对于扶贫资金监管延续了上一时期的绩效管理的总体思路，并对监管的范围、机制、程序和责任追究等方面进行拓展。一是监管范围有所变化，形成了以财政扶贫资金为重点，其他类扶贫资金同时监管的模式；二是监管程序有所变化，增加了扶贫项目的民主决策和公告公示程序，保障扶贫资金使用信息的公开透明；三是加强了扶贫资金违法违规使用的责任追究。综上，通过对扶贫开发政策性文件的梳理发现，我国从2000年以后，对于扶贫资金的管理使用已经从资金使用合规合法监督转变为扶贫资金监督基础之上的扶贫资金绩效监管。

我国扶贫开发领域暂无全国统一性立法，对于扶贫资金管理的规定散见于部门规章、规范性文件和地方性法规。1997 年，国务院印发实施的《国家扶贫资金管理办法》是我国现行有效关于扶贫资金管理的国务院规范性文件，该规范性文件是在我国实施《国家八七扶贫攻坚计划（1994—2000 年）》背景下制定的。2000 年，财政部等部委联合印发《财政扶贫资金管理办法》《财政扶贫项目管理费管理办法》，扶贫资金的检查和稽查是这一时期对于扶贫资金管理的特点。这一特定时期对扶贫资金以监督检查为主的管理模式，一定程度上是受 1994 年实施的《预算法》影响，《预算法》的立法宗旨承袭了计划经济体制时期的《国务院预算管理条例》的立法旨趣，以财政资金为主要构成的扶贫资金的管理也必然要突出行政主体的主导性。对于财政扶贫资金的转移支付和财政资金支出的检查监督，更多地被视为是政府自我管理的工具和手段。2001 年之后，财政部连续印发了《国有贫困林场扶贫资金管理办法》《国有贫困农场财政扶贫资金管理暂行办法》《财政扶贫资金绩效考评试行办法》。2011 年，财政部、发展改革委、国务院扶贫办联合印发《财政专项扶贫资金管理办法》，《财政扶贫资金管理办法》失效。该办法中专章规定了资金管理和监督，从表述和内容上扶贫资金的管理不再是仅以监督检查为主。在我国《"十三五"脱贫攻坚规划》提出之后，财政部相继制定了《中央财政专项扶贫资金管理办法》《财政部关于全面加强脱贫攻坚期内各级各类扶贫资金管理的意见》等规范性文件。《中央财政专项扶贫资金管理办法》的实施，取代了《财政专项扶贫资金管理办法》对于扶贫资金监管的规定，该办法中对于扶贫资金管理提出："创新监管方式，探索建立协同监管机制，逐步实现监管口径和政策尺度的一致，建立信息共享和成果互认机制，提高监管效率。”从我国关于财政扶贫资金管理办法的修改路径来看，扶贫资金管理理念的更新与我国财政体制和《预算法》的修正有着极为密切的关系。2014 年《预算法》修正后，预算管理不再是政府管理财政的工具和手段，预算管理实则在于管理政府的财政收支行为（见表 1）。

表 1　我国扶贫资金管理规范性文件关于扶贫资金管理理念的变化情况

规范性文件名称	扶贫资金管理的主要内容	制定背景
《国家扶贫资金管理办法》	建立健全扶贫资金的检查、监督制度。中央和地方有关部门，对扶贫资金的使用情况应当进行经常性检查	《国家八七扶贫攻坚计划（1994—2000 年）》阶段
《国有贫困林场扶贫资金管理办法》	各级财政部门和林业主管部门应加强对林场扶贫资金的监督检查	《中国农村扶贫开发纲要（2001—2010 年）》阶段
《国有贫困农场财政扶贫资金管理暂行办法》	各省、自治区、直辖市财政部门应会同农垦管理部门加强对贫困农场扶贫资金使用的指导、监督和检查	
《中央财政专项扶贫资金管理办法》	各级财政部门负责预算安排和资金下达，加强资金监管	《中国农村扶贫开发纲要（2011—2020 年）》阶段

3. 扶贫资金使用绩效是脱贫攻坚任务的重点和难点

经过多轮大规模的扶贫开发，绝对贫困人口越来越集中于“老、少、边、穷”地区，内蒙古是此类地区的典型代表之一。2002 年至 2010 年期间，内蒙古创造了连续 8 年 GDP 增长率全国第一的经济增长奇迹。同时，内蒙古是我国成立最早的少数民族自治区，地处我国北部边疆，区内东西直线距离 2400 公里，全区分布有汉族、蒙古族、达斡尔族、鄂温克族、鄂伦春族等 55 个民族。解放战争时期，陕甘宁边区、晋察冀革命根据地和大青山革命根据地区域均包括内蒙古部分地区。内蒙古兴安盟的突泉县等5个旗县被纳入国家大兴安岭南麓集中连片特困片区，乌兰察布市的兴和县等3个旗县被纳入燕山—太行山国家集中连片特困片区。此外，内蒙古赤峰市还是国务院扶贫开发领导小组同意设立的我国西部省份中第一个扶贫改革试验区。因此，内蒙古兼具深度贫困地区、革命老区、少数民族地区、陆地边境地区和欠发达地区的特点，并且区内各地经济发展水平极不平衡。因此，选定某一典型贫困地区作为扶贫资金监管的研究样本，有利于发现和了解扶贫资金监管在实践中存在的问题。2014年，内蒙古开展了如火如荼的农村牧区“十个全覆盖”工程。但是，同质化的项目内容与差异化的致贫原因之间普遍存在扶贫项目安排不匹配的问题，导致扶贫资金被浪费和闲置，贫困治理效率和效果大打折扣，这都源于扶贫资金监管法律制度的缺失。因此，扶贫资金监管的法律制度安排亟须重新审视和理论关切，而从内蒙古看我国扶贫资金监管法律制度的安排，其问题的研究对于我国扶贫资金法律制度的完善也具有普遍的实践参考意义。

（二）研究意义

联合国发布的《联合国千年宣言》和《变革我们的世界：2030可持续发展议程》均载明，中国是最大的发展中国家，因此，我国贫困问题的治理直接关系到全球贫困治理的进程。党的十九大报告中指出：“要坚决打好防范化解重大风险、精准脱贫、污染防治的攻坚战。”“三大攻坚战”成为我国各级政府的中心工作。扶贫资金的监管不仅涉及精准脱贫，同时，因扶贫开发所产生的地方债务和扶贫项目的盲目实施也涉及地方债务化解风险和污染防治问题。因此，扶贫资金监管是贯穿于“三大攻坚战”的一个关键问题。本书通过构建扶贫资金监管的法律制度体系，优化扶贫资金的使用效益，解决扶贫监管实践中存在的问题，防范扶贫资金的各类潜在风险，对于地方政府在防范化解重大风险、精准脱贫、污染防治具有现实意义。此外，内蒙古自治区作为我国最早成立的少数民族自治区，被誉为“模范自治区”，《民族区域自治法》的部分法律规定就是来自内蒙古的生动实践。因此，以内蒙古作为分析典型，对其扶贫资金监管法律问题的研究，可以为其他民族自治地区和贫困地区提供经验借鉴。

本书的研究围绕具有“中国特色”的扶贫问题，以扶贫资金运行实践为研究素材，有利于充实和创新我国财政法治和社会再分配法律问题的理论研究。扶贫资金的投入是国家的社会再分配，运用宏观调控手段实现公共服务均等化。通过对扶贫资金监管的基础理论，扶贫开发的财政事权和支出责任划分，财政扶贫资金、金融扶贫资金等各类资金监管问题的研究，试图把扶贫开发工作作为一项长期任务纳入法治化轨道。此外，扶贫开发问题呈现的交叉性、整合性和动态性，更加需要领域法学的研究和调整。扶贫资金监管法律制度的研究成果也会对其他类型的资金监管法律制度完善提供理论参考。

二、基本概念界定与辨析

博登海默曾说：“概念乃是解决法律问题所必需的和必不可少的工具，没有限定严格的专门概念，我便不能清楚地和理性地思考法律问题。”[①] 贫困问题素来多以国家政策的调整和规范为主，对于贫困治理的法学研究十分匮乏，概念的建构更是一项艰巨的工作。就我国而言，贫困治理的法治化，必然要遵从法的运行一般规律，贯穿其基本概念到立法、执法、司法和守法的整个过程。然而，厘清扶贫资金监管概念，亦需对贫困、扶贫、扶贫资金以及其他相关范畴予以界定和比较。

（一）贫困的概念

贫困概念首先要回答的一个问题是谁该成为关注的焦点。[②] 在人类发展进程中，财产私有制出现以后，社会以个人拥有私有财产的多寡来判断和衡量一个人的富足与贫困。有关贫困问题的描述最早出现于卢梭1755年出版的《论人类不平等的起源和基础》一书中，贫困的理论研究则最早可以追溯到英国经济学家托马斯·罗伯特·马尔萨斯1798年的成名作《人口论》。世界各国经济社会不断发展进步，人类文明也在不同社会制度影响下日趋丰富多元，对“贫困”概念的内涵与外延、理论与结构的研究也在不断拓展深化。晚近以来，国内外学者从经济学、社会学、法学等学科视角对贫困问题展开了研究，关于贫困的本质问题先后出现了收入贫困说、权利贫困说、人类贫困说等学说和观点。收入贫困说的代表学者朗特里认为贫困的定义是，如果一个家庭的总收入不足以维持家庭人口最基本的生存活动要求，那贫困的产生和存在并非偶然，

① ［美］博登海默：《法理学——法律哲学与法律方法》，邓正来译，中国政法大学出版社2004年版，第486页。

② ［印］阿马蒂亚·森：《贫困与饥荒——论权利与剥夺》，王宇、王文玉译，商务印书馆2004年版，第17页。

有其深刻的社会原因。[①] 权利贫困说的代表学者阿马蒂亚·森认为,“贫困必须被视为基本可行能力的被剥夺,而不仅仅是收入低下”[②]。联合国开发计划署发布的《1997年人类发展报告》中对贫困内涵的界定吸收了收入贫困说和权利贫困说的理论基础,提出人类贫困说并进一步丰富了贫困的内涵。联合国开发计划署认为,“贫困是指除缺乏物质福利的必需品外,还意味着不能得到对于人类发展来说最基本的机会,达到体面的生活标准”[③]。我国是世界贫困人口大国,国内学者将上述西方学者的代表性观点与我国具体国情相结合,提出关于贫困的定义。比较具有代表性的是周彬彬(1991)认为,贫困是指个人或家庭的经济收入不能达到所在社会可接受生活标准的生活状况。[④] 之后,童星(1994)[⑤] 康晓光(1995)[⑥] 等学者也从不同角度提出了贫困的定义。笔者认为,学者们一致认同“贫困”的概念和贫困问题本身一样是不断变化的,国内学者关于贫困概念的研究还是以贫困者的收入水平作为判断贫困与否的主要依据。

学者们依据研究范畴的不同,将“贫困”按照一定标准或类别进行划分,根据贫困程度划分为绝对贫困和相对贫困,这是由“贫困”

① Charles Booth, *Life and labour of People of London*, in P.Thane, Foundation of Welfare Stat, 1996.

② [印]阿马蒂亚·森、让·德雷兹:《经济发展与社会机会》,黄飞君译,社会科学文献出版社2006年版,第13页。

③ 联合国开发计划署:《人类发展报告——人类发展与扶贫》,中国财政经济出版社1997年版,第22页。

④ 周彬彬:《向贫困挑战——国外缓解贫困的理论与实践》,人民出版社1991年版,第7页。

⑤ 童星、林闽钢:《我国农村贫困标准线研究》,载《中国社会科学》1994年第3期。

⑥ 康晓光:《中国贫困与反贫困理论》,广西人民出版社1995年版,第8~9页。

概念派生出来的。目前，国际上常用的确定贫困线的方法有市场菜篮法、恩格尔系数法和生活形态法等。朗特里基于可以满足一个人的正常生理功能的营养量，在这个基础上将营养量转换为食物及其相应的数量，之后根据其市场价格计算出相应的金额，提出“生活需求法”的贫困线计算方法。美国采用的恩格尔系数贫困线划分标准也是在“生活需求法”的研究基础上改进而成。[①] 阿马蒂亚·森认为贫困的度量分为两个步骤，即贫困的识别和把贫困人口的特征加总成一个总度量。[②] 联合国绝对贫困线标准为每人每天生活费低于1.25美元。按照《“十三五”脱贫攻坚规划》中我国的脱贫标准为“两不愁，三保障”，同时，其也是我国现行的贫困标准。[③]

（二）扶贫资金的概念

冈纳·缪尔达尔最早提出“反贫困”概念，并引入学术研究。目前在国内外学术研究和政策实践中，反贫困（anti-poverty）主要表述为减少致贫因素（poverty reduction）、减轻贫困（poverty alleviation）、扶持贫困（anti-poverty support）和消除贫困（poverty eradication）。我

---

① 恩格尔系数是食品支出总额占个人消费支出总额的比例。19世纪，德国统计学家恩格尔根据统计资料，对消费结构的变化得出一个规律：一个家庭收入越少，家庭收入中（或总支出中）用来购买食物的支出所占的比例就越大，随着家庭收入的增加，家庭收入中（或总支出中）用来购买食物的支出比例则会下降。推而广之，一个国家越穷，每个国民的平均收入中（或平均支出中）用于购买食物的支出所占比例就越大，随着国家的富裕，这个比例呈下降趋势。

② ［印］阿马蒂亚·森:《贫困与饥荒——论权利与剥夺》，王宇、王文玉译，商务印书馆2004年版，第24页。

③ “两不愁，三保障”是指不愁吃、不愁穿，义务教育、基本医疗、住房安全有保障。

国所选择的反贫困路径为扶持贫困，简称扶贫。进而言之，扶贫资金是指中央和地方政府用于扶持贫困的各类资金。但是，目前扶贫资金的具体类型并没有通过立法加以统一确定，地方政府也未形成对扶贫资金内涵和外延的统一认识，扶贫资金的范围在不断地动态变化和充实丰富。通过对我国现行各省、自治区、直辖市扶贫开发条例文本的梳理，笔者认为造成扶贫资金概念认识混乱的现状主要存在以下几个方面的原因。首先，由于贫困地区致贫因素多元且复杂，扶贫资金缺口逐年加大，部分省区对于扶贫资金类型的规定中，概括地采用“主要包括”的表述。其次，由于扶贫整体战略布局的调整，近年通过实施的地方扶贫开发条例对扶贫资金概念的范围和类型有所扩大。而制定扶贫开发条例较早的一些省区，在规定扶贫资金的类型时，则主要局限在中央和地方财政划拨的扶贫资金及社会组织捐赠资金。再次，新的扶贫模式的出现催生了新的扶贫资金类型，例如，我国实施的东部发达省区对口帮扶西部欠发达省区，中央机关、国家机关和国有企事业单位定点帮扶的扶贫模式，贵州、宁夏在制定扶贫开发条例时，将对口帮扶和定点扶贫资金作为扶贫资金的类型。最后，创新的扶贫模式也扩充了贫困地区扶贫资金的来源，例如，扶贫开发条例实施较早的云南、青海，仅将信贷资金作为扶贫资金概念的外延，随着金融的创新，个别较晚实施的扶贫开发条例将信贷金融资金的范围扩大到金融扶贫资金，而且，随着脱贫攻坚工作的推进，行业部门用于扶贫的涉农财政资金成为扶贫资金的新类型。综上所述，扶贫资金是指用于扶持贫困的各类资金，具体包括财政扶贫资金、行业部门用于扶贫的涉农资金、扶贫协作和定点扶贫帮扶资金、社会捐赠资金、金融扶贫资金以及兜底性质的其他资金（见表2）。

表2 我国各省区扶贫地方性法规关于扶贫资金范围的规定

地方性法规名称	相关条文	扶贫资金的范围
《河南省扶贫开发条例》	第51条	各级财政预算资金、地方政府债券、专项建设基金、政策性收益、国家开发性和政策性金融机构提供的融资贷款、社会捐赠资金等
《山西省农村扶贫开发条例》	第26条	财政专项扶贫资金、部门和行业用于扶贫的资金、金融信贷资金、社会捐赠资金、其他用于农村扶贫开发的资金
《广西壮族自治区扶贫开发条例》	第42条	财政专项扶贫资金、行业部门用于扶贫的涉农资金、定点扶贫和对口帮扶资金、用于扶贫的专项债券、扶贫信贷资金、社会捐赠扶贫开发资金和物资、其他用于扶贫开发的资金
《甘肃省农村扶贫开发条例》	第36条	财政扶贫资金、扶贫贴息贷款、社会帮扶资金、社会捐赠资金以及其他能够用于农村扶贫开发的资金
《云南省农村扶贫开发条例》	第23条	财政专项扶贫资金、定点扶贫和对口帮扶资金、信贷扶贫资金、社会捐赠资金、其他资金
《贵州省大扶贫条例》	第47条	财政专项扶贫资金、社会捐赠资金、定点扶贫和对口帮扶资金、其他用于扶贫开发的资金
《河北省农村扶贫开发条例》	第35条	财政扶贫资金、社会帮扶资金、金融扶贫资金、其他资金
《湖北省农村扶贫条例》	第38条	财政扶贫资金、扶贫贴息贷款和“以工代赈”资金，以及有关部门筹集、社会捐赠的扶贫资金等
《宁夏回族自治区农村扶贫开发条例》	第35条	中央和地方财政专项扶贫资金、行业扶贫资金、定点帮扶资金、金融机构的扶贫贷款、社会捐赠的资金、其他用于农村扶贫开发的资金
《青海省农村牧区扶贫开发条例》	第39条	国家和地方财政专项扶贫资金、信贷扶贫资金、社会帮扶资金、社会捐赠资金以及其他用于扶贫开发的资金
《江苏省农村扶贫开发条例》	第21条	中央和地方财政安排的扶贫资金、国家机关筹集的扶贫资金、社会组织和个人捐赠的资金、其他用于农村扶贫开发的资金
《内蒙古自治区农村牧区扶贫开发条例》	第39条	财政专项扶贫资金、扶贫贴息贷款及有关部门筹集、社会捐赠等
《陕西省农村扶贫开发条例》	第52条	国家财政专项扶贫资金、地方财政专项扶贫资金、扶贫贴息贷款以及社会捐赠扶贫资金等

续表

地方性法规名称	相关条文	扶贫资金的范围
《广东省农村扶贫开发条例》	第 24 条	财政专项扶贫资金、定点扶贫资金、金融机构扶贫开发专项贷款、捐赠的扶贫资金、其他用于农村扶贫开发的资金
《重庆市农村扶贫条例》	第 35 条	国家财政扶贫资金、地方财政扶贫资金以及社会捐赠扶贫资金等

资料来源：笔者根据中国政府法制信息网现行各省区农村扶贫开发条例整理，按照各省区农村扶贫开发条例实施和修正时间倒序排列。

（三）扶贫资金监管的概念

国内法学界对“监管”的研究起步也较晚，主要集中在监管的概念、监管正当性、监管权定位、监管机构设置等方面。经济合作与发展组织（OECD）将监管定义为政府对企业、公民以及政府自身的一种限制手段，由经济性监管、社会性监管和行政性监管三部分组成。马英娟（2005）在《监管的语义辨析》一文中指出：“我国官方和大众已经习惯于‘监管’的用法，官方文件以及新建监管机构的名称都采用了‘监管’的称谓。”[①] 陈婉玲（2014）认为，监管即通过一定的规则对事物进行调节和控制，以达到正常运转的状态。[②] 根据上文研究背景的分析，现行规范性文件在表述扶贫资金的管理和使用时，趋向于采用扶贫资金监管的表达方式。例如，2017 年财政部、国务院扶贫办联合出台的《财政专项扶贫资金绩效评价办法》中，同时出现扶贫资金监督和扶贫资金监管的表述，两者的关系是扶贫资金监管包含扶贫资金监督。笔者认为，从扶贫

① 马英娟:《监管的语义辨析》，载《法学杂志》2005 年第 5 期。

② 陈婉玲:《法律监管抑或权力监管——经济法“市场监管法”定性分析》，载《现代法学》2014 年第 3 期。

资金监督到扶贫资金监管表述的变化，可以折射出管理者不再单纯强调对扶贫资金合法合规使用的监督，旨在实现扶贫资金使用效益的有效监管。另外，常规性的扶贫资金监督也无法适应和解决扶贫资金类型扩围和扶贫资金违法违规使用诱发风险的现状。因此，扶贫资金监管是指监管主体根据规范、原则或法律对扶贫资金安排、扶贫资金分配、扶贫资金支出、扶贫资金投后活动进行相应的引导、规范、监督和管理。也就是说，扶贫资金监管是扶贫资金监督和扶贫资金管理的总称。按照扶贫资金监管过程时间先后划分，可以划分为事前、事中和事后监督。本书根据时序线索，对待批复使用扶贫资金预算前的监管称为扶贫资金的事前监管。对扶贫资金预算批复后、扶贫项目实施过程中的监管称为扶贫资金的事中监管。对扶贫项目完工后进行验收、绩效评价以及后续工作阶段的监管称为扶贫资金的事后监管。

三、研究现状与文献综述

（一）关于贫困治理法治化的研究

贫困治理法治化开端于学者们不仅关注贫困的表象，更加关注贫困者本身的权利缺失。诺贝尔经济学奖获得者阿马蒂亚·森在《贫困与饥荒》一书中首先论证了贫困与权利的关系，他认为，“要理解饥饿，我们必须首先要理解权利体系，并把饥饿问题放在权利体系中加以分析”①。无独有偶，阿比吉特·班纳吉、埃斯特·迪弗洛在《贫穷的本质:

① ［印］阿马蒂亚·森:《贫困与饥荒》，王宇、王文玉译，商务印书馆2004年版，第5页。

我们为什么摆脱不了贫穷》一书中提出:“政府应赋予受惠者监管这些服务提供者的权利或者至少有权利投诉这些服务提供者，从而确保这些政策制定者的动机是正确的。”[①] 进一步认为贫困者不仅具有获得物资帮助的权利，而且应该赋予贫困者更多的对于公共物品的提供质量监管的权利。

我国法学学者也开始关注贫困治理问题，陈渤（2002）提出，政府是反贫困主导力量，社会组织是必要补充，二者应该在法律保障下进行分工与合作。政府反贫困中，行政手段不能取代法律手段。[②] 习小琴（2005）提出，“对于贫困问题的法治治理，应当从‘政府—市场’的研究范式转变为‘政府—第三部门—市场’新范式。”[③] 黄松、王先林（2005）对贫困主体的定位以及各方的权利和义务进行了研究。[④] 刘国（2007）论证了贫困与法治的关系和法治对贫困治理的作用。[⑤] 左菁（2007）[⑥]、赵俐（2010）[⑦]、左平良（2010）[⑧] 分别从社会救助、贫困助学、贫困农户信贷权的具体视角对贫困法治治理进行了研究。此外，还有刘大洪

① ［印］阿比吉特·班纳吉、［法］埃斯特·迪弗洛:《贫穷的本质：我们为什么摆脱不了贫穷》，景芳译，中信出版社 2018 年版，第 265 页。

② 陈渤:《反贫困的若干法律思考》，载《现代法学》2002 年第 6 期。

③ 习小琴、吕亚峰:《经济法新视野下的反贫困》，载《云南大学学报》2005 年第 1 期。

④ 黄松、王先林:《我国农村反贫困主体的法律思考》，载《经济法研究》2005 年第 1 期。

⑤ 刘国:《贫困与法治的关系探析》，载《云南大学学报》2007 年第 5 期。

⑥ 左菁:《中国“反贫困”社会救助法律制度——农村最低生活保障制度实施的制度障碍分析》，载《河北法学》2007 年第 7 期。

⑦ 赵俐:《国家福利与公益信托：贫困助学的路径取向与制度分析》，载《法学杂志》2010 年第 4 期。

⑧ 左平良:《贫困农户信贷权及其实现的经济法分析》，载《政治与法律》2010 年第 11 期。

（2004）认为，“贫困体现了市场失灵和政府失灵，而这两个失灵是经济法产生和发展完善的理论基础，从经济法的视角提出反贫困的制度设计”。[①] 任世丹（2012）从环境法的视角论证了解决应对贫困问题的基本原则以及制度选择。汪习根（2012）从国际法的视角提出赋权机制、规范机制、监测机制、合作机制和救济机制是构成免于贫困的国际法律机制。[②]

学者在贫困人口权利和贫困立法保障等研究的基础上，开始关注特殊类型的贫困地区的贫困法治治理问题，现有研究成果呈现从传统的以农村贫困治理作为研究单元逐渐聚焦为特殊类型贫困地区的贫困治理研究，出现了关于少数民族地区贫困问题的研究，此类研究成果主要以民族地区的特殊性和民族自治权为视角展开研究。例如，郑易生（2008）主编的《中国西部减贫与可持续发展》提出以发展促进民族地区减贫，财政体制的缺漏造成省级以下地方财政严重困难，转移支付制度不规范。[③] 王文长（2016）阐释了少数民族地区反贫困具有促进各民族共同繁荣和稳固边疆保障国家安全的战略意义，分析制约少数民族地区反贫困存在财政扶贫投入不足、贫困个体参与性差、地方政府缺乏自主调控等问题。[④] 汪三贵等（2016）认为，少数民族群众贫困的存在，使政

① 刘大洪、廖建求:《经济法的反贫困机理和制度设计》，载《现代法学》2004年第6期。

② 汪习根:《免于贫困的权利及其法律保障机制》，载《法学研究》2012年第1期。

③ 郑易生:《中国西部减贫与可持续发展》，社会科学文献出版社2008年版，第4～5页。

④ 王文长:《少数民族地区反贫困：实践与反思》，中国社会科学出版社2016年版，第21～28页。

治上、法律上获得的民族平等大打折扣。[①] 刘晓霞等（2017）[②]、乔煜（2018）[③] 分别对民族地区和西部农村的反贫困的具体法律保障进行了研究。具体到内蒙古贫困治理的研究，李瑞华（2014）撰写的《贫困与反贫困的经济学研究——以内蒙古为例》构建了内蒙古贫困与反贫困评估指标体系，对内蒙古反贫困效果和贫困程度进行评估。此外，王来喜等（2010）[④]、启戈（2010）[⑤]、王苏敏（2016）[⑥] 分别对内蒙古东西部贫困问题比较、内蒙古农牧区贫困问题、内蒙古少数民族村落贫困问题进行了研究。

在精准扶贫提出之后，王锴（2016）认为，对精准扶贫与低保制度的制度衔接，双管齐下治理贫困的方法，正是对构建积极社会救助模式的探索与实践。[⑦] 宋才发（2017）在《民族地区精准扶贫基本方略的实施及法治保障探讨》一文中提出，在精准扶贫中保障贫困人口的生存权、发展权和补偿权。李亮等（2017）对精准扶贫与生态补偿制度的耦合性进行了研究，探索适合我国的重点生态功能区生态补偿式扶贫的法

① 汪三贵、张伟宾、杨龙：《少数民族贫困问题研究》，中国农业出版社2016年版，第1～2页。

② 刘晓霞、周凯：《西部地区生态型反贫困法律保障研究》，中国社会科学出版社2017年版，第27页。

③ 乔煜：《反贫困战略下的西部农村社会保障法律创新研究》，光明日报出版社2018年版，第82页。

④ 王来喜等：《内蒙古东西部贫困问题比较研究》，载《中央民族大学学报（哲学社会科学版）》2010年第1期。

⑤ 启戈：《内蒙古农牧区贫困现状分析》，载《北方经济》2010年第1期。

⑥ 王苏敏：《精准扶贫视域下蒙古族村落贫困问题与脱贫模式探源》，载《黑龙江民族丛刊》2016年第5期。

⑦ 王锴：《精准扶贫与低保制度的衔接——基于政府职能的考量》，载《福建行政学院学报》2016年第6期。

律机制。[①] 也有学者从帮扶主体和帮扶对象的程序性权利以及精准扶贫与相关制度的协调角度进行了研究。戚建刚等（2017）认为扶贫对象具有了解权、申请权、评论权、获得通知权、陈述和申辩权等，通过赋予精准扶贫对象程序权利，预防和纠正精准扶贫行政权力的违法和滥用。[②] 陈胜国等（2018）以湖南遂宁县6个村为调查对象，对精准扶贫工作中法治保障进行反思。[③] 如胡敏洁（2018）认为，“建立社会保障政策执行程序，包含内部程序、非正式程序、简易程序、退出程序等内容，具体的程序内容根据社会保障政策执行的特性而决定”。[④] 厉潇逸（2018）从瞄准识别、扶贫助困、统筹管理和评估考核四个方面勾勒了中国特色社会主义法律体系中的精准扶贫法律体系。[⑤] 王善平等（2019）考察了法治化治理视野中地方规范性文件对精准扶贫产生的效用及面临的困境，就地方规范性文件对覆盖村组和未覆盖村组的影响进行了比较。[⑥]

综上，笔者认为扶贫需要被纳入法治化治理范畴，学者从不同角度对贫困的法律属性进行探讨，有利于深化对贫困治理法治化的认识，为扶贫资金监管制度奠定基础。但是，现有文献还没有充分分析贫困治理

① 李亮、高利红:《论我国重点生态功能区生态补偿与精准扶贫的法律对接》，载《河南师范大学学报》2017年第5期。

② 戚建刚、唐梅玲:《精准扶贫对象的程序权利之行政法建构》，载《行政法学研究》2017年第6期。

③ 陈胜国、罗紫薇:《精准扶贫工作中法治保障的调查与反思——以湖南省绥宁县6个村为调查对象》，载《时代法学》2018年第2期。

④ 胡敏洁:《社会保障政策执行程序的法律原理》，载《当代法学》2018年第4期。

⑤ 厉潇逸:《精准脱贫的法治保障》，载《法学杂志》2018年第6期。

⑥ 王善平等:《法治化治理视野中精准扶贫地方规范性文件的效用、问题及对策——兼评湘政办发（2017）65号文》，载《河北法学》2019年第2期。

本身的特殊性以及不同贫困地区的特殊性对相关监管制度构建的影响。

（二）关于扶贫资金监管权的研究

扶贫资金监管法律制度的核心是扶贫资金监管权，扶贫资金是多层次、多方面、多组合的财政金融分配关系，因而扶贫资金监管权由预算监督、审计监督等具体的权能构成。财政是政府维持自身运行以及提供公共服务的物质保障，是国家履行职能的根本保证。财政宏观调控手段直接关系到社会再分配、优化国家资源配置、帮助贫困人口的质量和效率。政府要在履行扶贫职能时监督其他组织部门以及相关行业，同时政府的扶贫活动也要受到监管。随着我国市场经济体制的不断完善，财政监督主体也在不断发展。权力机关享有财政监督权，政府行使财政权时，权力机关对政府财政行为进行监督具有正当性。在世界各国，预算审查是各国代议机构的主要职权。财政资金预算监督的研究，最早出现于洛克、孟德斯鸠、卢梭的分权理论，该理论在论述议会监督政府中阐释了议会对财政的监督。密尔（1982）在《代议制政府》一书中，介绍了英国议会对政府监管的监督，并论述了代议制下的预算监督。[①] 布坎南在《民主财政论》一书中，提出了议会对于财政的监督的不可替代性。

我国人大预算监督制度中，权力机关的预算监督权在财政监督体系下有着重要的作用。但是，我国对预算监督研究的起步相对较晚，现有文献中最早关注预算监督问题的是发表于《财政研究》的

① ［英］J. S. 密尔：《代议制政府》，江瑄译，商务印书馆 1982 年版，第 80 ~ 82 页。

曾昭信（1987）撰写的《预算监督的几点探讨》一文。之后，傅恒胜、刘汉胜（1990）撰写的《对地方人大财政预算监督的探讨》将预算监督纳入法学的研究视野。我国有关预算监督的研究成果集中出现在2014年《预算法》修订之前，目前学界普遍认为应将《预算法》的修订作为契机，实现人大预算监督机制的规范建构。具有代表性的研究成果有华国庆（2009）撰写的《预算法理念和我国预算法完善》，蒋悟真（2011）撰写的《我国预算法修订的规范分析》，林慕华、马骏（2012）撰写的《中国地方人民代表大会预算监督研究》，这些研究成果集中表现出学者对于预算监督实施中存在问题的理论回应。同时，这一时期也形成了一批关于预算监督的专著类研究成果，如王淑杰（2008）撰写的《政府预算的立法监督模式研究》、徐曙娜（2010）撰写的《走向绩效导向的地方人大预算监督制度》、张树剑（2011）撰写的《中国省级人大预算监督制度研究》。学者们关注到预算监督主体，人民代表大会的监督能力和监督权的行使问题，并越来越关注省级地方人大预算监督的领域。有关财政监督的代表性研究成果是贺邦靖（2008）主编的财政监督丛书，包括《中国财政监督制度》《国外财政监督借鉴》。《中国财政监督制度》对我国财政监督的方式、财政收入监督、财政支出监督、会计监督和财政绩效监督等问题进行梳理和研究。《国外财政监督借鉴》对立法型、行政型、司法型和独立型财政监督的29个典型国家进行了介绍。我国《预算法》修改之后，讲求绩效成为预算法的基本原则之一。因此，财政监督的研究趋向于对财政绩效监督的研究，对于扶贫资金绩效研究具有代表性的是姜爱华（2008）撰写的《政府开发式扶贫资金绩效研究》，构建了评价政府开发式扶贫资金使用绩效的指标。但是，绩效监督的法学研究成果寥寥无几。笔者认为，在公共财政视角下，扶贫资金财政监督的重点已经从政府转移到社会公众，财政扶贫资金的投入的最终目的是使现行贫困标准下的贫困人口摆脱绝对贫困，使贫困人口和全国人民一同实现全面小康。那么，监督财政扶贫资金的最终主体就是人民。代表人民利益的权力机关承担着财政扶贫资金预算监督的重要使命。财政扶贫资金的预算监督作为权力机关落实财政监督的具体实践，如何在讲求绩效原则下，实现权力机关的宏观财政监督职能，是未来预算监督法律制度完善的方向之一。

虽然权力机关的预算监督重要性不可取代，我国现行的财政监督也离不开审计机关的监督。有关审计监督具有代表性的研究成果是刘家义（2012）撰写的《论国家治理与国家审计》，该文从国家治理的角度，对审计制度进行了全面的审视，认为国家审计是依法用权力监督制约权力的制度安排。[①] 秦荣生（2010）提出无影灯效应并应用于审计监督理论，审计监督必须要具有一定规模，审计机关应与其他监督机构一起构成财政、财务收支审计监督体系。[②] 在我国监察体制改革的背景下，秦前红（2017）撰写的《国家监察体制改革宪法设计中的若干问题思考》、冀睿（2018）撰写的《审计权与监察权之关系》、朱福惠等（2018）撰写的《监察监督与审计监督衔接机制研究》，分别展开对审计和监察的权力配置、制度安排、机制协调方面的研究。

① 刘家义:《论国家治理与国家审计》，载《中国社会科学》2012年第6期。

② 秦荣生:《无影灯效应原理与我国政府审计监督》，载《审计研究》2010年第5期。

（三）关于扶贫资金监管法律制度的研究

关于扶贫资金的研究最早见于朱玲、蒋中一（1994）撰写的《“以工代赈”与缓解贫困》一书，作者从缓解贫困的视角对“以工代赈”的制定实施进行了系统的专题研究。此外，刘文璞（1997）撰写的《中国农村小额信贷扶贫的理论与实践》首次对我国金融扶贫进行研究。孟春（2000）在《中国财政扶贫研究》一书中，介绍了财政扶贫的主要方式，提出完善转移支付制度和扶贫专项资金的制度化和规范化的建议。孙同全（2006）以外援小额信贷和公益捐赠资金的信托化治理为研究对象，提出设立财团法人制度，为扶贫小额信贷提供融资、技术支持和监督等。李小云等（2007）在《我国财政扶贫资金投入机制分析》一文中，对扶贫资金的投入、分配、拨付和使用存在的问题和改进的措施进行研究。彭春凝、苟正金（2011）[①]，谭正航（2016）[②] 分别对不同类型的扶贫资金的监管中存在的问题进行了研究。李昌麒（2003）[③]、孟庆瑜（2003）[④] 均认为基于扶贫资源的有限性，扶贫资金的分配和监管需要特别法律制度的支撑。学者们普遍认为，扶贫是财政金融结合的典型领域，财政之所以要介入，就是因为金融扶贫要介入，这是基于风险的补偿和分担。扶贫资金监管的研究成果，聚焦于不同类型扶

---

① 彭春凝、苟正金:《论我国农村资金互助社的法律制度完善》，载《西南民族大学学报（人文社会科学版）》2011 年第 6 期。

② 谭正航:《我国农村金融扶贫法律制度的变迁、检视与创新》，载《理论学刊》2016 年第 6 期。

③ 李昌麒:《中国实施反贫困战略的法学分析》，载《法制与社会发展》2003年第4期。

④ 孟庆瑜:《反贫困法律问题研究》，载《法律科学》2003 年第 1 期。

贫资金监管存在的问题和完善对策。

在财政扶贫资金监管研究方面，相和国（2006）在《财政专项资金效益审计探讨》一文中指出，财政专项资金管理办法在程序、内容上没有统一的规范，财政扶贫资金重分配、轻监管现象比较普遍。王善平等（2010）认为，扶贫资金审计监管方面还存在独立性不够、重财务收支审计轻绩效审计、重事后检查审计轻事前预决策审计等问题。[①] 于柯夫等（2014）认为，财政扶贫资金管理的问题主要有扶贫专款未能及时拨付到位、资金滞留闲置现象严重、扶贫资金专账专户管理不规范、部分扶贫资金损失浪费等。[②] 杨秀丽（2016）指出在精准扶贫法制化的过程中，需要统筹考虑、瞄准所有贫困对象，强化政府责任，加强资金的筹集和管理。[③] 陈文美、李春根（2017）基于扶贫资金监管中存在的问题，提出合理划分政府间职责，统筹整合扶贫资源，注重事前、事中、事后监管有效结合，提高扶贫监管主体的独立性，建立健全扶贫资金监管结果问责机制等政策建议。[④]

在金融扶贫资金监管研究方面，我国近年来关于金融监管的研究较多，尤其是美国发生次贷危机之后，国内掀起了关于金融监管研究的新高潮。黄颂文（2014）撰写的《普惠金融与贫困减缓》一书，根据农村金融需求的特点和变化，提出加快建立普惠性的农村金融体系，实现普

① 王善平、申志仁:《财政扶贫开发资金审计监管研究》，载《湘潭大学学报（哲学社会科学版）》2010年第4期。

② 于柯夫、易金翠:《对中央扶贫项目及专项资金监管的对策研究》，载《广西财经学院学报》2014年第5期。

③ 杨秀丽:《精准扶贫的困境及法制化研究》，载《学习与探索》2016年第1期。

④ 陈文美、李春根:《财政专项扶贫资金监管：问题与建议》，载《财政监督》2017年第23期。

惠金融对减缓贫困的功能和作用。[①] 周双、刘鹏（2017）从创新金融扶贫风险管理与差异化监管机制在微观和宏观两个层面上创新精准扶贫风险管理。[②] 徐孟洲（2018）提出银行业改善贷款结构、实行差异化管理、助推精准扶贫。[③] 随着互联网、大数据、人工智能等新技术与金融的融合，金融监管的研究结合新技术的研究较多。冯果、吴双（2018）撰写的《技法融合：应用区块链实现金融精准扶贫的法治进路》一文具有代表性，该文以区块链作为金融监管工具，提出对金融扶贫资金的监管思路。[④]

在扶贫资产监管研究方面，赖作莲（2018）对资产收益扶贫风险进行了研究。[⑤] 徐志明（2019）认为，目前财政扶贫资产的所有权、经营权、收益权是分离的。如何有效规避"委托—代理"问题，使"两权分离"的制度设计更加规范、科学、合理，均需开展广泛、深入的理论研究和实践试点。[⑥] 此外，关于扶贫资产监管的研究逐渐关注贫困治理中的扶贫资金风险防范。石平（2017）在《精准扶贫工作的风险防控》一文中，将精准扶贫工作存在的风险归纳为资金使用风险、项目管理风险、生态环境风险、社会稳定风险和工作责任风险等五个大的方

---

① 黄颂文:《普惠金融与贫困减缓》，中国经济出版社 2014 年版，第 3 ~ 10 页。

② 周双、刘鹏:《我国贫困地区金融精准扶贫创新研究》，载《上海金融》2017 年第 1 期。

③ 徐孟洲:《金融立法：保障金融服务实体经济——改革开放四十年中国金融立法的回顾与展望》，载《地方立法研究》2018 年第 6 期。

④ 冯果、吴双:《技法融合：应用区块链实现金融精准扶贫的法治进路》，载《上海政法学院学报》2018 年第 2 期。

⑤ 赖作莲:《资产收益扶贫的运行与风险》，载《开发研究》2018 年第 4 期。

⑥ 徐志明:《资产收益扶贫的机制创新与现实困境》，载《现代经济探讨》2019 年第 11 期。

面。白维军（2018）基于风险社会理论提出了社会风险与精准扶贫的相互嵌入。[①]

（四）简要评述

从现有的文献来看，笔者认为我国学者在贫困治理法治化研究的进程中具有如下特点：首先，学者们对贫困现象和原因的概念进行提炼，指出贫困人口缺乏权利是贫困的一个重要因素。其次，贫困治理的研究越来越集中在对特殊类型贫困地区的研究。在特殊贫困地区的治理过程中，由于缺乏法律制度的支撑，出现了诸多问题，学者们开始关注贫困治理失灵的制度性原因，不仅法学学者将贫困治理纳入研究范畴，其他学科的学者也越来越关注贫困治理的法治化。最后，进入21世纪后，由于扶贫实践的现实需要，法学学者主要以贫困治理法律制度缺失和贫困人口权利赋权作为研究的重点，提出立法的构想。近年来，学者们在对贫困治理法治化问题的研究，更加关注贫困治理具体措施的法律进路问题。但是，现有的研究多为分散，有的从宏观角度提出部门法对于扶贫的治理，在实际操作中难以实施，仅是理论上的探索。有的从微观视角深入地研究了贫困治理法治化的具体问题，但又由于缺乏在整体的贫困治理的体系下的探讨，与其他现有制度难以协调和配合。整体来看，贫困治理法治化以点带面的研究成果较少。

扶贫资金的主要来源是公共财政资金，我国深度贫困地区主要分布在偏远农村和民族地区，减贫成本加大，扶贫资金使用效率有待提

① 白维军:《精准扶贫的风险识别与治理》，载《社会科学辑刊》2018年第3期。

高，越来越多的学者认识到扶贫资金监管的必要性和紧迫性。近些年，学者开始关注贫困治理的效果问题，并且大部分学者仍然将讨论的焦点放在扶贫资金的管理环节，比较一致地认为扶贫项目和资金监管问题是我国政府扶贫过程中的薄弱环节，成为影响贫困治理效果的制约因素。扶贫资金监管的研究成果可以分为两类：一是基于对扶贫资金的研究进而对扶贫资金监管开展研究；二是基于对扶贫资金监管的研究进而对扶贫资金开展研究。尤其是近年来的研究成果中多以后者的研究方式较多。在扶贫资金监管的研究成果中，全面介绍监管方式或者深入对某一监管问题的研究较多，制度化、体系化、法治化的研究成果较少。现有研究成果大多立足于本研究领域，虽然出现了审计和监察之间的交叉研究，但将各类监管制度整合研究的成果较少，这样的研究必然会割裂各项监管制度的联动性。因此，在深入研究各类监管制度的同时，应该选取适当的问题作为研究的切入点，对各类监管制度进行整体研究，进而整合不同监管主体的监管职能，降低监管成本，提高监管绩效。

四、研究方法与结构

（一）研究方法

从历史分析法的角度考察扶贫资金监管法律制度的变迁历程，分析全国和内蒙古一个地区扶贫的具体实践，梳理扶贫资金监管法律制度形成的脉络，从而更清晰地揭示扶贫资金监管的必要性和正当性。

运用文本分析法对 1986 年以来涉及扶贫资金监管的地方性立法和

规范性文件进行梳理和分析，系统阐述扶贫资金监管的规范体系和价值理念。

运用比较分析法考察域外国家运用财政、金融调控法律措施治理贫困的主要做法及对我国的经验启示。

采取实证分析方法对内蒙古扶贫领导小组部分成员单位和具有典型代表意义的国家级贫困旗县的扶贫资金运行情况进行了实地调研。

（二）主要结构

本书分为三部分：导论、正文和结语。导论部分说明研究背景和意义、文献综述、研究方法、本书结构以及主要的创新与不足。结语是对全书研究的总结和基本结论提炼。正文部分共分六章。

第一章扶贫资金监管法律制度的现实考察。立足精准扶贫的时代特点，以我国扶贫开发的不同历史阶段作为划分标准，确定了扶贫资金监管法律制度的萌芽时期、形成时期和完善时期，并对各时期的扶贫资金监管的体制、机制和法律规范文本进行了梳理分析，同时分析了扶贫资金监管法律制度亟待解决的问题。

第二章扶贫资金监管法律制度的理论依据和基本构想。对于扶贫资金监管理论依据的国家责任理论和委托代理理论，系统地从贫困治理的国家责任、贫困人口基本权利内涵的发展、公共财政作为国家责任承担基础以及多重委托代理下扶贫资金监管等方面进行了梳理。以扶贫资金监管主体、监管对象、监管行为、监管工具和监管责任作为扶贫资金监管法律制度框架的主要内容。

第三章扶贫资金筹集和分配的监管。本章对构成扶贫资金主要类型的财政扶贫资金、社会扶贫资金、金融扶贫资金的安排和分配进行了讨论，分别讨论了财政扶贫资金的预算监管、扶贫协作帮扶资金和定点帮扶资金的跨地监管以及扶贫小额信贷的差异化监管和风险防范。

第四章扶贫资金使用方式和支出绩效的监管。本章重点研究了扶贫资金主要支出方式的监管，具体对扶贫行政给付、扶贫项目非招标采购方式、政府购买扶贫服务变相融资行为以及扶贫 PPP 项目的监管问题分类讨论。在此基础上，提出了财政扶贫资金绩效评价的法治化进路。

第五章扶贫资金投后资产运营和收益分配的监管。首先，确立了扶贫资产的类型和产权归属，健全扶贫资产产权法律制度；其次，对于扶贫资产收益分配的特点，构建了扶贫资产的经营权、收益权和管护处置权相分离的法律关系，完善扶贫资产收益分配法律制度；最后，提出了按照“所有权与监管权相独立”原则，重构扶贫资产运营管理法律制度。

第六章扶贫资金监管法律责任与追究机制的完善。在扶贫资金监管责任方面，明确了扶贫资金监管的责任追究形式和承担方式，进而提出通过协调追责机制和优化追责程序，实现提升扶贫资金监管法律责任追究的效果。

本书研究框架如图 1 所示。

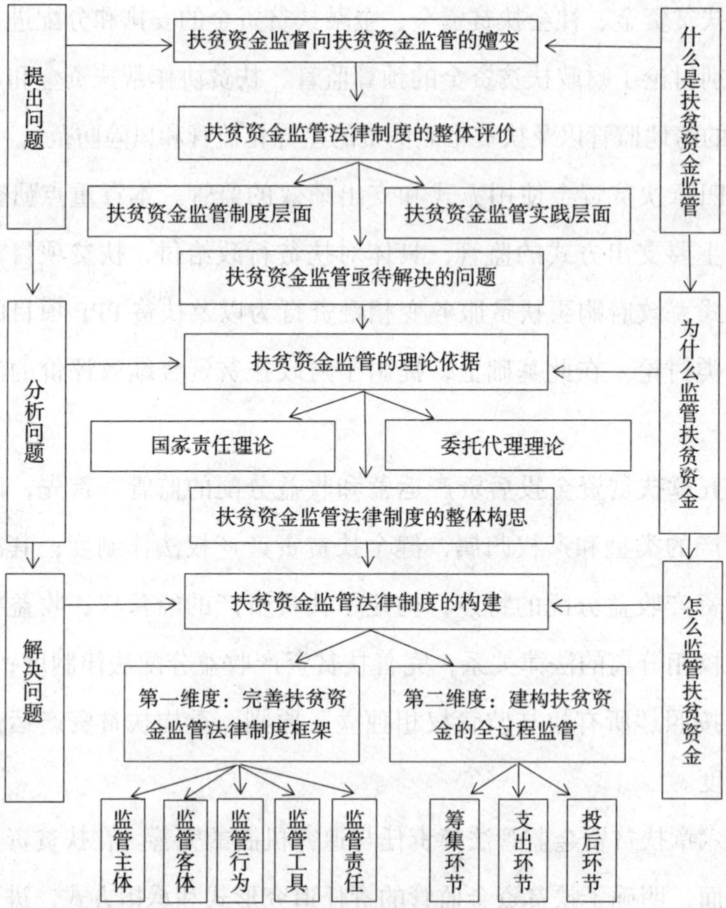

图 1　本书研究框架

五、研究的创新与不足

（一）本书的创新之处

1. 研究视角和方法的创新

在精准扶贫的背景下，展开对扶贫资金监管法律制度的研究。以扶贫资金监管法律制度作为研究贫困法治治理的切入点，聚焦制约扶贫资金监管法律制度的核心问题，避免了对扶贫开发的各个要素全面论述陷入重复研究，以法学研究的视角区别了现有的财政学、管理学的研究。本书以实证研究的方法考察扶贫资金监管法律制度的困境在不同类型贫困县的具体表现。通过实证调研所收集的资料和问题，归纳和总结具有普遍意义的扶贫资金监管的不足及其成因，提出扶贫资金监管法律制度的完善建议。

2. 新的实践总结

注重精准扶贫的时代性，及时回应扶贫资金监管的理论关切，对我国扶贫资金监管法律制度进行了回顾和梳理，并对内蒙古扶贫开发的现状作了全面总结。重点对2013年以来内蒙古扶贫资金监管的地方性法规和规范性文件作了深入分析，检视当前扶贫资金监管法律制度存在的问题，为我国其他贫困地区提供经验借鉴，并为2020年后我国扶贫开发立法提供实践样本。

3. “矩阵式”扶贫资金法律监管制度构建

本书在扶贫资金监管法律制度的构建上，采用两条线索：一是从扶贫资金的监管主体、监管对象、监管行为和监管责任方面来构建扶贫资金监管制度框架；二是建构扶贫资金运行的全过程监管，即针对扶贫资金的筹集环节、使用环节和投后环节存在的问题来建构扶贫资金监管制度。这样就建立了从扶贫资金筹集端到使用端，从扶贫资金级到项目级的“矩阵式”扶贫资金监管法律制度体系。

4. 从个别到一般的理论推动

本书的研究将扶贫实践抽象到法律概念，为扶贫资金监管法律制度提供理论支撑。目前，在法律制度方面的研究更多体现为对扶贫工作整体法律框架的设计与运行，专门针对扶贫资金监管法律制度的研究尚未得到重视。从扶贫开发到精准扶贫，体现了贫困治理的“中国方案”和“中国智慧”，本书的研究也可以被看作中国特色社会主义法律制度建设中一个特别的个案。现代经济法，应当回应时代发展的要求，通过对扶贫资金运行中政府调控和监管的研究，特别是对扶贫资金筹集、支出和投后环节的法律监管研究，从宏观上创新提出构建扶贫资金监管的法律进路。对于扶贫资金监管过程中特有的扶贫财政事权和支出责任划分、涉农专项转移支付资金整合、对口帮扶地监管、扶贫资金绩效评价法治化、农村集体产权改革中扶贫资产收益分配等问题的研究，从微观上提出扶贫资金法律监管的具体措施。同时，扶贫资金监管中存在的法律问题，在其他资金监管领域也不同程度地普遍存在。例如，在新冠肺炎期间，抗疫资金的监管问题、抗疫物资的管理问题以及相关工作人员的侵占、挪用、截留等失当行为频频被媒体曝光。因此，对于扶贫资金监管特有问题的理论回应也可以实现由个别到一般的理论推动。

（二）本书的不足之处

第一，扶贫资金构成多元，是社会再分配的结果，扶贫资金是多层次、多方面、多组合的财政金融分配关系在扶贫领域的体现，因而扶贫资金监管权是一组“权力束”，由一系列具体的权能构成，扶贫资金监管权的研究也容易陷入对相关制度的重复研究。

第二，由于扶贫是我国在治理贫困过程中形成的特有概念和治理模式，在考察域外扶贫资金监管法律制度的过程中，只能对本质上相类似的做法进行考察和借鉴，国外文献亦相对较少。我国现有研究成果也多以财政学、管理学为研究视角，法学研究成果较少，文献资料收集的困难相对较大。

第三，囿于民族学、人类学等学科知识和田野调查方法的不足，实证研究只能依赖于扶贫主管部门提供的统计数据和不同口径的公开统计数据。在贫困县的调研多采用座谈调研方式，对贫困人口的访谈资料有所欠缺。

六、研究范围的限定与说明

首先，精准扶贫需要一定物质条件作为保障，本书尝试性地提出扶贫资金监管这一要素来展开全书。需要说明的是，既然物质保障作为精准扶贫的一个要素，那么则意味着还有其他要素的存在。从分析方式来讲，笔者就是将扶贫资金监管作为精准扶贫的诸多要素之一。从系统论的角度来认识贫困法治化治理的一种思维方式，即把贫困法治化治理视为一个有机组成的整体系统。

其次，扶贫资金主要包括财政扶贫资金、金融扶贫资金和社会扶贫资金。由于金融扶贫资金有广义和狭义之分，广义的金融扶贫资金包括扶贫龙头企业股本融资、农畜保险产品等。狭义的金融扶贫资金包括涉农贷款、扶贫小额信贷、助学贷款、康复扶贫贷款等各类扶贫信贷资金。本书对金融扶贫资金的监管讨论，将重点对典型的财政贴息扶贫小额信贷加以分析。对于社会扶贫资金的监管，本书将重点对狭义的社会扶贫资金包括东西部扶贫协作帮扶资金和中央机关、国家机关和内蒙古自治区政府直属机关定点扶贫的帮扶资金予以展开。

最后，由于扶贫是我国在治理贫困过程中形成的特有概念，在考察域外贫困治理法治过程中，只能探讨本质上相类似的做法。在选取域外国家方面，笔者主要从两个维度进行选择：一是以法治的视野集中考察发达国家和发展中国家运用财政、金融调控手段治理贫困的主要做法；二是针对不同的国家结构形式，对单一制国家和联邦制国家财政资金监管的做法进行考察。

第一章

扶贫资金监管法律制度的现实考察

第一节　扶贫资金监管法律制度的变迁历程

法律制度的最好解释常常藏身于其历史而非它现在的运行中。[①] 从1986年开始规模化扶贫开发算起到2020年完成全面建成小康社会，我国已经连续实施了三十多年的扶贫开发，扶贫方式经历了从简单地对贫困户给钱给物的“输血”济贫到因户施策的“造血”脱贫。考虑到中华人民共和国成立以来不同时期社会条件和国家对于农村脱贫目标的差异性，扶贫资金监管法律制度建构历程可以划分为前后衔接的三个阶段：第一阶段是以中华人民共和国成立为起点，以《关于进一步活跃农村经济的十项政策》实施为终点，是我国扶贫资金监管法律制度的萌芽期和初建期；第二阶段是以我国成立国务院贫困地区经济开发领导小组开展大规模扶贫开发为起点，以《国家八七扶贫攻坚计划（1994—2000年）》实施结束为终点，是我国扶贫资金监管法律制度的形成期和发展期；第三阶段是以《中国农村扶贫开发纲要（2001—2010年）》发布实施起至今，伴随着精准扶贫的提出，扶贫资金监管法律制度进入完善期和攻坚期。

① ［德］伯恩哈特·格罗斯菲尔德：《比较法的力量与弱点》，孙世彦、姚建宗译，清华大学出版社2002年版，第73页。

一、我国扶贫资金监管法律制度的宏观概览

（一）扶贫资金监管法律制度萌芽时期（1949—1985年）

中华人民共和国成立初期，我国采取以行政手段为基础的计划经济体制，国家进行了土地改革、农业产业合作化、人民公社等有利于农村经济发展的体制改革，建立了以基本医疗保障政策、“五保”供养政策以及救济救灾为核心的农村社会保障政策体系。但是，此时真正意义上的扶贫并未形成。1978年，《中共中央关于加快农业发展若干问题的决定》在党的十一届三中全会通过，明确提出了我国人口规模较大的论断，通过改革开放和快速发展农村经济，在宏观上为实现大规模的减贫创造了政策环境。1984年，《关于帮助贫困地区尽快改变面貌的通知》颁布，将帮助贫困地区和贫困人口发展作为国家开展经济建设的一项重要任务。此时，专项扶贫政策开始制定实施，“以工代赈”由中央政府以计划经济时期的过剩产品作为投资，以实物形式作为工资发放给参加工程建设的农民。“以工代赈”扶贫项目和资金的监管主要由原国家计划委员会负责，具体对物资的调拨、用途、投资和财务进行管理。各级地方政府成立“以工代赈”工程领导小组，协调计划、财政、银行、商业、粮食、物质、农业、审计等职能部门，下设指挥部具体负责项目执行。[①]“以工代赈”实施初期还留有计划经济的弊端，主管部门对“以工代赈”投资方向管理僵化，地方政府难以根据当地的主要致贫原因，因地制宜合理灵活地配置扶贫资源。在工程用工方面，随着工程进度、技

---

① 朱玲、蒋中一：《“以工代赈”与缓解贫困》，上海三联书店1994年版，第50～52页。

术等有关要求的不断提高，“以工代赈”工程大多转由专业建筑工程队承建，当地贫困户短期就业增加收入的机会也相对减少，这一变化与实施“以工代赈”项目为贫困人口提供就业和收入的初衷渐行渐远。在这一时期，首次出现针对区域性扶贫的“三西”（宁夏西海固和甘肃河西、定西地区）农业建设计划。这些地区分布在18个集中连片的贫困地区，被人们习惯性称为“老、少、边、穷”地区。① 这一时期也是由大而广之的农村发展政策向有针对性的扶贫政策形成和过渡时期，扶贫政策更多地侧重于计划经济体制下的政策松绑，扶贫被称为“输血式”救济扶贫，扶贫的资金和物资大部分沿用计划经济体制自上而下的物资管理机制和运作模式。伴随着专项扶贫政策的出现，“以工代赈”等扶贫资金的配置和管理制度出现了萌芽和探索，但尚未形成扶贫资金管理的制度性体系。

（二）扶贫资金监管法律制度形成时期（1986—2000年）

公民的生存权和发展权属于公民的基本权利，公民的基本权利就是政府的义务和职责。因此，改革开放以来，中国政府采取了大量措施，积极推动公民生存权和发展权的实现，持续开展以农村扶贫开发为中心的减贫行动。② 从1986年开始，我国制定扶贫政策将农村扶贫开发作为一项专项工作，成立组织机构专司负责安排专项财政资金。为进一步解决农村贫困问题，国务院于1994年制定实施《国家八七扶贫攻坚计

① 张磊:《中国扶贫开发政策演变（1949—2005年）》，中国财政经济出版社2007年版，第76页。

② 郝铁川:《中国改革开放以来法治现代化的范式转型》，载《法学》2019年第5期。

划（1994—2000年）》，决定力争用7年左右的时间，基本解决全国农村8000万贫困人口的温饱问题。该文件首次提出规范扶贫资金的管理和使用，明确财政信贷资金使用期限、调整国家扶贫资金投放的地区结构和主管部门、确定按照因素法分配扶贫资金的方法以及扶贫资金审计等制度。为推进国家八七扶贫攻坚计划的实施，中共中央、国务院于1996年发布《关于尽快解决农村贫困人口温饱问题的决定》，1997年国务院制定颁布首部关于扶贫资金的规范性文件《国家扶贫资金管理办法》，2000年财政部、国务院扶贫办等联合制定了《财政扶贫资金管理办法》《财政扶贫项目管理费管理办法》，扶贫资金主要是以审计为主的事后监督，扶贫资金的事前监督尚未建立。1999年，中国农业银行制定《中国农业银行"小额信贷"扶贫到户贷款管理办法（试行）》，对贷款对象、贷款条件、贷款额度、期限和利率、贷款程序、贷款管理以及监测考核等方面进行了规定。在扶贫小额信贷风险监管方面，该办法仅规定了不良贷款的管理，并未考虑小额信贷的其他风险问题。这一时期，从中央到地方的有关扶贫开发事项大多以政府规范性文件予以规定，扶贫资金监管制度初步形成（见表1–1）。

表1–1　1986—2000年有关扶贫资金监管的规范性文件

文件名称	扶贫资金监管的相关规定	主要内容
《国家八七扶贫攻坚计划》	调整扶贫贷款主管部门	国家扶贫贷款划归中国农业发展银行统一办理
	扶贫资金的投向	扶贫资金集中投放在国家重点扶持的贫困县
	扶贫资金的审计监督和责任追究	严格扶贫资金审计制度。严禁挤占、挪用扶贫资金，违者必究

续表

文件名称	扶贫资金监管的相关规定	主要内容
《关于尽快解决农村贫困人口温饱问题的决定》	扶贫资金的投向	中央的各类专项扶贫资金要全部用于国定贫困县。扶贫项目以贫困户为对象
	扶贫资金的分配	根据各省、自治区贫困人口数量、贫困状况和资金使用效益分配扶贫资金
	扶贫资金的审计监督和责任追究	扶贫资金的使用情况进行经常性检查和专门审计，发现问题要追究责任，触犯刑律的要绳之以法
《国家扶贫资金管理办法》	建立考核指标	各省、自治区、直辖市每年统一安排下达盘活扶贫贷款存量计划，并将计划完成情况与新增扶贫贷款的分配挂钩
	扶贫资金检查监督制度	中央和地方有关部门对扶贫资金的使用情况应当进行经常性检查
	扶贫资金审计监督	各级审计部门应当依照有关法律、法规，对扶贫资金的使用情况进行专门审计
《财政扶贫资金管理办法》	扶贫资金银行专户管理	省以下（含省本级）各级财政部门要设立财政扶贫资金专户，实行专项管理。当年结余，结转下年继续使用
	扶贫项目政府采购	对扶贫开发项目发生的数额较大的购买性支出实行政府采购，具体额度由省人民政府确定
	扶贫资金财政监督	用财政扶贫资金的项目建设单位要根据财政部门的要求，按时编报会计报表和年度决算
	责任追究	如数调减下年度分配指标，并视情节对直接责任人员依法给予处罚

资料来源：笔者根据中国政府法制信息网文件整理。

（三）扶贫资金监管法律制度完善时期（2001年至今）

扶贫资金监管法律制度的完善时期，可以分为前后两个阶段：第一阶段是从2001年至2010年，第二阶段是从2011年至今。我国通过联合国具有标志性的减贫行动——“千年发展目标”（Millennium Development Goals，MDGs），2000年9月8日联合国千年首脑会议上由189个成员国代表通过的一项具有里程碑意义的报告——《联合国千年宣言》中提炼而成。为继续解决农村贫困人口的温饱问题，我国制定了《中国农村扶贫开发纲要（2001—2010年）》。这一时期，为了提高财政扶贫资金使用效益，财政部印发《财政扶贫资金报账制管理办法》，该办法以扶贫项目实施单位作为报账主体，围绕扶贫资金专户、报账程序以及报账凭据等分别予以规定。2008年，财政部等部委联合印发《财政扶贫资金绩效考评试行办法》，对财政扶贫资金的使用管理过程及效果进行考评。从2011年开始，我国进入到扶贫资金监管制度完善时期的第二阶段。在精准扶贫提出之后，资金使用精准和项目管理精准是精准扶贫的题中之义，扶贫资金监管制度建设迎来了阶段性的“高峰”。2015年，我国通过了《改变我们的世界：2030可持续发展议程》，该议程是对“千年发展目标”的继承和升级，旨在实现包括消除极端贫困在内的三个史无前例的非凡创举。为了实现在全球消除一切形式的贫困，2015年11月，中共中央、国务院发布《关于打赢脱贫攻坚战的决定》，明确脱贫攻坚总体目标。在《“十三五”脱贫攻坚规划》提出之后，为进一步加强财政扶贫资金的管理，财政部对中央财政扶贫资金的预算安排、资金分配、资金支出范围、资金监管等方面予以修订完善，并于2017年印发了《中央财政专项扶贫资金管理办法》《财政专项扶贫资金绩效评价办法》，旨在提高扶贫资金管理使用的安全性、规范性和有效性。为加强自身监管，财政部于2019年印发《财政部门财政扶贫资金违规管理责任追究办法》，将财政部门和工作人员分别作为责任承担主体，列举了财政部门及其工作人员的追责情形和各自的责任承担方式，并对追责无权处理的情形进行了规定。扶贫资金监管制度完善时期的主要特征是全面总结扶贫资金监管的相关制度和实践经验，努力构建多主体、多方面、多层次的扶贫资金监管体系。

二、内蒙古扶贫资金监管法律制度的地方探索

（一）内蒙古扶贫资金监管背景简述

1. 内蒙古的贫困状况

内蒙古位于我国北部，国境线长 4200 公里，总面积 118.3 万平方公里，占全国总面积的 12.3%。内蒙古兴安盟的突泉县等 5 个旗县被纳入国家大兴安岭南麓集中连片特困片区，乌兰察布市的兴和县等 3 个旗县被纳入燕山—太行山国家集中连片特困片区。截至 2013 年，内蒙古有贫困人口 157 万人，贫困嘎查村 3694 个。其中，贫困发生率在 20% 以上的嘎查村 47 个。

2. 内蒙古扶贫资金的投入规模

2013—2019 年，在财政扶贫资金投入方面，中央、内蒙古自治区、盟市、旗县四级财政共投入财政专项扶贫资金 388.84 亿元。其中，中央投入资金 112.69 亿元，自治区本级投入资金 165.35 亿元，盟市、旗县投入资金 110.8 亿元。整合财政涉农涉牧资金 188.6 亿元，累计发放扶贫小额贷款 148 亿元。财政扶贫资金的 70% 用于贫困户发展产业，通过实施产业扶贫项目，健全产业利益联结机制增加贫困户收入。为完善扶贫企业与贫困户利益联结机制，出台了《内蒙古自治区“十三五”产业扶贫规划》，规划中根据内蒙古的区域产业特色和优势，确定了肉羊、肉牛、生猪、家禽、蔬菜、马铃薯、饲料饲草等七大扶贫产业。笔者通过调研

统计，截至2019年底，内蒙古投入国家、自治区扶贫专项资金，扶持8580个嘎查村、扶持27.2万贫困户和60.7万贫困人口。目前，累计有35.4万贫困人口加入到龙头企业产业利益联结链条中。在金融扶贫资金投入方面，累计投入25亿元扶贫资金支持57个贫困旗县设立风险补偿资金，累计发放贷款367亿元，是实际到账风险补偿金的16.6倍。

（二）内蒙古扶贫资金监管的发展历程

1986年，内蒙古各级政府均相应成立了专司扶贫工作的组织机构，使内蒙古扶贫工作步入规范化、机构化和专业化。1993年底，内蒙古农牧区贫困人口由600万左右减少到357万。[①] 根据《国家八七扶贫攻坚计划（1994—2000年）》，内蒙古结合地方实际制定了“三七”扶贫攻坚计划，力争用七年时间基本解决内蒙古当时357万贫困人口的温饱问题。这一阶段，内蒙古对扶贫方式进行了重大改革，采取“造血为主，输血为辅”的方式，开展“扶贫资金跟着项目走”的开发式扶贫。利用贫困地区的自然资源，根据生产建设需要进行开发，帮助贫困地区和贫困人口逐步积累生产资料和培养就业能力，最终实现依靠自身力量脱贫致富。内蒙古相继制定发布了《内蒙古自治区扶贫开发资金及项目管理暂行办法》《内蒙古扶贫资金审计办法》。2000年7月，内蒙古自治区政府机构改革后，内蒙古自治区扶贫办由原常设临时机构调整为常设办事机构，列入内蒙古自治区政府序列，增强了内蒙古扶贫开发工作的组织机构。这一时期，内蒙古已经关注到扶贫资金监管对于扶贫

① 李瑞华:《贫困与反贫困的经济学研究——以内蒙古为例》，中央编译出版社2014年版，第104页。

开发工作的重要性和必要性。

根据《中国农村扶贫开发纲要（2001—2010年）》，内蒙古结合地区的实际，制定了《内蒙古自治区扶贫开发规划（2001—2010年）》，在总结内蒙古“三七”扶贫攻坚计划成绩、经验及面临困难的基础上，结合内蒙古通辽市“百村扶贫工程”的具体经验，提出从2001年开始组织实施“千村扶贫开发工程”，明确扶贫开发工作的扶持范围、对象以及主要举措。这一时期，内蒙古进一步加强了对扶贫资金项目的监督、检查和管理，在借鉴世界银行扶贫贷款项目管理经验和已有政策的基础上，建立完善扶贫资金项目管理体系。先后制定《“千村扶贫开发工程”提款报账管理暂行办法》《“千村扶贫开发工程”项目验收管理暂行办法》《扶贫开发城镇移民试点工程验收方案》《内蒙古自治区世行贷款扶贫项目管理制度和办法》，极大地促进了扶贫资金和扶贫项目监管制度的落实。

2004年，召开了全区首届扶贫资金项目公告公示工作会议，在全区推行扶贫资金项目公告公示制，增加扶贫资金管理和使用的透明度。全区12个盟市和2个计划单列市全部按要求在当地报纸、电台、电视台、政府网站等公众媒体予以公告，接受社会各界监督。[①] 2008年，开始对扶贫项目的立项审批程序，全面落实扶贫资金报账制。同时，初步完成对扶贫资金项目运行的持续跟踪监测和项目验收监测，不断增强扶贫项目的后续管理。内蒙古扶贫办与纠风办、财政厅、发改委、民委联合下发《内蒙古自治区扶贫资金监管专项治理工作方

① 内蒙古自治区地方志编纂委员会办公室:《内蒙古年鉴2005》，方志出版社2006年版，第343页。

案》，分东、中、西三个组开展为期一个月的扶贫资金专项治理检查工作。[①] 2009年，开始对财政扶贫资金进行绩效考评。在扶贫开发机构建设方面，内蒙古在政府机构改革中，将自治区扶贫开发领导小组办公室更名为“内蒙古自治区扶贫开发办公室”并加挂“内蒙古自治区革命老区建设办公室”牌子，列入政府直属机构，承担全区扶贫开发的综合、组织、协调、管理的任务。内蒙古扶贫资金监管主要特征是以扶贫资金的瞄准引导扶贫资金的监管。扶贫资金的投向，从国家贫困旗县进一步延伸到贫困嘎查村，扶贫开发以工程项目为载体和依托，对扶贫资金的监管逐渐演进为对扶贫项目的监管。在审计事后监管的同时，增加扶贫资金的动态监管和扶贫资金的绩效考核。这一时期，内蒙古对扶贫资金信息公开也被高度关注，不断提高资金使用的透明度，社会监督制度也正在逐步构建。

2013年，《内蒙古自治区农村牧区扶贫开发条例》实施，首次以地方性立法的形式对扶贫开发工作的内容予以规范。其中，以专章对扶贫项目和资金管理予以规定，内蒙古扶贫资金监管迈出了法制化的第一步。同年，内蒙古先后制定了《内蒙古自治区金融扶贫富民工程实施方案》《内蒙古自治区生态脆弱地区移民扶贫资金管理办法》等扶贫专项资金监管的规范性文件。尤其需要指出的是，《内蒙古自治区金融扶贫富民工程实施方案》是内蒙古第一次对财政扶贫资金之外的扶贫资金类型以规范性文件的方式予以规范，该方案不仅包括对贷款及投资规模、支持对象、贷款利率、贷款贴息、贷款程序等信贷的一般性规定，而

① 内蒙古自治区地方志编纂委员会办公室:《内蒙古年鉴2009》，方志出版社2010年版，第416页。

且，明确提出在扶贫开发中关注金融风险和防范金融风险，在金融扶贫贷款中建立担保补偿、贷款风险管理以及完善风险防控等制度和机制。之后，内蒙古又相继制定完善了《内蒙古自治区扶贫资金审计监督办法》《内蒙古自治区人民政府办公厅关于进一步动员社会各方面力量参与扶贫开发的实施意见》《内蒙古脱贫攻坚督查巡查实施办法》《关于进一步完善精准扶贫信贷政策的八项措施》等规范性文件。从现有的规范性文件中可以发现，依照内蒙古扶贫开发政策出台的前后时序，扶贫资金监管的措施在不断完善。在监管权的配置上，监管权力逐渐下放，赋予具体负责扶贫开发工作的基层政府及其相关部门相应的监管权力。在监管的主体上，纳入了第三方评估机构为代表的社会监督。在监管的内容上，形成扶贫项目和扶贫资金之间的互动监管，在扶贫项目中采用政府采购、购买扶贫服务等扶贫资金支出形式，不断规范扶贫资金的使用。对财政扶贫资金、金融扶贫资金和社会扶贫资金采取分类监管，实现对不同类型扶贫资金专项监管（见表 1–2）。

表 1–2　2013 年以来内蒙古自治区政府制定实施的扶贫规范性文件

政策文件名称	监管措施	有关扶贫资金监管的内容
内蒙古自治区生态脆弱地区移民扶贫资金管理办法（内政办发〔2013〕115 号）	扶贫资金专账核算、财政绩效评估	承担生态移民项目任务的旗县（市、区）财政部门应专账核算、专款专用。各盟市建立资金项目绩效评价制度
内蒙古自治区扶贫资金审计监督办法（内政办发〔2014〕60 号）	审计监督	扶贫开发的计划、任务、对象和重点落实情况；扶贫资金的安排、拨付、使用和管理情况；扶贫项目的立项、实施、管理和效益情况
关于进一步动员社会各方面力量参与扶贫开发的实施意见（内政办发〔2016〕34 号）	社会扶贫项目招投标、第三方评估	完善社会扶贫项目招投标制、社会组织征信、第三方评估、审计等相关制度，推动参与扶贫的社会组织增强透明度、提升公信力

续表

政策文件名称	监管措施	有关扶贫资金监管的内容
关于贫困旗县统筹整合使用财政涉农涉牧资金试点工作的实施意见（内政办发〔2016〕101 号）	多元化扶贫资金监管	探索引入第三方独立监督，引导贫困人口主动参与监督，构建多元化资金监管机制
内蒙古自治区"十三五"产业扶贫规划（内政办发〔2016〕126 号）	跟踪评估动态监测	对建档立卡的贫困户农牧业发展情况实施动态监测，跟踪评估和监督检查
内蒙古自治区交通扶贫脱贫工作实施方案（2016—2020 年）（内政办发〔2017〕26 号）	扶贫项目和资金监管并重	加强工程基本建设程序监督、招标投标市场监管和质量安全管理，确保项目设计、施工质量以及工程进度。同时加强对项目建设资金的监管
内蒙古自治区"十三五"脱贫攻坚规划（内政办发〔2017〕58 号）	项目审批权下放相匹配的监管机制	建立信息披露和公告公示制度，试行第三方审计监督，实施扶贫项目嘎查村村级义务监督员制度
关于进一步完善精准扶贫信贷政策的八项措施（内政办发〔2018〕29 号）	信用建设防范扶贫金融风险	完善建档立卡贫困户征信措施，改进评级方法、制定专门的授信政策，加大对建档立卡贫困户信贷支持力度。实现建档立卡贫困户信用信息共享，约束信贷主体，降低金融风险
关于加强扶贫资产管理的指导意见（试行）（内政发〔2019〕18 号）	扶贫资产管理内容和程序	开展扶贫资产核查和管理工作，构建资产底数清楚、产权归属明晰、类型界定科学、主体责任明确、运行管理规范的扶贫资产管理制度，防范扶贫资产闲置、流失等现象发生，保障扶贫资产所有者、经营者合法权益

资料来源：根据内蒙古自治区人民政府网站规范性文件整理。

三、扶贫资金监管法律制度的整体评价

通过对全国和内蒙古一地 1986 年以来涉及扶贫的规范性文件和地方性法规的梳理和分析，扶贫资金监管法律制度主要存在立法不足、政策法律化进程缓慢等问题，究其主要原因是扶贫资金整体缺乏权威性法律规定，政策类规范性文件随意性大。

（一）扶贫资金监管法律供给不足

1. 扶贫开发尚无国家统一立法

2018 年，《中共中央、国务院关于打赢脱贫攻坚战三年行动的指导意见》（以下简称《意见》）正式公布。《意见》中明确指出，要“抓紧研究制定 2020 年后减贫战略。研究推进扶贫开发立法。”由此可见，2020 年并非我国贫困现象的全部终结，2020 年将会是中国扶贫开发历史进程中一个新的里程碑。正如上文所述，纵观我国三十多年的扶贫开发政策的演变，部分扶贫政策已经不能完全适应当前扶贫开发的实际需要，在扶贫开发领域势必需要通过总结提炼更加具有普适性的法律制度规范。精准扶贫作为国家实现共同富裕的重要举措，并没有一部专门的扶贫基本法对其进行规范，包括程序法在内法律供给严重不足。[①] 因此，扶贫开发立法工作应当尽快列入全国人大立法规划。笔者登录国务院扶贫办官方网站，发现该网站虽然设有“政策法规”专栏，但主要以各类扶贫政策为主，扶贫开发领域一定程度上成为了“法外之地”，扶贫开发工作的无法可依与我国实行全面依法治国理念格格不入。

2. 扶贫资金监管地方性立法亟待完善

随着中国特色社会主义法律体系的不断完善，地方立法作为国家立法的重要补充，绝大领域的立法空间越来越窄，综合性的地方立法项目也随之越来越少。在这样的地方立法背景下，地方立法的定位和功能需要被重新审视。由于国家层面的扶贫开发立法缺失，为地方性扶贫开发

① 何平:《我国精准扶贫战略实施的法治保障研究》，载《法学杂志》2017年第1期。

立法带来了机遇。内蒙古在总结扶贫资金监管政策的基础上，公布了《内蒙古自治区农村牧区扶贫开发条例》，于 2013 年 1 月 1 日施行。《内蒙古自治区农村牧区扶贫开发条例》全文共分为六章 50 条。《内蒙古自治区农村牧区扶贫开发条例》第四章为项目与资金管理，共 13 条，由于第五章的法律责任中也包括 3 条违规使用扶贫资金情形的法律责任，涉及扶贫资金监管的条文共计 16 条，几乎占据全部条文内容的三分之一。其中，涉及扶贫资金监管的条目居多，具体包括对扶贫项目审批、扶贫项目管理、扶贫资金的类型和用途以及财政扶贫资金的监管等内容。《内蒙古自治区农村牧区扶贫开发条例》作为内蒙古地方性法规，其主要任务就是用地方立法的形式弥补国家扶贫开发立法的不足，立足内蒙古扶贫开发的地方需求，实现规范内蒙古农村牧区扶贫开发行为的立法目的。但是，由于国家层面的扶贫开发立法缺位，《内蒙古自治区农村牧区扶贫开发条例》的制定也伴随着前所未有的立法挑战，在确保地方性法规与上位法的一致性上增加了地方立法的难度，《内蒙古自治区农村牧区扶贫开发条例》的内容出现以牺牲地方特殊性为代价避免违反法律保留原则，简单机械地将中央政策法律化，甚至存在大量地"复制"其他省份的扶贫开发地方性法规的现象。"尽管不少民族地区也制定了《农村扶贫开发条例》之类的地方性法规，终究由于立法的权威性有限，大多没有涵盖精准扶贫的基本要义，对民族地区精准扶贫和精准脱贫指导力和约束不强。"[①] 笔者认为，《内蒙古自治区农村牧区扶贫开发条例》的地方特殊性还应当围绕民族自治地区、贫困成因、贫困人口地域分

① 宋才发:《用法治方式巩固民族地区脱贫成果》，载《河北法学》2019 年第 11 期。

布、扶贫资金监管等内容的特殊性制定地方性立法。但是，反观《内蒙古自治区农村牧区扶贫开发条例》中扶贫资金方面的规定，条文中并未体现《民族区域自治法》赋予少数民族自治地区的财政自主权。并且，贫困人口地域分布的特殊性也未全部突出，扶贫资金监管方面只规定了财政扶贫资金的监管，对其他类型扶贫资金监管也未作出相关规定。在目前我国18个省市区出台的扶贫开发条例中，唯独《内蒙古自治区农村牧区扶贫开发条例》在附则部分规定了条例适用的有效期，即《中国农村扶贫开发纲要（2011—2020年）》的实施期限。笔者通过在北大法宝法律法规数据库中检索，在其他类地方性法规附则部分规定有效期这样的立法技术也是绝无仅有的。因此，内蒙古应当在充分调研和征集意见的前提下，积极推进《内蒙古自治区农村牧区扶贫开发条例》的修订完善，以适应2020年之后内蒙古扶贫资金监管的立法需要。

（二）扶贫资金监管规范性文件分散重复

软法因“公共治理”的兴起而大规模地重生，它是“公共治理”的根据和基础。公域软法规范的主要渊源包括政法惯例、公共政策、自律规范、专业标准和弹性法条。[①] 在当代法治条件下，政策已然成为法治的有机、内在、不可或缺的组成部分，[②] 扶贫资金监管的内容规定于各类“红头”文件中。据笔者统计，在2013年中央精准扶贫战略提出后，内蒙古自治区政府跨越七个年度出台的扶贫相关政策文件中，大部分文

① 罗豪才:《软法与公共治理》，北京大学出版社2006年版，第189～201页。

② 史际春:《法的政策化与政策法治化》，载陈云良主编:《经济法论丛》，社会科学文献出版社2018年版，第51页。

件是基于中央文件的要求而落实制定。各类涉及扶贫内容的规范性文件，呈现出逢“扶贫”就“监管”的趋势。政策文件中扶贫资金监管的频繁出现，也在一定程度上反映出内蒙古在扶贫开发中扶贫资金监管的必要性和紧迫性。

近年来，内蒙古扶贫行业部门单独或者联合出台了大量涉及扶贫开发的规范性文件。从2015年中央提出打赢脱贫攻坚战以来，据不完全统计，内蒙古扶贫办单独或者联合出台各类规范性文件共计127件。一方面，扶贫开发工作本身具有的综合性和交叉性致使政府和主管部门必须出台大量规范性文件予以规范；另一方面，由于政策的单一性，很难涵盖扶贫开发的各个领域。扶贫资金监管政策制定虽然突出问题导向，但缺乏基本原则的指引，前后政策缺乏连续性，不同政策之间也存在重复性和真空区。例如，内蒙古出台的各项政策文件中存在只防范某一类扶贫资金的风险，而没有对各类扶贫资金风险转化的防范予以规定，出现了“头痛医头，脚痛医脚”的扶贫资金监管现状。扶贫资金监管政策的完整性以及政策之间的衔接性有待加强，扶贫资金监管单一依靠政策的弊端逐渐显现。财政领域“政策繁多而法律稀缺”的弊端，不但导致了政策的效力递减甚至失效，而且还导致了人们法律意识淡薄。[①] 尽管内蒙古出台的扶贫政策具有显著的及时性和灵活性，但政策本身不具有法律的权威性和强制力的弊端也是显而易见的，政策的不稳定性也会使贫困人口对政府的公信力产生质疑。

---

① 邢会强:《财政政策与财政法》，载《法律科学（西北政法大学学报）》2011年第2期。

（三）扶贫监管法律制度运行效力减损

“随着空间范围的扩大，法律的效力往往还会呈现一种递减的趋势。法律在城市与乡村的实施，会有不同，在‘山高皇帝远’的地方，国家法律的效力可能会递减。”[①] 扶贫资金监管也同样面临着监管效力减损的问题，在财政扶贫资金层层拨付过程中，扶贫资金拨付的初始环节由于监管制度和资金拨付管理的信息化和痕迹化程度较高，扶贫资金的挪用、贪污等犯罪案发率也相对较低。违纪违法使用扶贫资金的案件多发于扶贫资金使用末端的贫困县、乡镇和农村集体组织。笔者认为，扶贫资金使用末端的监管就是指对于最后使用扶贫资金的贫困县、乡镇和农村集体组织的监管。尽管扶贫资金整合使用改变了过去的资金条块管理模式，但切块拨付的扶贫资金毕竟还是由各类专项转移支付资金组合构成的，这易形成扶贫资金使用末端环节的挪用和贪污扶贫资金制度漏洞。扶贫资金的监管制度效力逐层减损，加之基层扶贫资金管理的信息化程度不高，扶贫资金分配、管理和使用中随意性较大，致使贫困地区的违纪违法案件频发。尤其是涉农资金涉及的点多面广，此类项目中职务犯罪案件易出现多人配合、内外勾结的共同犯罪，甚至出现扶贫主管部门和行业部门前后任负责人的“前腐后继”。在扶贫资金使用的末端，最不易惩处且危害最大的是“雁过拔毛”式的腐败问题，违纪违法的行为人多为扶贫一线工作人员，通过职务之便骗取、冒领、套取、截留各类扶贫资金。除此之外，还有的利用扶贫项目审批、扶贫资金发放的职

---

① 张守文:《经济法学》，中国人民大学出版社 2008 年版，第 79 页。

务之便，向扶贫项目承揽单位或贫困户索取贿赂。基层腐败隐藏着一种可称为默契性容忍的行为。[①] 有学者将扶贫领域的此类行为称为“微腐败”，其行为多为小贪小腐，单个腐败行为造成的影响轻微，小到人们可以忽视它的存在，甚至认为是正常现象。[②] 因此，此类职务犯罪被告人多处在扶贫资金末端管理中，因贪污侵占扶贫资金或索贿从几百元到几千元不等，惩处其违法犯罪行为的时间常与第一次作案时间相隔数年之久，犯罪行为较为隐蔽且社会危害性极大。

第二节　扶贫资金监管法律制度亟待解决的问题

我国扶贫资金的投入逐年增加，扶贫资金的范围也在不断扩大，亟待健全其法律监管制度。由于扶贫资金监管法律制度仍处于探索和构建阶段，扶贫资金监管还面临不少问题与挑战，同时，这些问题的解决也是扶贫资金监管所要实现的价值目标。关于扶贫资金监管法律制度有哪些亟待解决的问题，笔者主要通过对近三年《国务院关于中央预算执行和其他财政收支审计查出问题整改情况的报告》的梳理和实地调研中发现的问题进行归纳总结。

① 肖滨、陈伟东:《基层腐败问题的缘起：默契性容忍——基于A市镇街“一把手”的48个案例研究》，载《广东社会科学》2019年第3期。

② 邹东升:《“微腐败”的治理经验与路径》，载《西南政法大学学报》2018年第3期。

一、扶贫资金运行安全问题

精准扶贫的根本目的在于解决扶贫对象能够以货币衡量的物质财富缺乏的问题，而扶贫资金的运用则能够直接或间接增加扶贫对象的物质财富，从而成为精准扶贫工作展开的关键。[①] 从全国来看，扶贫资金运行安全问题普遍存在，影响和制约了扶贫资金的使用效果。扶贫资金的安全问题，一方面，是要防止扶贫资金被贪污、挪用、截留等违法犯罪行为的发生；另一方面，扶贫资金的地方债务风险也应引起高度警觉。扶贫资金的供给属于社会再分配的范畴，在强调扶贫资金供给的必要性的同时，也要加强防范地方政府以扶贫为名盲目过度举债产生的财政风险，扩大扶贫金融信贷资金投入规模产生的金融风险以及政府地方债务金融化和金融信贷资金财政化的风险。2014 年，内蒙古提出用三年时间，投资 600 亿元，在全区农村牧区实施基本公共服务“十个全覆盖”工作。[②] 经笔者不完全统计，从 2018 年起，内蒙古各级政府工作报告中将化解“十个全覆盖”工程债务作为政府工作报告的主要内容之一。《2019 年包头市政府工作报告》明确，“‘十个全覆盖’10 项工程款 30.78 亿元全部化解”；《2019 年巴彦淖尔市政府工作报告》明确，“‘十个全覆

① 胡永平、龚战梅：《精准扶贫战略中免于贫困权利的法律保障面向》，载《河北法学》2019 年第 8 期。

② 内蒙古自治区农村牧区基本公共服务“十个全覆盖”主要内容如下：一是危房改造工程；二是安全饮水工程；三是街巷硬化工程；四是电力村村通和农网改造工程；五是村村通广播电视和通讯工程；六是校舍建设及安全改造工程；七是标准化卫生室建设工程；八是文化室建设工程；九是便民连锁超市工程；十是农村牧区常驻人口养老医疗低保等社会保障工程。

盖’10项工程拖欠工程款23.23亿元全部化解”;《2019年阿拉善左旗政府工作报告》明确，“阿拉善左旗政府‘十个全覆盖’项目内工程款3.26亿元全部清偿”。[①] 以阿拉善左旗为例，据该旗人民政府网站显示，该旗现有人口14.3万人，与内蒙古其他旗县区相比并非人口较多的旗县，加之该旗经济基础较好，也未被列为国家级贫困旗县，该旗尚欠3.26亿元工程款。内蒙古共有105个旗县（区），各旗县政府“十个全覆盖”工程债务总额惊人。另外，上述政府工作报告中均提到已全部化解“十个全覆盖”债务，“化解”能否等同于“清偿”？还是只达成了清偿计划抑或政策性贷款做了展期的技术性处理？2016年内蒙古公共财政收入存在虚增空转的问题，国家级贫困旗县大多是依靠财政转移支付维持运行，年度一般公共预算收入根本无力清偿所欠债务。此外，上述报告中有的提到“十个全覆盖”债务为直接债务，言下之意还有存量的“十个全覆盖”隐性债务和间接债务。我国《预算法》修正后，对地方政府债务“开前门”和“堵后门”予以约束。“虽有预算法明令禁止以经济增长为主要绩效考核决定官员升迁，但因……举债无风险、高效益的潜规则等促使地方政府官员肆意规避预算法的规定，滋生巨大的地方政府债务风险。”[②] 扶贫开发涉及贫困地区的基础性设施投资所需资金量巨大，原本羸弱的贫困地区地方财政无法提供扶贫开发所需全部资金。在有限的预算资金之内，大量地利用金融杠杆放大扶贫资金的投入。有的地方

① 参见《2019年包头市政府工作报告》等，载内蒙古自治区人民政府网，http://www.nmg.gov.cn/art/2018/11/28/art_4221_241395.html，访问日期：2018年2月15日。

② 刘继峰、曹阳:《我国地方政府债务法律监管研究》，载《法学杂志》2017年第8期。

政府借扶贫之名，大规模举债和债务金融化所带来的结果在宏观上违背了财政风险治理的要求。地方政府扶贫开发过程中的融资行为以及选择的风险扩散路径缺乏相应的监管。因此，以扶贫开发为名的地方政府债务和隐性地方政府债务的问题值得高度关注。由于内蒙古扶贫资金监管法律制度并未关注扶贫资金风险防范的问题，内蒙古“十个全覆盖”债务一定意义上成为内蒙古地方财政风险的隐患，地方财政风险如果通过一定方式渗入地方金融系统会进一步引起地方财政风险的金融化。因此，扶贫资金监管法律制度的完善，应当更加注重防范化解扶贫资金的各类风险，制定扶贫领域风险防范预案，防止引发区域性的金融风险、地方性债务风险以及扶贫产业风险等各类风险，确保扶贫资金的运行安全（见表 1–3）。

表 1–3　2016—2018 年度《国务院关于中央预算执行和其他财政收支审计查出问题整改情况的报告》中关于扶贫资金运行安全的问题

年度	扶贫资金安全问题
2016	1. 违规发放虚假贫困户相关贷款、贴息补助等，追回金额共计 2.52 亿元； 2. 资金被骗取套取、截留挪用，追回金额共计 1.95 亿元； 3. 扶贫项目管理水平不高，资金审批手续不完善，追回金额共计 1.11 亿元，对涉事人员 412 人次进行责任追究
2017	扶贫资金使用审批流程不规范，扶贫项目管理水平不高，建设超出使用范围的外墙粉刷装饰、景观修建等项目，追回金额共计 540 余万元
2018	1. 存在优亲厚友、贪污侵占、骗取套取扶贫资金等问题，追回资金、核减拨款等共计 9626 万元，并对 306 名涉事人员进行处理处分； 2. 10 个县市共计 145 个行政村财务管理制度存在漏洞，财务账目档案管理不完备，进行督促整改； 3. 42 个县市不同程度存在扶贫资金用于非扶贫领域问题，清理、归还垫付资金等金额共计 21.1 亿元，并对 72 名涉事人员进行处理处分

资料来源：笔者根据 2016—2018 年度《国务院关于中央预算执行和其他财政收支审计查出问题整改情况的报告》整理。

二、扶贫资金使用绩效问题

“转移支付本身主要依靠政策和道德推行，转移支付资金的数额虽然庞大却无法可依，既缺乏公开，亦欠缺效率。”[①] 从全国的扶贫实践来看，贫困县使用扶贫资金违规修建形象工程和政绩工程，扶贫部门以花样繁多的方式闲置、浪费等现象层出不穷。例如，甘肃省刷涂料整改扶贫公路，湖南省国家级贫困县汝城斥资4800万元修广场，湖南贫困县学生把牛奶倒水沟，江西省萍乡市莲花县委原书记花153万元买旧用品防穿帮等。就内蒙古而言，有的地区违背当地农牧民意愿，搞大拆大建和推倒重来，有的地区只顾翻修院墙、粉刷涂料，资金浪费严重。各类扶贫项目不能与贫困村实际相匹配，出现了“东村建房没修路，西村修路没有水”的问题，影响了资金的使用效益。[②] 财政绩效改革的落脚点始终放在具体微观的预算项目及其运行过程中，缺乏覆盖整个支出领域的宏观总额控制，单个预算项目上的绩效成果相比于宏观整体的低水平资源利用状况就显得微不足道。[③] 精准扶贫要求因贫施策，但在具体操作层面上，扶贫资金的投向和扶贫项目的选择中仍然存在一些问题。内蒙古牧区贫困旗县还停留在传统扶贫措施方面，这种方式主要是增加牲

① 叶姗:《论政府间横向财政失衡的法律规制》，载《海南大学学报（人文社会科学版）》2008年第1期。

② 郝影、王法亮:《内蒙古实施“十个全覆盖”工程的成效、问题和对策》，载《内蒙古自治区社会科学研究课题成果集萃（2016卷）》，内蒙古大学出版社2016年版，第110～111页。

③ 陈治:《预算法的功能主义趋向及其限度》，载《法学家》2019年第6期。

畜以发展畜牧业，方式较为单一缺乏创新性。为了帮助贫困户脱贫，大多采取给贫困户买羊、买牛。农区的贫困旗县只是采取购置农机设备、农作物贴补的传统帮扶措施，在扶贫项目的选择上忽略了贫困户意愿的考虑，漠视受助对象的知情权和选择权。一些扶贫项目盲目立项，甚至将本不适宜当地种植的经济作物强行引进推广，致使扶贫项目脱离当地实际而搁置，造成扶贫资金的巨大浪费。有的半农半牧的贫困旗县的贫困户竟然因分到“扶贫牛”而影响生活，照料饲养“扶贫牛”成为贫困户生活中的一大难题和主要负担。这种简单的“给钱”“给物”的扶贫措施能使贫困户在脱贫统计数据中马上脱贫，但由于缺乏对贫困户的生产指导和产业发展规划，扶贫项目未与当地扶贫龙头企业建立起利益联结机制，使扶贫项目缺乏产业支撑和体制机制保障，部分贫困旗县的扶贫资金使用效率相对较低。贫困旗县在选择产业扶贫项目中缺乏调研论证，大量投入扶贫资金推广畜牧业和种植业的扶贫项目，产业扶贫项目同质化问题严重，由于对市场需求了解不足，出现产品上市后的滞销使贫困户“贫上加贫”。另外，同质化的产业扶贫项目安排，也未充分考虑在面对自然灾害和动物疫情等突发情况的应急处理。产业扶贫项目的同质化不仅出现在笔者调研的贫困旗县中，内蒙古其他贫困旗县中也同样存在产业扶贫项目同质化和产业扶贫项目盲目决策的问题（见表1–4）。

表 1–4　2016—2018 年度《国务院关于中央预算执行和其他财政收支审计查出问题整改情况的报告》中关于扶贫资金使用绩效的问题

年度	扶贫资金使用绩效问题
2016	1. 项目建成后改作其他用途或直接废弃，涉及金额共计 1.41 亿元； 2.“造盆景”、搞简单“平均主义”等问题，涉及金额共计 1.88 亿元

续表

年度	扶贫资金使用绩效问题
2017	1. 地方涉农资金统筹整合试点推进不畅，涉及金额共计 15.95 亿元，并对 243 名涉事人员进行处理处分； 2. 方案实施和项目建设进度滞后，结存结余、无法实施项目资金等金额共计 88.52 亿元
2018	1. 3 个县市存在形象工程，调整账目、归还资金共计 309 万元； 2. 37 个地区存在资金和项目闲置等问题，盘活资金共计 8.28 亿元

资料来源：笔者根据 2016—2018 年度《国务院关于中央预算执行和其他财政收支审计查出问题整改情况的报告》整理。

三、扶贫资金分配公平问题

公平是人类社会的终极价值追求，公共服务的法学研究始终离不开对公平价值的关注，中国公共服务的理念是在公平与效率的价值权衡中动态发展的。[①] 毋庸置疑，扶贫资金的瞄准目标始终是贫困人口。但是，扶贫资金将哪一级主体作为扶贫资金的分配单位在理论界出现过诸多争论，争论的焦点集中在选择贫困县还是贫困村作为扶贫资金的分配单位进行资金分配以及选择哪一级主体分配更具有效率和可操作性。

在贫困县公平分配层面，1986 年我国开始了规模化的扶贫开发工作，首次确定了贫困县的标准，扶贫资金的分配以贫困县为基本分配单位，一定程度上使有限的扶贫开发资源重点集中解决贫困县的贫困问题。贫困县一经确定便会获得上级政府的财政转移支付资金。在此背景下，甚至出现了一些地区对贫困县的“帽子”趋之若鹜，以谋取各类扶贫资金和优惠政策的逆向选择。同时，将贫困县作为扶贫资金的分配单位并不

① 杨清望:《公共服务的“意义”探析与内容重构》，载《法律科学（西北政法法学学报）》2012 年第 4 期。

能完全覆盖贫困人口，出现非贫困县的贫困人口扶贫资金供给不足、扶贫资金配置不当和贫困县扶贫资金精英俘获等问题。在实施精准扶贫后，以贫困县作为扶贫资金的瞄准目标已经不能完全适应扶贫对象精准的目标和要求，扶贫资金的瞄准目标开始向贫困村调整，贫困村成为扶贫资金分配的基本单位，从而使扶贫资金惠及更多的贫困人口。但是，贫困村作为扶贫资金的瞄准目标，使扶贫资金监管的难度成倍增加。

在贫困户分配公平层面，分配公平是权力公共性的内在要求，在扶贫资金监管中首要解决的就是对贫困人口利益的保护。扶贫资金的主要来源之一是财政扶贫资金，扶贫领域的财政公平就是要在财政分配过程中，在财政横向失衡严重的贫困地区实现财政公平。财政扶贫资金分配正义观念的衡量标准，主要是贫困人口认为合理的财政扶贫资金分配程序和分配结果。事实上，在财政扶贫资金的划拨分配问题上，贫困人口天然处在弱势地位，在监管能力上存在较大差距。实现扶贫资金使用的公平性，就需要政府相关部门通过履行扶贫资金监管职责，对贫困人口进行特殊保护。另外，公平的实现意味着每个社会成员都平等地享有生存发展的权利，同时全体社会成员的基本要求能够得到满足，最终实现社会整体和每个社会成员的共同发展。二元特性是目前我国经济结构的特点，尤其是贫困地区的金融基础服务发展水平尚不够充分，贫困户融资存在现实困难。金融市场不仅具有平衡金融安全和金融效率的作用，同时也发挥着调节社会财富分配和实现社会公平的功能。[①] 因此，我国在金融扶贫方面要树立公平性导向，着力实现不同类别市场主体之间的

① 冯果:《金融法的“三足定理”及中国金融法制的变革》，载《法学》2011年第9期。

平等待遇（见表1–5）。

表1–5　2016—2018年度《国务院关于中央预算执行和其他财政收支审计查出问题整改情况的报告》中关于扶贫资金分配公平的问题

年度	扶贫资金分配公平问题
2016	1. 未按照规定向符合条件的贫困家庭发放补贴共计4.01亿元； 2. 不符合建档立卡贫困人口共计剔除和清退10.18万人，重新识别补录贫困人口共计9.51万人，完善建档立卡数据信息共计21.68万人
2017	未向符合条件的贫困家庭子女、危房改造户等发放补贴共计2.86亿元
2018	1. 14个县市不同程度存在提高住房补助标准或过度医疗等问题，整改金额共计14.78亿元； 2. 28个县不同程度存在未与贫困户建立利益联结等问题，整改金额共计1.45亿元

资料来源：笔者根据2016—2018年度《国务院关于中央预算执行和其他财政收支审计查出问题整改情况的报告》整理。

四、法律责任设置和实施问题

完备的法律责任制度是实现扶贫资金使用监管的重要保障，能够确保扶贫资金使用的合法合规，并对扶贫资金运行中的违纪违法行为予以问责。然而，从我国目前的现状来看，法律责任制度的规定过于抽象，法律责任的实施各地不同，法律责任追究的力度相对较弱。扶贫资金的运行涉及多方主体，法律承担责任主体的明确有利于扶贫资金监管者更好地行使监管权力。财政部制定的《中央财政专项扶贫资金管理办法》对法律责任部分只作了比较笼统和抽象的规定。对于主要的法律责任类型或者具体的责任幅度、追究责任的程序等，规范性文件中都没有进行具体明确的规定。法律责任规定本身不明确，不利于扶贫资金监管法律制度的具体实施，也导致了法律的不确定性。我国现有扶贫资金规范性文件对扶贫相关部门法律责任的规定过分强调工作人员的法律责任而忽略部门主体的法律责任。部门机构由若干工作人员组成，部门机构的运行也由工作人员具体完成，扶贫相关部门与负责具体工作的工作人员之间只是内部法律关系。因此，扶贫相关部门作出的行政行为如果违反法律规定应承担相应的法律责任，但通常只对具体工作人员法律责任进行明确，并未对部门机构承担的责任予以明确。对扶贫资金运行过程中可能出现的违纪违法行为没有明晰的条款，所以一旦出现不当或违法行为，对相关单位及个人以及何种行为应该被追责，容易产生法律责任承担的异化问题。

《内蒙古自治区农村牧区扶贫开发条例》设立专章规定法律责任，但其法律责任的规定与财政部印发的规范性文件责任承担类型不同。各地关于法律责任的设定和实施也存在法律责任规定的差异性，在全国统一的脱贫攻坚工作之下将会存在各不相同的法律责任体系。尽管有观点认为，“经国务院同意，国务院办公厅下发具有普遍约束力的规范性文件，其效力虽然不能完全等同于行政法规的效力，但只要不与上位法的规定相抵触，其效力应当高于地方性法规和规章”[①]。但扶贫资金监管的规范性文件多以财政部等部委印发，并非国办印发，而且扶贫领域并无国家统一立法。在发生法律责任适用时，部门规范性文件并非我国正式的法律渊源，地方性法规的法律效力要高于部委的规范性文件，扶贫资金法律责任实施在各地并不一致，不利于构建全国统一的扶贫资金监管机制。

① 蔡小雪:《国务院下属部门规范性文件的法律效力判断与适用》，载《人民司法》2008 年第 4 期。

第二章

扶贫资金监管法律制度的理论依据和基本构想

尽管我国扶贫开发已历经三十多年，但相关法律制度建设相对滞后，为了解决扶贫资金监管存在的问题和挑战进行有效法律应对，系统地构建和完善我国扶贫资金监管法律制度势在必行。扶贫资金的类型在不断扩围，扶贫资金的使用机制也在不断创新，对扶贫资金监管提出了新的挑战。本章将对扶贫资金监管的理论依据进行梳理剖析，贫困治理经历了从个人责任阶段向国家责任阶段的转变，提供公民物质帮助是国家的义务，公共财政是国家对公民物质帮助实现的基础，扶贫资金监管机制的建立是保证贫困治理国家责任履行的关键。扶贫开发的委托代理关系的存在就无法避免监管问题，按照扶贫资金的运行模式，就会出现多个而非单一委托人的现象，往往这些委托人还同时肩负代理人的职责。因此，合理配置扶贫相关的职权职责，实现监管主体能够更好地履行监管职责，使被监管者能够更好地被监管。在探讨扶贫资金监管法律制度的立法模式和基本原则的基础上，从“主体—行为—责任”的维度，对扶贫资金监管法律制度进行制度框架设计。

第一节　扶贫资金监管的理论依据

一、国家责任理论

国家责任是法治国家的重要原则，体现了一个国家的理性精神和道义担当。国家责任是一个跨越宪法和部门法、公法和私法理论与实践的综合性话题，它既是法治国家的内在要求，是中国在新时代全面推进依法治国必然要不断强化的主题，也是“以人民为中心”的政治承诺的必然体现。[①]

（一）贫困治理的国家责任

国家责任是基于法治国原理的权利保护、损害救济与生存托底制度，是法治从形式主义向实质主义转变的一项重要历史成就。[②] 贫困治理经历了从个人责任阶段向国家责任阶段的转变。在个人责任阶段，人们认为导致贫困的根本原因是个人素质的低下，也就是个人因素导致了贫困的产生，其理论依据是致贫原因个人因素论。例如，《英国济贫法》颁布之前，人们普遍认为贫困的原因是个人造成的，个体要为自身贫困负责。晚近以来，贫困的原因逐渐产生社会化的趋势，而贫困人口依靠自身力量减贫脱贫的能力却越来越弱。凯恩斯在《就业、利息和货币通论》一书中，从刺激消费需求角度提出政府通过财政政策，对失业者、贫困者予以救济，缩小贫富之间的差距等政策主张。[③] 必要的物质消费需求是人类生存的基本前提，经济发展是支撑社会发展与进步的物质因素，但经济增长与社会发展并不具有必然的一致性。任何国家均包

① 王利明:《新时代国家责任理论的研究主题》，载《人民法院报》2018 年 4 月 19 日。

② 马怀德:《完善国家赔偿立法基本问题研究》，北京大学出版社 2008 年版，第 16 页。

③ ［英］凯恩斯:《就业、利息和货币通论》，高鸿业译，商务印书馆 2002 年版，第 137 页。

含一定规模的贫困群体，国家对贫困群体的态度与方式是影响稳定与发展的重要因素。贫困者在收入、财富等方面均存在不足，需要进行资源的单向性传递。因此，只有国家能够完全有效地承担起这项责任。近年来，在诸多领域中，社会都期待国家承担更多的责任，传统的国家责任理论应有所回应和突破。行政任务民营化及公私协力的兴起正是与保障国家理论之演变相互交织并共同向前推进。[①] 在我国贫困治理领域，扶贫 PPP 项目、政府购买扶贫服务等新型模式也被广泛采用。

（二）贫困人口基本权利的内涵发展

“权利侵蚀的成像，人类发展的桎梏，这便是贫困。”[②] 社会理念发展中的贫困治理国家责任也在不断发展。社会的不断进步促使社会理念不断发展，人权理念和正义理念的发展对国家在贫困治理的责任承担上提出要求。1791 年《法国宪法》最早设定了不同于自然权的社会权，规定:“应行设立或组织一个公共救济的总机构，以便养育弃儿、援助贫苦的残疾人。”[③] 1948 年 12 月 10 日，联合国大会通过并颁布《世界人权宣言》，确立“尊重和保障人权”的基本原则。1966 年,《经济、社会及文化权利国际公约》第 11 条第 1 款规定:“本公约缔约各国承认人人有权为他自己和家庭获得相当的生活水准，包括足够的食物、衣着和住房，并能不断改进生活条件。”1991 年，我国第一部人权白皮书《中国的人

① 杜仪方:《公私协作中国家责任理论的新发展——以日本判决为中心的考察》，载《当代法学》2015 年第 3 期。

② 刘晓霞、周凯:《反贫困立法定位与进路》，载《西部法学评论》2013 年第 3 期。

③ 徐显明:《人权法原理》，中国政法大学出版社 2008 年版，第 254 页。

权状况》中提出“生存权是中国人民长期争取的首要人权”，我国《宪法》也明确规定“尊重和保障人权”[①]。

正如博登海默指出：“对于基本权利的承认，可能只是提供了行使这些权利的一种形式机会，而非实际机会。”[②]“尽管免于贫困的权利是一项公民基本权利，该权利的实现既是正义的基本要求，也有助于推动人类追求正义的实现，但是，贫困问题既影响自由权的实现，也影响适当生活水准权的实现，还影响发展权的实现。”[③] 联合国早已认识到应在人权的概念中增加“人的尊严”重要内涵，1977 年通过的《关于人权新概念的决议案》中对人权概念进行了完善，对人的发展权精神层面的内容进行了扩充，即人权相互依存不可分割的部分不仅包括有关政治、经济和社会的发展，还包括促进人的尊严得到充分尊重。在人的尊严之下，没有食物、没有居所、无钱治病等都与有尊严和体面生活的生存权含义相悖。基于自由权的生存权理念仅仅要求国家在法律上对“活着的权力”进行保障，而作为社会权的生存权对国家责任提出更高的要求，要求国家在物质生活、人的发展等方面进行保障，生存权概念与内涵的发展意味着国家责任的发展。现代社会中，无论在道义上，还是在法律上，国家都不能逃避对生存权保护的义务和责任，人权理念的发展要求国家承担贫困治理的责任。贫困人口要求摆脱贫困、提高收入、提升教育水平

① 《宪法》第 45 条规定：“中华人民共和国公民在年老、疾病或者丧失劳动能力的情况下，有从国家和社会获得物质帮助的权利。国家发展为公民享受这些权利所需要的社会保险、社会救济和医疗卫生事业。”

② ［美］博登海默：《法理学——法律哲学与法律方法》，邓正来译，中国政法大学出版社 2004 年版，第 283 页。

③ 郑智航：《全球正义视角下免于贫困权利的实现》，载《法商研究》2015年第1期。

以及改善健康卫生、住房条件与环境等社会权利，体现了人类对幸福与繁荣的社会生活状态的向往和追求，也是中国特色社会主义建设的题中应有之义，更是新时代中国特色社会主义建设的坚定信念和应然担当。[①]

（三）公共财政是国家责任的承担基础

提供公民物质帮助是国家的义务，使贫困人口得到物质帮助，是公民基本权利得到保障的进一步延伸，公共财政是国家对公民物质帮助实现的基础。在如何帮助公民获得物质帮助方面，社会主义国家和资本主义国家选择了两种截然不同的方式。在现阶段，社会主义国家以解决人民温饱问题为解决生存权的首要问题，资本主义国家则注重实施福利政策。[②] 扶贫开发作为我国贫困治理的重要举措，遵循了劳动是人类实现生存的基本原则，扶贫开发的核心是要激发贫困人口的内生动力，国家通过提供物质资料使贫困人口在增加经济收入过程中获得机会和可能。

针对贫困人口的不同致贫原因，国家采取不同措施对于因病、因残、因学致贫的贫困人口“授之以鱼”，精准识别致贫原因→国家提供社会保障→贫困人口获得生存必要物质→实现贫困人口脱贫。对于因缺乏必要生产资料和生产技能的贫困人口“授之以渔”，精准识别致贫原因→国家提供物质资料和生产技能→贫困人口获得生产资料和能力→实现贫困人口脱贫。因此，联结贫困和脱贫的中间环节就是必要的物质基础。我国的扶贫开发在物质基础供给方面具有以下特点：一

① 朱继萍:《新时代中国社会权利发展及其法治化保障》，载《法律科学》2018年第5期。

② 徐显明:《生存权论》，载《中国社会科学》1992年第5期。

是扶贫开发在起始阶段，制定扶贫物质供给的中长期规划和扶持目标，并为实现规划制订具体计划、步骤和措施；二是在扶贫开发过程中，扶贫资金按照贫困人口致贫因素进行分配，主要是通过提高生产力，帮助贫困地区发展经济，解决贫困人口的生活困难；三是在扶贫资金的供给主体上，政府给予贫困人口帮助的基础上，充分调动社会各界的力量，促进贫困地区经济发展，逐步实现增加贫困人口收入。国家责任以公共财政作为承担基础，民众与政府之间的平等关系有助于贫困治理国家责任的实现，民众对于政府扶贫行为应当始终处于一种监管状态，政府不能仅仅依靠自驱力来实现贫困治理国家责任，监管机制的建立是保证贫困治理国家责任落实的关键，民众的监管更能够防止政府扶贫行为脱离约束，以问责制作为保障贫困治理国家责任能够真正有效落实，防止贫困治理国家责任只是口号式的宣誓。

二、委托代理理论

（一）扶贫开发的委托代理关系

委托代理理论起源于新制度经济学，主要研究的是管理企业过程中股东和经理人之间信息不对称的问题。“对于特定信息，有知情者和不知情者，知情者利用这些信息使不知情者的利益受到影响，而不知情者又不得不为知情者的行为承担一定风险。知情者则为代理人，不知情者为委托人。”① 现代经济学的鼻祖亚当·斯密提出“看不见的手”，这只

① 张维迎：《博弈论与信息经济学》，格致出版社2012年版，第35页。

手发挥着市场调节的作用，通过价格机制、竞争机制以及供求机制的相互作用，引导生产者和消费者作出各自的最优选择。但是，这种理论建立的前提是生产者和消费者掌握全部完整信息，市场环境处于理想状态，显然这是不现实的。事实上，信息不对称的现象普遍存在。信息不对称是指各类参与者在市场经济活动中掌握和了解的信息存在差异，比较有利的参与者往往是掌握信息更多的一方。换言之，作出决策所依据的信息在决策各方之间分布不平衡，一方占有信息的数量及质量都优于另一方。信息不对称是市场失灵的主要原因之一，在社会初次分配中，信息不对称的存在使贫困人口在竞争中处于弱势地位并逐渐陷入贫困境地。

在经济学的视阈下，假设把扶贫开发领域视为一个“市场”，“市场主体”就是以政府为主导的扶贫主体，“市场主体”的一切“市场行为”（扶贫措施）都是为了引导扶贫资金达到最优效率的配置，最终实现贫困人口脱贫、贫困县摘帽和解决区域性整体贫困三个递进式的目标。要避免扶贫开发这一“市场”再次陷入因信息不完整导致“失灵”的局面，应做到：首先，扶贫主体要掌握关于贫困人口的所有信息；其次，扶贫主体和贫困人口之间拥有的信息是完整的；最后，扶贫主体能够基于所掌握的信息作出扶贫决策。但是，信息不对称现象在扶贫开发领域比比皆是。扶贫资金主要来源于财政转移支付，由中央政府按照因素法将扶贫资金切块转移支付给各省级政府，省以下地方政府再依次按照因素法确定扶贫资金的分配。各级政府由于行政跨度和空间距离的存在，扶贫信息传递不完整或者信息传递失真等现象大量存在，扶贫信息不对称的后果势必导致依靠因素法在政府间不能合理配置扶贫资金。此外，在扶贫行业部门之间，由于行业部门的职能划分具有一体两面的天然利弊，行业内部信息一度成为部门的“自留田”。同时，各行业部门的分工、目标和要求不尽相同，采集的信息也各有侧重，采集信息存在部门“偏好”的问题，能否客观反映扶贫实际情况值得商榷，非共享的扶贫信息必然增加扶贫信息汇总成本和信息获取的准确性和普适性。如果预算主体之间的信息不充分平衡，这种寻租动机就会被一些特殊的利益集团加以利用，从而导致“道德风险”“逆向选择”等机会主义行为的出现。[①] 因此，扶贫行业部门间信息分布不均衡的后果，会直接影响扶贫资金的投向和扶贫资金分配的平衡。在扶贫主体和贫困人口之间，也存在扶贫政策和扶贫资金信息公开不完全和不透明的问题，这种信息不对称严重影响扶贫资金配置效率。“民商法基于平等主体假设和意识自治基本原则，多采用一些非信息工具与事后的补救措施，尽量排除公权的干预来规制信息不对称。经济法则打破了传统民商法的平等主体假设，灵活多样地运用各类信息工具和非信息工具规制信息不对称，是对民商法的超越和重要补充。”[②] 扶贫信息的不对称需要通过预算、审计、计划等实体性和程序性法律制度对扶贫开发信息优势者进行监管，从而减少信息劣势者的风险成本。

（二）扶贫开发委托代理的职权制约

孟德斯鸠在《论法的精神》中提出为了防止权力的滥用主张实行分

① 蒋悟真：《预算公开法治化：实质、困境及其出路》，载《中国法学》2013 年第 5 期。

② 邢会强：《信息不对称的法律规制——民商法与经济法的视角》，载《法制与社会发展》2013 年第 2 期。

权。[①] 扶贫开发的过程也是国家对财政资源的再分配，既体现了政府履行扶贫职责，也是政府扶贫职权的行使过程。扶贫资金能否真正用于为贫困人口改善生活条件和提高生活质量，是保障贫困人口基本权利的关键所在。常规性的扶贫资金监督无法适应和解决扶贫资金类型扩围和扶贫资金违纪违法使用所诱发风险的现状。因此，扶贫资金监管主体通过对扶贫资金管理使用行为的限制和规定，实现扶贫资金使用效率和效益的监管行为。按照阿利克斯学派的学说，根据扶贫资金监管机构行政的不同，也同样存在扶贫资金的立法、行政和司法的监督管理。其中，立法监督是指国家立法机关对扶贫行政机关施行监督。例如，英国议会在1866年通过了《国库与审计部门法》，宣告世界上诞生了第一个立法型预算监督管理模式。此模式的主要特点是国家财政的监督管理由议会、财政部、审计组织共同完成。[②] 立法型监督侧重于宏观监管，无法兼顾专业性和技术性。因此，必须有其他模式配合立法型模式来共同发挥作用。司法监督是指国家司法机关对扶贫行政机关进行的监督。司法监督具有显著的事后监督的特点，难以做到事前的防范和事中的控制。行政监督是指国家行政机关对有义务执行和遵守有关行政法规、指示、命令和决定的扶贫行业部门以及工作人员实施的监督。当然，单一采用固定监管模式有其弊端和不足，立法型、行政型、司法型模式均不能完全平衡独立性、效率性、专业性、权威性规定的需要。另外，监管机构的独立性、中立性和专业性是确保监管权公正行使的组织条件，也是有效摆

① ［法］孟德斯鸠:《论法的精神》(上卷)，许明龙译，商务印书馆2012年版，第323页。

② 贺邦靖:《国外财政监督借鉴》，经济科学出版社2008年版，第20页。

脱既往的部门偏好或者其他政府部门不当干预的必要前提。① 按照监管主体划分，还可以分为内部监管和外部监管。内部监管是指借助行政、财政等方式对组织内部进行自我监管，外部监管是指利用社会团体、人民群众和社会舆论等实现对自身的监管。当然，两者之间具有相对性，根据监管内容和形式要求的不同也将会相互转化。例如，对扶贫资金进行监管时，财政部门内部对拨付扶贫资金的监管、执行资金使用属于内部监管，而纪委监委、审计等部门对财政部门的监管，则属于外部监管。

（三）扶贫开发委托代理的政府失灵

按照公共物品理论对公共物品的分类，扶贫开发属于准公共物品。由于公共物品具有非竞争性和非排他性，就一定会存在“搭便车”的情况，即每个人都想完全免费或者只付出极小的代价，就能免费或近乎免费获得公共物品的使用和服务。而且，每个人必然存在“搭便车”的动机，所以公共物品不能完全通过私人市场来提供。因此，扶贫资金的供给责任应该由中央和地方政府来共同分担。根据扶贫开发的外溢性确定政府间财政支出责任。但是，贫困地区的地方政府财力不足本身就是贫困的原因之一，如果严格按照外溢性划分政府间扶贫开发财政支出责任在一定程度上就是一个悖论。按照事权与政府财力相匹配的原则，如果地方政府财力吃紧不足以对辖区内地方公共事务进行管理时，就需要中央或省级政府通过财政转移支付来解决地方政府存在的财力困难。但是，在扶贫资金供给的数量上，中央政府和地方政府也同样无力单一通

① 盛学军:《监管失灵与市场监管权的重构》，载《现代法学》2006年第1期。

过财政转移支付提供全部扶贫资金。在扶贫资金供给的质量上，将政府财政扶贫资金作为扶贫资金的唯一来源，也会导致资金利用率不高，吊高贫困人口“胃口”的问题。因此，政府对扶贫开发提供的财政转移支付资金在数量和质量上都无法绝对满足当前扶贫开发对于资金投入的需要。传统的公共服务导源于生存照顾理念，主要体现为针对弱势群体的社会保障制度；而现代公共服务的理念正在向激励并促进个人和社会全面发展的方向转变，要求建立面向广泛社会成员的、全方位的公共服务法律体系。① 在经济法的视阈下，按照“两个失灵”理论，扶贫资金的监管同样起源于市场失灵和政府失灵。政府受自身职能发挥方式的限制，更多从宏观调控的角度出发制定政策和开展项目，可能会产生与贫困人口需求不匹配的情况，有时甚至会出现由于政府过分干预市场，反而“越扶越贫”的情况。另外，政府在资源配置方面往往以大型的扶贫项目为主，贫困人口受到自身资源和思想认识的局限，基本上很难以个体的方式参与到大型扶贫项目中，即使部分参与，参与的程度也不高，贫困人口很难真实地表达自己的利益诉求。政府主导一定程度上会造成行政权力趋于集中，从而在一定程度上消耗各级行政机关工作人员开展扶贫工作的积极性和主动性。

（四）扶贫资金监管的必然选择

按照委托代理理论，如果委托代理关系存在，就无法避免监管问题。精准扶贫提出后，中央设定了“中央统筹、省负总责、市县抓落实”的

① 陈云良、寻健:《构建公共服务法律体系的理论逻辑及现实展开》，载《法学研究》2019 年第 3 期。

扶贫开发委托代理模式。扶贫开发存在于代议机关与政府、中央政府和地方政府、地方政府和扶贫行业部门、地方政府和政府官员的多层级多级次的委托代理关系。因此，委托代理关系投射在扶贫开发工作中，就会出现多个而非单一委托人的现象，往往这些委托人还同时扮演代理人的角色，在参与制定扶贫政策后又负责政策的具体实施。多重委托代理关系的存在，会使不同的利益诉求代理人对扶贫开发整体效率产生影响。在中央和地方政府之间的扶贫开发委托代理关系中，基于地方政府拥有扶贫开发信息，中央政府是扶贫开发的委托人，地方政府是扶贫开发的代理人。中央依据地方政府的扶贫信息，确定对地方政府扶贫财政转移支付资金的比例，实现地方政府扶贫开发事权和财力的一致性。当委托代理关系在财政扶贫资金运用的过程中出现在中央一级时，则会有财政部、发改委等多个委托人，财政扶贫资金由财政部以各扶贫相关部委上一年度和本年度的财政扶贫资金预算和预算的执行情况为依据划拨扶贫资金。扶贫资金划拨之后，其管理权限也相应地从财政部转移到相关部委。之后，各部委以相同的方式，按照省级地方政府相应部门的上一年度和本年度的预算和执行情况进行资金划拨，地方扶贫行业部门由此逐级获得各类财政扶贫资金。因此，根据财政扶贫资金来源，则由不同的主管单位对资金进行管理。例如，国务院扶贫办负责财政发展资金和“三西”建设资金，而发改委负责管理和下拨“以工代赈”资金。由于不同类型扶贫资金在支出方向上也不尽相同，并且主要是来源于主管部门的专项投入，这种做法所产生的一个结果就是扶贫资金被分散在各个行业主管部门，不同部门之间欠缺相应的沟通协调机制，大大降低扶贫资金的使用效率。同时，在各省级（自治区）以下政府中都有其组成部门，也会因为各自职能的不同在具体决策上出现一定分歧。譬如，财政部门要保证工资、行政经费支出，而发改委则更倾向于投资项目的利益。此外，我国扶贫开发体制的最大特点是多行业部门参与，扶贫资金和扶贫项目在行业部门之间交叉管理。现行扶贫管理体制安排涉及两个方面：一方面，为了适应农村综合性的开发式扶贫方式的需要；另一方面，希望让各级各部门都能充分发挥各自职能，从而达到降低管理成本的目标。尽管中央为了协调扶贫开发各参与部门之间的关系，自上而下地成立了跨部门协调的扶贫开发领导小组，并下设扶贫开发办公室，但按照“资金跟着项目走”的方式，不同部门间的管理协调难度会不断增加。

目前，巩固脱贫攻坚成果嵌入乡村振兴战略中，巩固脱贫攻坚成果相关机构的职权职责存在交叉和重叠，政府机构内部监管的实现路径更加不清。回顾我国扶贫开发的进程可以发现，起初的扶贫开发更多地突出政府的政策主导，以计划和政策作为扶贫开发资金投入的依据，忽视扶贫开发资金投入的法治建设。随着世界各国将贫困治理作为国家责任后，我国扶贫开发突出强调政府扶贫开发的职责履行，将扶贫开发片面地视为政府的宏观调控行为，对扶持对象“输血式”地给钱、给物，则被理解为对扶持对象的救助，忽视了扶持对象在扶持过程中的权利保障，这种扶持对象的权利虚化难以实现公民对扶贫资金的社会监管。因此，扶贫开发的法治建设变得尤为重要，合理配置扶贫相关的职权职责，将权力运行纳入法治轨道，使扶贫资金的监管主体能够更好地履行监管职责，被监管主体能够更好地被监管。不断提高扶持对象的权利意识，增强贫困人口使用法律手段保护权利和实施救济，从而优化扶持对象的权利结构（见图 2–1）。

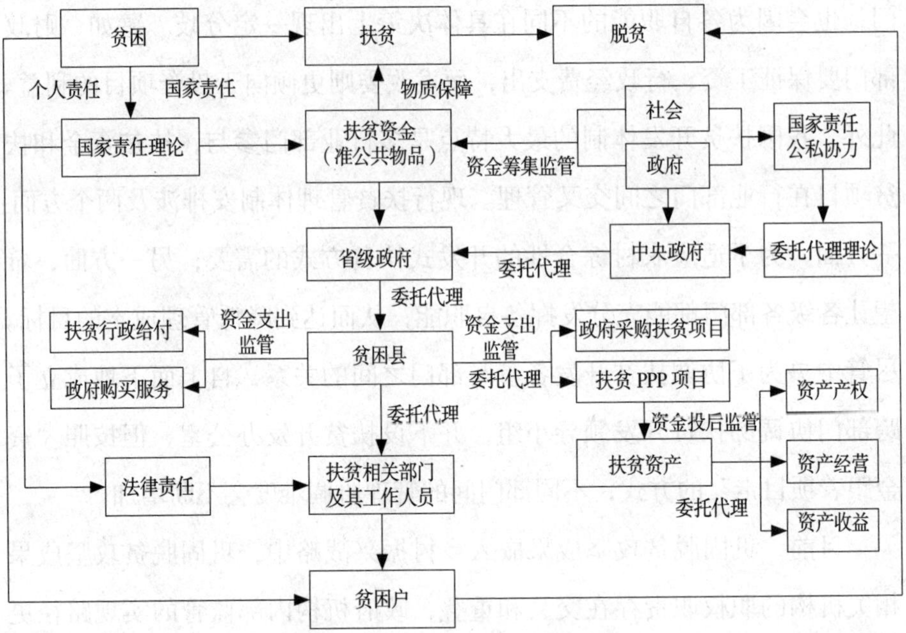

图 2-1 扶贫资金监管的理论依据

第二节 扶贫资金监管法律制度的基本构想

一、扶贫资金监管法律制度的建构基础

“政府的一切强制行为都必须明确无误地由一个持久的法律框架来决定，这框架使个人能带着一定程度的信心来进行规划，使前景的不确

定性缩小到最低限度。”[①] 就目前而言，修订完善扶贫资金监管地方性法规更加具有效率性和可操作性。

（一）立法模式的选择

我国扶贫开发的正当性和合法性来源于《宪法》中公民的获得帮助权。那么，扶贫开发应纳入哪一部门法加以调整？扶贫开发一度被学者认为是社会法学调整的对象，扶贫开发在法学视阈的归属为社会保障法中的社会救助或社会救济。但是，无论是社会保障、社会救助还是社会救济都不能囊括扶贫开发的全部，一定程度上限缩或扩张了扶贫开发的本意和内涵。实际上，扶贫开发过程体现了国家宏观调控的社会再分配，国家运用财政和金融等宏观调控手段实现公共服务均等化。扶贫开发从法律调整对象来看，更加适应经济法的调整，扶贫资金的监管和风险防范更加需要财政法和金融法的调整。准确地说，扶贫开发问题呈现的交叉性、整合性和动态性更加需要领域法学的研究和调整。经济法相关制度的形成与施行的经济政策密切相关，体现出明显的“政策性”，较传统的部门法特点更为鲜明。现代社会发展一日千里，经济运行效率飞速提高，由于法律具有一定滞后性，所以当面对层出不穷的各类经济问题的时候，经济政策的灵活性就得到凸显和重视，从而被广泛应用。[②]

“有效实施帮扶政策以及合理管理扶贫资金需要法治，对于扶贫负

---

① ［英］弗里德里希·奥古斯特·冯·哈耶克:《自由宪章》，杨玉生译，中国社会科学出版社 2012 年版，第 352 页。

② 张守文:《经济法学》，中国人民大学出版社 2008 年版，第 29 页。

责人、扶贫项目、扶贫成效的考核与监督更加需要法治的参与。”[①] 精准扶贫是一项系统工程，离不开法治思维的引导，需要法律的精准指引。从世界各国贫困治理的经验来看，法治化是主要的治理路径，如美国的《地区再开发法》《反贫困法案》、日本的《北海道开发法》《山村振兴法》、德国的《联邦改善区域结构共同任务法》等。[②] 我国的扶贫专项立法从2009年开始启动，国务院组织草拟了《中国农村扶贫开发法（草稿）》。2011年，中共中央、国务院下发的《中国农村扶贫开发纲要（2011—2020年）》再次强调要“加快扶贫立法，使扶贫工作尽快走上法制化轨道”。目前，通过长期建设和不懈努力，我国已进入脱贫攻坚阶段，在地方各级政府纷纷制定实施扶贫开发地方性立法的基础上，国家层面的扶贫立法工作也呼之欲出。就扶贫地方立法而言，通过扶贫地方立法可以确立扶贫新理念、新机制，增强立法的科学性和前瞻性，完善扶贫工作的程序性规制和法律责任追究。内蒙古扶贫资金监管地方立法的模式选择，应当结合地方立法权和内蒙古现有地方性立法选择立法模式。内蒙古的地方立法权包括制定地方性法规、地方政府规章、自治条例和单行条例。内蒙古现行涉及扶贫资金监管的地方性法规和地方政府规章分别是《内蒙古自治区农村牧区扶贫开发条例》《内蒙古自治区扶贫资金审计监督办法》。从两者的体例可以看出，前者规定和调整的事项更为全面。因此，内蒙古扶贫资金监管法律制度相关立法模式的选择

① 陈胜国、罗紫薇：《精准扶贫工作中法治保障的调查与反思——以湖南省绥宁县6个村为调查对象》，载《时代法学》2018年第2期。

② 杨宜勇、吴香雪：《政策法律化视角下农村扶贫开发问题研究》，载《中共中央党校学报》2016年第6期。

就集中在单独制定扶贫资金监管条例还是在扶贫开发条例中充实相关监管的规定。笔者认为，从立法技术和制度衔接方面考量，将扶贫资金监管法律制度纳入扶贫开发条例中会更为妥当。《内蒙古自治区农村牧区扶贫开发条例》的有效期为《中国农村扶贫开发纲要（2011—2020年）》实施期间。尤其是党的十九届四中全会提出，在2020年消除绝对贫困后，我国脱贫攻坚的重心将转向相对贫困。扶贫开发政策是否继续推行在所不论，但实质性的扶贫资金将还会长期存在。由于缺乏法律制度的有效监管，扶贫资金不仅存在浪费、闲置等问题，甚至还存在地方债务风险和扶贫金融风险的隐患。单独制定内蒙古扶贫资金监管条例已成为当务之急。另外，我国目前无任何扶贫开发和扶贫资金监管法律法规，内蒙古扶贫资金监管条例的先行先试对于国家立法也具有重要意义。

（二）基本原则的确定

1. 财政扶贫资金监管法定原则

在现代民主制度下的财政支出受到民主法治原则的约束，实现扶贫财政资金监管必然也应遵循民主法治的理念。“预算不仅是政府配置资源的技术工具，更是塑造国家制度、公共生活以及两者之间关系的制度建构。”[①] 财政扶贫资金属于公共财政资金的重要组成部分，根据政府收支分类科目，具体包含在一般公共服务支出、社会保障和就业支出、教育支出、农林水支出、医疗卫生与计划生育支出、交通运输支出等门类之中。财政支出是国家基于社会公平正义对社会财富进行分配的方式，

① Jonathan khan, *Budgeting Democracy: State Building and Citizenship in America*, Cornell University Press, 1997, p.2.

财政扶贫资金属于政府财政转移支付的社会第二次分配，社会捐赠扶贫资金属于社会的第三次分配。扶贫资金是我国扶贫开发工作中的重要物质保障，是社会经济发展的客观需求，是财政资金预算的组成部分。财政预算的法治性、公开性和民主性是财政监督的一个关键基础。财政支出的性质决定了扶贫财政资金监管要以实现公平正义为基本理念，使贫困人口实现机会均等的起点公平、程序合理的过程公平和符合公正理念的结果公平。扶贫财政资金支出的起点公平体现在贫困人口都有从扶贫财政资金支出中得到生存保障和获得全面发展的机会，扶贫财政资金支出的过程公平体现在贫困人口有机会参与资金支出的决策过程，扶贫财政支出的结果公平体现在扶贫资金支出使贫困人口的基本生活获得保障和发展环境得以改善。财政监管法定方面，主要涉及在各项财政权力中都普遍存在的财政监督权与财政管理权，其侧重于财政效率和财政问责。这与财政监管服务于财政收支的角色定位是相适应的。[①] 故而，财政扶贫资金的监管法定是扶贫资金监管原则之一。

2. 扶贫资金协同监管原则

公共财政资金取之于民，公共权力部门为了满足社会公共需要，将公共财政合理科学地用于提供公共物品和服务。公共财政权力通常只是作为政府若干行政职能的一部分行使。[②] 扶贫财政资金的支出监管应保障社会公平正义理念在扶贫领域的贯彻落实。对于扶贫资金的监管应该是一个全方位、多角度的监管体系，表现为财政部门对具体使用行业部

① 刘剑文:《论财政法定原则——一种权力法治化的现代探索》，载《法学家》2014 年第 4 期。

② 任际:《财政法的正义价值判断与选择》，载《法学》2011 年第 4 期。

门的监管、外部监管机构对财政部门的监管，公民和新闻媒体参与扶贫资金支出相关的决策、资金和人员的全面监管，监管本身是一种权力对另一种权力的制约。因此，扶贫资金的监管应当遵循监管主体协同监管的原则。

3. 绩效和风险并重原则

由于扶贫资金的信息不对称问题广泛地存在于各级政府、各扶贫行业部门以及贫困人口之间，扶贫资金的监管可以矫正社会分配和再分配不公的结果。因此，实现扶贫资金使用绩效，首先要解决如何保证扶贫资金使用公开透明的问题，如果扶贫资金信息不公开，有可能存在利用信息的不对称进行暗箱操作。扶贫资金机关信息的公开透明也是进行扶贫监管的首要条件。扶贫资金的合理配置和高效使用，直接影响着扶贫资源分配制度的有效运行，也就是说，应当充分关注扶贫资源分配过程的调控手段、管理体制以及运行等问题。在合理运用财政转移支付和金融杠杆的功能的同时，也要兼顾财政的适度性和效率性、金融的普惠性和风险性、防范地方财政风险和区域性金融风险及其风险之间的相互转化。此外，扶贫资金监管本身也存在监管的交易收益成本、监管风险等问题。因此，绩效和风险并重的原则是扶贫资金监管的一项核心法律原则。

（三）扶贫资金监管制度构建的法益目标

扶贫资金的性质决定了扶贫资金监管的目标，多维视角下的扶贫资金特征表现为以下五个方面：一是从资金供给主体的维度看，扶贫资金由政府、市场和社会三方主体共同筹集；二是从资金性质的维度看，扶贫资金的支出具有社会再分配和社会第三次分配的特征；三是从资金来源的维度看，扶贫资金的类型相应地分为财政扶贫资金、金融扶贫资金、社会捐赠扶贫资金；四是从资金投向的维度看，扶贫资金以扶贫项目为载体共同流向贫困区域、贫困县、贫困人口；五是从资金使用的维度看，扶贫资金主要为了解决区域性贫困、贫困县摘帽、贫困人口脱贫，实现贫困地区的公共服务均等化。扶贫资金体现出主体多元、类型多样、扶贫投向和使用目的一致等特征，这就决定了扶贫资金监管要实现合法性、合理性和效率性的目标，三元目标之间也是一个动态平衡的实现过程。

第一，扶贫资金运行的合法性监管目标。各级政府在扶贫资金使用过程中有不同的价值取向和博弈，导致扶贫资金的流失和浪费，降低扶贫资金的使用效率。由于扶贫信息不足以及扶贫资金浪费、截留、挪用等诸多方面的原因，政府在扶贫资金配置上出现低效甚至无效。“监管失灵”作为“公共失灵”的一种情形，与“市场失灵”的问题颇具相似性，即导源于不完全信息与不完全竞争。[①] 因此，扶贫开发更加需要依法进行宏观调控，依法行使扶贫资金的预算、扶贫资金的拨付、扶贫资金的支出、扶贫资金的审计等，从而实现扶贫资金使用的合法性和效率性。加强扶贫领域的法治建设，对扶贫资金进行科学监管，及时对扶贫领域的违纪违法行为进行问责追责，减少政府失灵导致的扶贫资源配置和使用的损失。第二，扶贫资金运行的合理性监管目标。由于市场失灵造成产业失衡，出现国家经济结构失衡，导致市场配置资源的低效或失

① ［美］斯蒂格利茨：《政府为什么干预经济》，郑秉文等译，中国物资出版社1998年版，第80～91页。

效，在社会初次分配中造成人口贫富差距。政府通过财政、金融等手段对经济发展失衡地区进行宏观调控，实现公共服务均等化的目标追求。为了实现扶贫资金使用的合理性，政府主要对组成扶贫场域的扶贫计划、重大扶贫事项决策、扶贫资金分配依据、扶贫项目规划的实体和程序等方面展开监管。贫困治理从本质上来看是一种资源的再分配过程，政府运用宏观调控手段对“失灵”的经济生活进行及时干预，但其行政权力的滥用会限制其干预的效果。第三，扶贫资金运行的效率性的监管目标。民生财政无疑凸显出公平价值的重要地位，但民生财政并非不重视绩效，更不意味着不计风险盲目追求支出规模的扩大。[①] 现行规范性文件中对于扶贫资金监管表述的变化可以折射出管理者不再单纯强调对扶贫资金使用的合法性和合理性，而是更加突出旨在实现扶贫资金监管的效率性目标。讲求绩效是《预算法》的基本原则之一，扶贫资金作为惠及贫困人口的物质保障，政府在扶贫资金的监管上更加突出扶贫资金的绩效监管。财政预算编制是政府履职的基础，将财政支出绩效评价的结果与年度预算的编制挂钩，也决定了预算单位可支配的行政资源的多寡，决定了其提供的公共产品和服务的数量。扶贫财政资金的有限性与公共需求的无限性存在矛盾，有限的财政资金理应配置到财政绩效指标更好的贫困地区。但需要特别说明的是，因为扶贫财政支出的目的是帮助贫困人口脱贫，所以在编制绩效预算时，年度预算的增加和核减的幅度都不能过于剧烈，以免扶贫整体的公共利益受到损害。

---

① 陈治:《论我国构建民生财政的法制保障》，载《当代法学》2011 年第 4 期。

二、扶贫资金监管法律制度框架

（一）扶贫资金的监管主体

为了实现扶贫资金监管目标和权力分配的合理性，需要特别关注扶贫资金监管机构的内部结构、职责范围、组织形式等问题。同时，扶贫资金监管具有不同于一般财政监督和金融监管的特点，监管机构的设置和运行也应该按照扶贫资金来源属性加以分类，从而保障监管的有效性。

1. 扶贫资金监管权的配置

“一切有权力的人都容易滥用权力，这是万古不易的一条经验。有权力的人们使用权力一直到遇有界限的地方才休止。”[①] 扶贫资金监管权是基于现有主体的监管权力加以整合而成的，如何在现有的财政监督权和金融监管权中界定出各自担负的扶贫资金监管职责，对厘清监管主体的职权职责尤为重要。传统意义上的财政监督，主要指政府财政部门为保障国家财政政策的贯彻落实和财政管理有序，依法对财政运行相关主体的财政行为所实施的监控、检查、督促等活动。扶贫小额信贷的金融业务更具有“政策性”，扶贫小额信贷的特殊性在于存在财政资金作为风险保证金撬动金融扶贫资金。扶贫小额信贷的放贷额度在一定意义上是政府干预的产物。因此，与传统的金融监管略有不同，对于扶贫小额信贷的金融监管更多地需要监管部门的差异化监管。应从市场准入开始，在运营、推出产品、退出市场等方面采取相应措施，实现对金融扶

① 宋惠昌:《权力的哲学》，中央党校出版社 2014 年版，第 283 页。

贫资金监管权的科学合理配置。因此，扶贫资金的监管绝非财政监督和金融监管的两者相加。扶贫资金监管权及其配置问题就是基于扶贫开发分层多样的委托代理关系，使各类监管主体之间形成权力的制约和监督，使扶贫资金最大限度发挥效益。扶贫资金监管权的配置是重新分配原有的监管权，在不同层级之间确定监管主体、划分权力界限、规定权力范围，使扶贫资金监管权力得到良性互动和有效运行。在扶贫资金监管权的分配方面主要依据三个原则，即主体明确、权责一致、归属得当。也就是说，监管机构应当相对独立且明确，监管权力的内容范围应当与责任的分配相符合，产生的监管权力内容应当归属于适当的监管主体。法治在现代国家治理中具有重要意义，是权力配置的根本准则。法治保障了政府权力的来源，同时约束了政府行使监管权力的滥用。对于扶贫资金监管权，法律应该明确规定监管权行使主体和权力的来源，同时应该进一步明确监管权限、监管范围和监管机构等事项。扶贫资金监管权力的内在逻辑是“事—权—责”，根据这一要求确定监管权力与责任，实现监管权的内容和调整关系的法定化。权力的内在本质要求是责任，权责一体则体现出现代权力控制的有效举措，是落实法律框架“主体—行为—责任”的重要理念。因此，扶贫资金监管法律制度的构建，既需要明确扶贫资金监管主体，又需要明确规定滥用权力或者怠于行使权力的责任。

“我国公共服务供给体制从政府垄断供给到市场主导的民营化改革再到公共性回归的嬗变演进。掩藏于制度流变背后的逻辑是政府、市场、社会合作供给体制的完备以及公私权责分配谱系的重塑。”① 扶贫资金监管法律关系中涉及多方主体，包括各级人大、扶贫议事协调机构、政府相关部门和社会服务机构等。构建扶贫资金监管法律制度，有必要明确和厘清这些主体在监管法律关系中的职权职责、权利义务以及法律责任。应以精准扶贫为视角和框架，结合监管主体自身职能特点来有效配置各自在扶贫资金运行中的具体监管角色，从而构建多元化、多层次的监管体系，充分发挥各类主体在监管中的积极作用。当前，脱贫攻坚作为全面建成小康社会的底线任务和重要指标，举全社会之力的大扶贫格局已然形成。从严格意义上讲，我国尚未成立法定的专司扶贫资金监管的组织或机构，行使扶贫资金监管作用的主体通常是经过法律或者政府授权行使部分扶贫资金监管职能的政府部门。所以，我国各省级政府行使监管职能的部门也并不一致。在认定某个组织或机构是否具有扶贫资金监管主体资格时，主要依据该组织或机构是否在扶贫资金的筹集、分配和使用过程中履行监管职责，是否对违纪违法使用扶贫资金的单位或个人进行追责。

2. 扶贫资金监管的多元主体

我国当前存在的扶贫资金监管主体主要包括各级人大及其常委会、党委、政府及其有关部门、扶贫开发议事协调机构以及第三方中立机构。

（1）各级人大及其常委会

我国各级人大代表通过对政府工作报告和预算报告中扶贫工作和经费安排的表决行使监督职权。公共预算体系的建立离不开“财政问责”

① 李蕊：《公共服务权责配置研究》，载《中国法学》2019 年第 4 期。

机制的建立和人大对财政预算的修正权和否决权。[①] 我国《宪法》明确规定监督财政资金运行是全国人民代表大会及其常务委员会的一项主要职权,《各级人民代表大会常务委员会监督法》规定全国和县级以上地方各级人民代表大会常务委员会依照民主集中制原则集体行使监督职权，监督本级人民政府的工作，并向社会公开。[②]《预算法》第二章、第五章共有13个条文规定了立法机关预算管理职权和预算的审查和批准。各级人民代表大会常务委员会对财政扶贫资金预算和决算行使监督权，并听取政府脱贫攻坚工作专题报告。例如，全国人民代表大会常务委员会在2017年听取国务院关于脱贫攻坚工作情况的报告，对脱贫攻坚各项工作予以监督。《预算法》第87条至第91条分别对各级政府、财政部门、审计部门以及社会等各主体赋予对财政预算执行的监督职权。

在我国人民代表大会的民主功能、监督功能尚待完善的情形下，将公共财政监督制度化、法治化应成为首选途径。[③] 应不断加强地方人大对财政扶贫资金预算的实质性审查，完善扶贫资金的预算审批，发挥有关专门委员会的职能。基于贫困治理的长期性，赋予深度贫困地区地方人大分项审批权，根据扶贫资金的组成编制专门的预算审批议案。这样

---

① 王婷婷:《范式与路径：中国财政治理法治化研究》，载《财经法学》2016年第1期。

②《宪法》第62条规定:“全国人民代表大会行使下列职权:(十)审查和批准国民经济和社会发展计划和计划执行情况的报告;(十一)审查和批准国家的预算和预算执行情况的报告;”第67条规定:“全国人民代表大会常务委员会行使下列职权:(五)在全国人民代表大会闭会期间，审查和批准国民经济和社会发展计划、国家预算在执行过程中所必须作的部分调整方案。”第99条规定:“县级以上的地方各级人民代表大会审查和批准本行政区域内的国民经济和社会发展计划、预算以及它们的执行情况的报告。”《各级人民代表大会常务委员会监督法》第2条规定:“各级人民代表大会常务委员会依据宪法和有关法律的规定，行使监督职权。”

③ 温泽彬:《论公共财政监督与控制》，载《现代法学》2009年第6期。

做虽然程序略显复杂，但有利于对扶贫资金进行专门审批和督促政府优化扶贫资金预算。各级人大常委会可以在人民代表大会闭会期间，听取和审议本级政府的专项报告，听取报告的范围是围绕关系改革发展稳定大局、社会民生热点和群众普遍关切的内容。扶贫资金的保障和支出绩效是关系到各级人民政府脱贫攻坚任务能否顺利完成，实现全面建成小康社会中事关改革发展稳定的大局问题。因此，地方各级人大及其常委会更应加强闭会期间对扶贫资金的监督。一是将扶贫资金监督列为本届人大任期的专项工作报告计划，连续常态化地监督扶贫资金保障和支出绩效问题；二是地方各级人大代表针对扶贫资金监管问题向相关部门提出代表建议，弥补单一通过年度政府工作报告监督在时间和空间上的不足。监督的时间性和空间性限制了地方人大对扶贫资金监督的有效性和针对性。“如果政府收支不受监督，它就是一个看不见的政府。要建立一个民主的政府，首先要让它看得见；要让它看得见，它就得有一个统一的、受监督的预算。”[①] 通过地方人大定期听取贫困地区政府扶贫资金使用的专题报告和代表建议反馈，促进扶贫资金支出制度的完善和支出绩效的提高。

（2）党管干部基本原则下的各级党委

政党的出现由来已久，早在18世纪英国的议会中就有了政党。随后，政党在世界各国的发展过程中都直接或者间接地发挥着不可替代的作用。法治建设与法学理论研究必须关注执政党，关注政党政

① 王绍光、马骏:《走向“预算国家”——财政转型与国家建设》，载《公共行政评论》2008年第1期。

治，塑造执政党及其执政过程的法治属性和法治品格。[①] 从全国和内蒙古扶贫开发的历程来看，扶贫开发工作一直是在中国共产党的领导下不断向前推进。在精准扶贫提出之后，中共中央相继印发多个扶贫开发党内文件，突出党在扶贫开发工作中的领导地位。[②] 中国共产党实行党内民主监督，在民主集中制原则下，行使党内政治民主，依据党内法规在党组织内部对党的执行行为、领导行为和党员行为开展检查、督促和整改的活动。2016 年，党的第十八届中央委员会第六次全体会议通过《中国共产党党内监督条例》，将党内监督分为党的中央组织的监督、党委监督、党的纪律委员会的监督、党的基层组织监督和党员的监督。值得特别指出的是，该条例吸收了 2015 年《中国共产党巡视工作条例》的最新党内法规制度创新，将巡视作为党内监督的重要方式。2018 年 10 月 9 日，经党中央批准，党的第十九届中央委员会第二轮巡视对内蒙古等 26 个地方、单位党组织开展脱贫攻坚专项巡视。党内监督在扶贫监督领域作用巨大，党的十九大以来，截至 2018 年 11 月，全国共查处扶贫领域腐败和作风问题 13.31 万个，处理 18.01 万人。

（3）“省负总责，市县抓落实”扶贫体制下地方政府及其有关部门

各级政府在扶贫资金监管中应当各有侧重，省级政府统筹省以下脱

① 肖金明:《改革开放 30 年中国法治建设 10 大规律》，载《法学论坛》2008 年第 4 期。

② 中共中央、国务院《中国农村扶贫开发纲要（2011—2020 年）》规定：“坚持党的领导，充分发挥各级党委总揽全局、协调各方的领导核心作用，省市县乡村五级书记一起抓。”《打赢脱贫攻坚战的决定》再次明确党的领导是脱贫攻坚的基本原则之一：“实行党政一把手负总责的扶贫开发工作责任制。”

贫攻坚目标、扶贫资金投放、协调指导以及考核监督等工作，结合地区实际制定配套政策。地市级政府负责将国家决策部署转化为推动地区脱贫攻坚工作的具体行动，统筹整合资源、保障资金投入、督促指导等职责。县级政府负责审核贫困人口识别退出、管理项目实施和扶贫资金使用等。乡镇政府具体负责扶贫项目的组织实施、加强建档立卡贫困人口动态管理。

扶贫资金主要监管部门依据扶贫资金的来源、分配及运行过程而确定。包括中央层面的财政部、审计署和地方各层级的财政部门、审计部门、地方金融监管局、人民银行支行、银保监会分局以及监察机关等。财政部、审计署派驻机构履行对中央财政扶贫资金监管职能。例如，在2015年至2018年期间，审计署太原特派办、财政部专员办对内蒙古扶贫资金审计7次，财政部专员办检查1次，涉及内蒙古7个盟市、24个旗县，查出涉及扶贫政策落实不到位、扶贫资金分配管理使用不合理、易地扶贫工程搬迁实施不规范、金融扶贫效益不高、涉农资金统筹整合力度不够等问题，共涉及资金多达数十亿元。中央层面的财政部、审计署派驻机构对于地方扶贫资金的监管，有利于行使扶贫资金监管的示范作用，推动和实现扶贫资金的规范使用和整改完善。

（4）第三方中立机构

第三方中立机构为典型的社会监管主体。我国多地相继公布的挤占、挪用和截留扶贫资金的典型案例，暴露出了扶贫资金使用部门内部监管失灵的问题。扶贫资金的分配、拨付、管理和使用涉及多主体和交叉部门，而监管部门对于行业部门的监管只能按照本部门的监管规则进行，外部监管缺乏对于行业部门具体业务基本规律和特点的了解，只能基于合规性和程序性开展监管。鉴于体制内的绩效评价资源的有限性，要完成这些必要的扶贫资金绩效评价工作，必须借助第三方中立机构的专业能力。在政府采购第三方评估服务方面，可以采用单一来源的政府采购方式选择了解内蒙古贫困问题和熟悉内蒙古风土人情的第三方评估机构。但是，量化评估的绝大部分指标都借助于现有的官方统计数据。[①] 因此，内蒙古在规范政府购买服务的同时，也应注意到单一依靠内部监管或者外部监管都会出现监管失灵的问题，扶贫资金的监管应构建“双手并用”的协同监管体系。

总之，在明确扶贫资金监管主体方面，扶贫主体的制度设计主要有两个方案的选择。一是借鉴国外普遍设立独立的监管机构的做法。由于体制改革更多的是中央的事权，显然这一选择在实践中短期内将无法实现。二是通过对履行监管扶贫资金主体的监管方式进行优化。在完善各监管主体的监管职能的同时，对监管职能进行分类整合。尽管上文中论及扶贫资金多头监管的弊端，但在扶贫资金监管法律制度构建过程中，这一制度安排相对容易实现，体制改革的阻力也相对较少。另外，“无影灯效应”也必然要求扶贫资金监管存在两个以上的监管主体。笔者认为，法律制度构建本来就是一个至臻完善的过程。如果明知即使不将此类主体纳入扶贫资金的监管主体，事实上按照当前的权力运行模式，其依然会行使监管职能。因此，不论是基于实际的考量还是理论的尝试，应适当限缩扶贫资金监管主体的范围，尤其是在扶贫资金监管地方性立法中具有必要性和可行性时。

---

① 王彬辉、黄捷:《第三方机构量化评估法治政府建设实践考察》，载《时代法学》2017 年第 6 期。

（二）扶贫资金监管的对象

权力必须作用于一定的对象，扶贫资金的监管对象主要是各类扶贫资金及其运行中相关的组织和个人，明确扶贫资金的对象，首先要厘清扶贫资金的构成，上文已论及扶贫资金的概念和范围，此处不再赘述。

1. 扶贫资金管理使用的组织

扶贫资金的筹集、使用主要涉及扶贫资金预算部门、扶贫资金分配部门以及扶贫资金使用部门。扶贫资金监管对象的显著特点是在一定程度上和监管主体产生重合，有的部门既是扶贫资金监管的主体又是扶贫资金监管的对象。其中，扶贫资金预算部门主要是贫困地区和对口帮扶地区政府财政部门，其根据本地和帮扶地脱贫需要和财力情况，每年预算安排一定规模的财政专项扶贫资金。扶贫资金分配部门主要是履行扶贫职责的扶贫行业部门和财政部门。例如，中央财政专项扶贫资金的分配，就由扶贫办、国家发改委、国家民族事务委员会、农业农村部等相关部门商财政部门拟定。扶贫资金使用部门主要是县级政府的扶贫办、国家发改委等部门以及乡级政府等。

2. 扶贫资金管理使用的个人

顾名思义，扶贫资金管理使用的个人更准确地说应该是扶贫资金管理使用过程中的相关工作人员。在扶贫资金管理使用的个人中，有两类个人需要特别指出。一类是基层自治组织的工作人员。村干部掌握了对本级扶贫各类资源的分配权和控制权，如贫困户的认定、基础工程建设的发包、村级“三资”管理等。村干部是国家和地方政策的实施者，也是村级基层组织的管理者，同时受到政府和本村贫困人口的双重委托代理，其能否正确履职直接关系到扶贫政策和扶贫资金是否能够落地。特别在精准扶贫提出之后，村干部作为精准扶贫政策的最后一个环节，直接影响到政策能否精准落实到户。另一类是派驻贫困地区的工作人员。截至2019年11月底，全国县级以上机关、国有企事业单位共选派驻村工作队24.2万个、驻村干部90.6万人。[①] 驻村干部人数庞大,《关于做好选派机关优秀干部到村任第一书记工作的通知》在“强化考核管理”中明确规定：第一书记由县（市、区、旗）党委组织部、乡镇党委和派出单位共同管理。但是在现实操作层面，由于驻村干部的职务一般高于派驻单位的工作人员的行政级别，且在实际工作过程中权责不完全匹配，所以驻村第一书记实际受派出单位管理为主，在基层组织管理中保持着一定的独立性。一方面，驻村第一书记受到上级部门的动员、科层制内部政策的约束以及出于自身职务晋升的内在考虑，承担派驻贫困村的扶贫职责；另一方面，驻村第一书记受到驻村年限、经验资历、工作方法等因素的制约，不可避免会遇到来自基层组织内部和外部其他因素的排斥。因此，驻村第一书记的制度在实际运行过程中受到了来自多方因素的限制。

（三）扶贫资金监管的行为

1. 扶贫资金财政检查

政策执行是一个动态过程，政策的制定、实施、评估一直到新一轮

---

① 参见《对十三届全国人大二次会议第4514号建议的答复》，载国务院扶贫开发办公室网站，http://www.cpad.gov.cn/art/2019/12/13/art_2202_108407.html，访问日期：2019年12月15日。

的政策变革，程序都是其中的重要勾连线索。为确保多元化社会保障政策目标的实现，需要建立切实可行的政策执行程序。[①] 扶贫资金的财政检查分为两个部分：一是财政部门内部专门监督机构对财政资金使用的监管，主要是监管涉及财政扶贫资金安排拨付的各扶贫业务部门是否制定和执行相关的规章制度，是否严格执行相关的工作流程。二是对外执行外部监管，主要通过各级财政部门对本级和下级政府执行扶贫资金预算情况、财政扶贫资金支出情况、各级扶贫转移支付资金使用情况进行检查，以及检查会计制度、会计凭证、会计账簿等收集证据和相关资料，编制工作底稿，撰写财政检查报告。

2. 扶贫资金专项审计

随着扶贫资金投入加大，贫困地区扶贫项目数量庞大，审计监督的任务随之越来越重。我国《审计法》仅对政府投资项目的审计监督进行了原则性的规定，《审计法实施条例》也无法满足政府投资项目审计监督的实际需要。[②] 就内蒙古而言，扶贫资金财政检查和专项审计既有交叉也有重叠，财政部门和审计机关也并非联合检查和审计，贫困旗县不得不为应对不同的监管部门而进行迎检准备，消耗了大量的工作精力。在内蒙古机构改革后，原由财政部门的扶贫预算执行情况和扶贫财政支出情况的监督检查、发改委的扶贫重大项目稽查等职责划入审计机构，对于扶贫资金的预算执行、扶贫财政支出的监督检查、扶贫重大项目稽查均适用审计程序。因此，扶贫资金的专项审计，应当由审计机关成立

① 胡敏洁:《社会保障政策执行程序的法律原理》，载《当代法学》2018 年第 4 期。

② 邹焕聪、董玉荣:《政府投资项目审计监督的法律问题研究——基于地方立法文本的规范分析》，载《河北法学》2017 年第 10 期。

专门的审计组或采用交叉审计组的方式，在正式开展审计工作前，提前3日向审计对象送达审计通知书，通过审查审计单位的扶贫项目支出的会计凭证、会计账簿、财务会计报告等，向扶贫项目所在嘎查村和贫困户调查等方式进行审计，并取得审计证明材料，将审计报告征求审计单位意见后，于10日内将审计报告和审计单位的书面意见一并报送审计机关，审计机关审议后作出审计报告和审计决定。扶贫资金专项审计过程中发现违纪违法的问题，移交给纪委监委部门进行处理。目前，应充分发挥审计部门的专业优势，给予其参与、建议审计问题后续处理的权力，同时审计问题的处置部门也应该充分尊重、吸收和采纳审计部门的意见建议，提高问题处置的科学性。另外，在扶贫资金专项审计的基础上，加强对扶贫相关部门负责人的任职、任内以及离任的经济责任审计。

3. 扶贫领域的巡视巡察

纪检监察机关承担着腐败问题监督、整治和处理的重要职责，具有较强的权威性和独立性。但是，在处理扶贫领域存在的腐败问题时，由于问题线索涉及的主体多元，监管机制上也不够科学完善，实践中存在多方面因素的限制。因此，根据扶贫领域腐败问题在基层多发的客观实际，将扶贫领域腐败问题治理的重心下移。由于乡镇一级纪检监察机构、人员队伍等力量比较薄弱，由县、市级政府抽调相关单位工作人员组成巡察工作组派驻基层开展专项巡察非常必要。巡察工作组应采用一次一授权或一事一授权的方式，明确巡察对象和范围以及巡察工作人员的工作职权，对扶贫工作中的重点部门、重点领域、关键环节和关键人员等开展巡察工作。

4. 扶贫资金绩效评估

绩效评估主要是指通过制定相应的评价方法、体系、指标等，对政府部门履行职能情况所进行的综合性分析。目前，通行的做法是委托独立的第三方机构，可以是社会机构、科研团体等，通过对实地进行考察核查、抽取样本等方式建立考核体系围绕某一扶贫专项进行评估。对于扶贫资金绩效情况进行评估是发挥社会监督作用，促使扶贫资源能够合理使用和分配。通过独立第三方机构的加入，完善因扶贫资金绩效评估主体单一所导致的弊端和不足，有利于扶贫开发绩效评价主体从单一主体模式转变为多元主体模式，不断促使扶贫资金绩效评估结果和考核机制的合理和完善。

（四）扶贫资金监管的工具

公共财政管理工具有三个即信息、流程和规则。[①] 由于扶贫资金监管的流程和规则工具在本书其他章节中予以回应，扶贫资金监管工具将着重对信息监管工具进行探讨。

1. 扶贫资金监管的信息需求

“政府在它所采取的每一项行动中都应当保有正义。”[②] 贫困人口更加期望扶贫政策公平公正地落实，更加敏感于扶贫领域的腐败问题。在扶贫开发中，政府与贫困人口的关系只是形式意义上的平等，而实际上政府属于明显强势的一方，在扶贫资金信息占有方面表现得尤为突出。

① 王宇：《公共财政管理工具有效吗？》（上），载《金融发展研究》2016年第6期。

② ［英］弗里德里希·奥古斯特·冯·哈耶克：《法律、立法与自由》（第二、三卷），邓正来等译，中国大百科全书出版社2000年版，第51页。

规范扶贫资金分配、管理和使用的初衷就是提高扶贫资金使用效率，遏制扶贫领域的腐败滋生。扶贫项目的信息本身具有一定的商业价值，对扶贫项目的供应商而言，获得信息优势也等同于获得了竞争优势，甚至直接获得了订立扶贫项目政府采购合同的机会，扶贫资金的信息本身也会成为腐败寻租的对象。信息公开对行政权力正确行使的保障原理在于通过将相关行政权力运行的过程完全暴露在公众的视野之中，从而使其受到充分的公众监督。[①] 扶贫资金信息公开赋予了政府更多的义务，对其权力进行了有效的束缚。

知情权观念最早产生于美国费城立宪会议时期。美国宪法之父詹姆斯·麦迪逊曾说："政府必须是一个民享信息的政府。"[②] 可见，知情权的产生便是为了对抗公权力的"信息封锁"，是以公民权利限制国家权力。美国的预算过程不仅是总统与国会的制衡过程，更是美国两党的博弈过程。[③] 为保障财政信息公开，美国在继1921年的《预算和会计法案》之后，颁布了《信息自由法》，目的是保障公民对政府机构持有的信息有访问的权利。根据《信息自由法》，除了列明的九种豁免情况外，所有的政府机构的信息都应当公开。在州和州以下的政府制定颁布了《阳光政府法案》《公共记录法案》。2006年，美国又颁布了《使用联邦资金责任及透明法》，通过官方唯一指定授权的网站公布，美国政府将每年关于联邦政府预算和财务报告的文件，通过新媒体和传统媒体向社

① 马怀德：《政府信息公开制的发展与完善》，载《中国行政管理》2018年第5期。

② *The Letter from James Madison to W.T.Barry, Aug.4, 1822*, in The Complete Madison, Padover ed, 1953, p.227.

③ 袁达松、黎昭权：《美国主权债务危机的生成机理与法律应对》，载《河北法学》2016年第6期。

会公开。便于社会公众监督政府的财政决策和资金使用，提高财政资金的使用效率，遏制腐败寻租。20世纪80年代，日本地方政府开始制定信息公开相关条例。市民团体请求信息公开的诉讼增多，加速了日本政府财政信息公开的立法脚步，相继制定了《行政机关拥有信息公开法》《有关独立行政法人等拥有信息公开监督法》等。因此，财政信息公开的程序更加规范，如日本各地政府必须在固定地点设置信息公开窗口，受理包括财政信息在内的政府信息公开的申请，并对信息公开的权利义务主体的权利救济进行了制度安排，如果申请人对信息公开存在异议，可以提出申述或者行政诉讼。另外，日本在制定信息公开相关法律时，预想了大量申请的情形，并就应对之策预设了处理期限的特例。“大量申请并非等同于权利滥用，需要就是否存在使行政停滞的意思进行举证。”①

扶贫资金信息之所以应当公开，原因在于扶贫资金的主要来源为财政资金。满足各方主体对于扶贫资金信息的需求，行之有效的方法就是扶贫资金信息公开。财政信息公开也称财政资金信息披露，是指将有关政府财政活动的信息进行公开披露。② 财政扶贫资金的信息主要是关于政府实施财政活动所制作、获取、记录、保存的信息，具体包括财政扶贫资金政策法规类信息、预算信息、决算信息、扶贫项目政府采购信息和财政检查审计信息等。纵观各国立法实践，越来越多的国家进行了财

① 石龙潭:《信息公开与“权利滥用”——日本的现实和应对》，载《财经法学》2018年第5期。

② 王晟:《财政监督理论探索与制度设计研究》，经济管理出版社2018年版，第128页。

政信息公开的立法，财政信息公开的内容越来越广。财政信息公开是对政府财政行为监督和制约的有力武器，财政信息公开能有力保障政府行政权行使的合法性，监督行政权的行使，防范和控制政府权力的滥用，达到公平公正保障公民权利和自由之目的。[①] 对于社会公众，纳税人在负有纳税义务的同时，也必然享有知情和监督的权利。如果社会公众不能获得公共财政资金使用状况的信息，最终结果必然是权力专横和腐败盛行。对于贫困人口，通过保障贫困人口的知情权，更有利于保护其在脱贫过程中的其他权利，如果贫困人口的知情权尚且得不到有效保障，其他合法权益的保障则更是无源之水和无本之木。信息公开制度正是通过赋予社会公众知情权，而课以政府信息公开的义务，以减少信息不对称，维护公共利益与信息劣势者的合法权益。政府在扶贫开发中实现公共服务的职能必须有一定的物质基础，公众对扶贫资金的使用行为的监督是必要的。实践中，扶贫开发工作人员往往会借用“公共”之名使用扶贫资金以求一己之私，如果扶贫资金信息不公开，贫困人口的权利保障和社会公众监督将难以获得保障。扶贫资金分配、管理和使用全过程的信息公开，是公众知情权的必然要求，也是其实现扶贫资金监管的前提条件。扶贫资金支出的总体目标是贫困户实现“两不愁、三保障”，提高贫困地区公共服务质量，实现区域和城乡统一的公共服务水平。实现这一目标的前提是要了解和掌握贫困人口的底数和各个贫困县发展的短板。在此基础上，扶贫资金在贫困地区中的分配和投向才能做到有的放矢，有针对性地对各类扶贫资金进行监管。目前，扶贫资金的分配和投

---

① 豆星星:《公共财政信息公开的法理分析与制度完善》，载《江西社会科学》2013年第8期。

向，主要还是基于扶贫行业部门和贫困县自下而上的信息汇总或省级扶贫主管部门自上而下的信息征集，信息获取的成本和信息的准确性严重制约了扶贫资金的使用效率和效益。扶贫开发涉及领域众多，扶贫资金流向的使用信息是贯穿整个扶贫开发工作的重要数据信息，扶贫资金的信息将产生海量数据，扶贫资金信息也会成为扶贫资金绩效评估的重要参数。

2. 扶贫资金信息监管工具的应用

现代政府活动的广度和深度使监管的复杂性和监管成本日益增高，现代信息技术为解决这些问题提供了工具。通过政府建立的信息平台，财政部门等监管主体客体之间依靠网络信息系统连接，信息及时录入更新，动态即时传输，运用相关专门分析软件统计、汇总、分析、审核，实现对财政资金运行状态的实时掌握和判断，信息的相对集中也有利于监管者的监督管理，并对发现的异常或漏洞及时监督和处置。例如，美国通过联邦采购数据系统（Federal Procurement Data System，FPDS）以及电子分包数据库（Electronic Subcontracting Reporting System，ESRS）来管理政府采购的相关信息数据。[①]“利用大数据强大的数据采集和分析能力，将复杂的社会运行体系映射在多维、动态的数据体系之中，不断积累社会运行的数据特征以应对各类社会风险、提升社会治理有效性。”[②]大数据技术的中立性具备了作为解决扶贫资金信息不对称的基本条件，精准扶贫需要乡镇和基层干部通过人工收集的方式采集贫困信息进行量

① 张志泉：《政府采购电子化探析》，载《经济纵横》2011 年第 7 期。

② 张爱军：《人工智能：国家治理的契机、挑战与应对》，载《哈尔滨工业大学学报（社会科学版）》2020 年第 1 期。

化分析，根据分析结果针对性地制定扶贫措施。但人工采集信息往往耗时较长且存在不准确的情况，对及时掌握贫困人口生活条件变化，从而及时调整扶贫资源分配存在滞后性。大数据技术应用到扶贫工作领域后，可以客观、及时地采集目标信息，为精准识别、精准施策、精准扶贫提供数据支撑。贫困人口识别后，通过大数据平台对扶贫对象信息进行公示接受群众监督。同时，通过大数据分析，可以对精准扶贫对象的致贫原因进行定量分析，针对性地制定政策和实施项目，实施分级差异化扶贫措施，避免出现简单的“一刀切”现象。另外，贫困县在脱贫攻坚数据库的基础上，通过建立监管部门间数据的共享，实现和全国范围内户籍、民政管理系统数据衔接和数据核实。运用大数据监管工具为扶贫资金提供精准的贫困人口数据信息和项目建设信息，实现对扶贫资金的动态监管，使监管部门可以清晰准确掌握每一笔资金的来源和支出方向，以便及时发现资金使用的偏差和漏出。对于扶贫全过程各环节的数据监测，科学统筹各级扶贫行业部门工作数据，通过数据交换实现数据间的统计和分析，及时反馈给相关组织和部门，提高扶贫决策的科学化水平，构建协同开展扶贫资金监管的格局。

第三章

扶贫资金筹集和分配的监管

扶贫资金监管的对象主要是各类扶贫资金和使用扶贫资金的部门及其工作人员，扶贫资金来源的厘清是确定扶贫资金监管对象的必要前提。我国多元治贫主体的格局致使扶贫资金来源多样，任何单一主体的扶贫资金供给均无法满足我国脱贫攻坚任务的资金客观需求。总体来说，扶贫资金按照资金来源主要可以分为财政扶贫资金、社会扶贫资金和金融扶贫资金。由于扶贫资金的不同类型，各类资金的安排也有各自特点。财政扶贫资金通过预算安排确定预算年度内扶贫资金的支出规模；社会扶贫资金通过预算、募集或捐赠的方式来完成资金的准备；金融扶贫资金根据相关金融政策或金融产品设计确定资金的投放总量。由于扶贫资金来源多元，扶贫资金的运行起点是扶贫资金的筹集。筹集具有筹措聚集之意，扶贫资金筹集更能体现政府主导精准扶贫工作中拓宽资金来源的主动性和扶贫资金来源的动态性。因此，我国省级地方政府将“扶贫资金筹集”作为扶贫资金监管的主要内容规定在规范性文件中。① 然而，扶贫资金筹集是为了将多元供给的扶贫资金筹措聚集后合理分配投向贫困地区，扶贫资金筹集和分配也并不完全是先行后续的过程，两者之间存在动态互动的关系。基于扶贫资金运行的特点，笔者认为扶贫资金筹集和分配的监管是扶贫资金监管的重要内容，财政扶贫资金预算安排、社会扶贫资金跨地分配和金融扶贫资金合理投放，是保障精准扶

① 《广东省精准扶贫开发资金筹集使用监管办法》第 3 条规定：“扶贫开发资金按以下原则加强筹集和使用管理：一是多方筹资，限期到位。省、对口帮扶市、贫困人口属地市按规定应承担的扶贫开发资金要列入本级预算，确保足额安排，确保及时拨付到位。在全省各级财政投入的基础上，充分发挥帮扶单位、对口工作队的积极性，多渠道筹措资金，加大投入，更好地完成扶贫脱贫任务。”《新疆维吾尔族自治区关于进一步加强财政扶贫资金监督管理的意见》第 1 条规定：“严格按照政策要求，足额筹集财政扶贫资金，明确资金筹集渠道、工作要求、工作责任和工作机制。”

贫有序推进的资金来源。对扶贫资金筹集和分配进行监督管理，既要监管扶贫资金预算安排和金融投放的合法性，又要调控扶贫资金在贫困地区分配的合理性。

第一节　财政扶贫资金的预算安排

“财赋者，邦国之本。”财政是国家为了满足公共需要取得、使用、管理资财的总称。[①] 纵观财政制度的变迁，世界各国财政体制大多历经了王权财政、国家财政和公共财政的发展阶段。公共财政是在市场经济条件下由国家提供公共产品或服务的分配活动，它是与市场经济相适应的一种财政模式，是国家借以全面履行其职能的财政体制和财政制度。[②] 我国《预算法》第39条规定了中央和有关地方财政预算时，要根据贫困地区经济建设和社会发展的需要安排必要资金进行扶助，这也成为各级财政预算扶贫资金的法律依据。依据预算主体的不同，可将财政扶贫资金分为中央财政扶贫资金和地方财政扶贫资金。

① 张守文:《经济法学》，中国人民大学出版社2008年版，第146页。

② 徐孟洲:《财税法律制度改革与完善》，法律出版社2009年版，第17页。

一、扶贫财政事权与支出责任的划分

中央和地方财政关系的良性发展与一国法制的建设和完善休戚相关，党的十九大提出“建立权责清晰、财力协调、区域均衡的中央和地方财政关系”的总体要求，为中央和地方财政关系改革的法治化路径指明了方向。[①] 扶贫财政事权的划分直接关系到扶贫资金监管权的配置、扶贫资金监管主体的机构设置、监管经费来源以及监管机构工作人员管理等基本问题。中央和地方间的财政事权与支出责任的合理划分，在大国的多层级治理中是一个关键的因素。财权和事权的调整实际上是公共权力结构发生转变的过程与结果。[②] 我国地域辽阔，是人口、民族、行政区划众多的统一的多民族国家。中华人民共和国成立后，党和政府就关注到中央和地方关系问题的重要性。《论十大关系》对中央和地方关系进行了全面论述。当前，处理好中央与地方政府之间的关系是推进国家治理体系和治理能力现代化需要回应和亟待解决的问题。在中央和地方之间诸多的关系中，合理确定政府间财政事权和支出责任是其中的基本问题。

（一）各级政府的扶贫财政事权

根据《国务院关于推进中央与地方财政事权和支出责任划分改革的指导意见》（国发〔2016〕49号），财政事权分为中央财政事权、地方

① 涂缦缦:《制定我国“政府间财政关系法”的重点与难点》，载《政治与法律》2019年第8期。

② 胡萧力:《财政分权与我国地方政府角色的再认识》，载《东方法学》2017年第5期。

财政事权以及中央和地方共同财政事权。其中，将政府提供基本公共服务均等化划分为中央和地方共同财政事权。2018年，国务院办公厅发布《基本公共服务领域中央与地方共同财政事权和支出责任划分改革方案的通知》（国办发〔2018〕6号），也进一步明确了基本公共服务为中央和地方财政共同财政事权。[①] 扶贫作为国家平衡地区间公共服务的一种手段和措施，当然也离不开财政资金作为物质保障。那么，扶贫能否等同于公共服务均等化的中央和地方之间财政事权划分？笔者认为，在现行分税制财政管理体制下，扶贫的事权在中央和地方政府之间如何划分，关系到扶贫财政资金由哪一级政府进行财政预算和提供财政支出的责任。然而，现实中致贫原因包罗万象，厘清扶贫"怎么扶"的问题，才能进一步明确中央和地方政府在扶贫领域的财政事权划分。关于扶贫"怎么扶"的问题，2015年习近平主席在减贫与发展高层论坛上首次提出"五个一批"的脱贫措施。[②] 之后，中共中央、国务院发布的《关于打赢脱贫攻坚战的决定》以及一系列扶贫相关政策文件中就"怎么

---

① 将涉及人民群众基本生活和发展需要、现有管理体制和政策比较清晰、由中央与地方共同承担支出责任、以人员或家庭为补助对象或分配依据、需要优先和重点保障的主要基本公共服务事项，首先纳入中央与地方共同财政事权范围，目前暂定为八大类18项：一是义务教育，包括公用经费保障、免费提供教科书、家庭经济困难学生生活补助、贫困地区学生营养膳食补助4项；二是学生资助，包括中等职业教育国家助学金、中等职业教育免学费补助、普通高中教育国家助学金、普通高中教育免学杂费补助4项；三是基本就业服务，包括基本公共就业服务1项；四是基本养老保险，包括城乡居民基本养老保险补助1项；五是基本医疗保障，包括城乡居民基本医疗保险补助、医疗救助2项；六是基本卫生计生，包括基本公共卫生服务、计划生育扶助保障2项；七是基本生活救助，包括困难群众救助、受灾人员救助、残疾人服务3项；八是基本住房保障，包括城乡保障性安居工程1项。

② "五个一批"是指发展生产脱贫一批、易地扶贫搬迁脱贫一批、生态补偿脱贫一批、发展教育脱贫一批、社会保障兜底一批。

扶”的问题进一步明确。基于上述分析，扶贫领域的脱贫措施和基本公共服务事项存在一定程度上重合。正如上文所述，由于内蒙古历史和地域形成的特殊性，形成了“五区融合”的现象，民族地区的扶贫问题与国防、出入境管理、全国性战略资源保护等边疆巩固的中央财政事权关系密切。相较中东部地区而言，边疆民族地区提供相同或相近水平公共服务或公共物品的支出成本更高，财政支出的成本也因为单位面积人口较少、环境恶劣等因素而更高。[①] 因此，内蒙古的扶贫问题存在事权的外溢性，一般意义上的扶贫可以与基本公共服务作为中央和民族地区共同财政事权。但是，结合我国各省区市经济总量差距较大和经济发展水平不一的现实国情，中央需要在提供基本公共服务方面发挥职能，应当将狭义上与中央事权密切关联的扶贫财政事权划分为中央财政事权。例如，边境口岸地区的扶贫财政事权和人口较少民族的扶贫财政事权调整为中央财政事权。内蒙古扶贫事权在自治区以下政府之间的划分，由于共同财政事权类目繁多，且不同程度存在不规范的情况，因此，逐步减少共同财政事权的数量，并且逐步提高规范性是首要任务。

在内蒙古各级政府之间扶贫财政事权和支出责任划分中，不能完全按照中央和地方共同财政事权划分在省级以下政府再层层划分。其中，18 项共同财政事权应将义务教育类中的免费提供教科书、基本就业服务类的基本公共就业服务、基本医疗保障类的医疗救助、基本生活救助类的困难群众救助、受灾人员救助、残疾人服务以及基本住房保障类的城乡保障性安居工程等 7 项事权作为省级财政事权和支出责

① 佴澎、李福玲:《边疆民族地区财政保障法制化研究》，载《法学杂志》2011 年第 9 期。

任，剩余11项财政事权和支出责任应按照内蒙古12个盟市和2个计划单列市的财力、人口和社会发展水平，核定分档的支出责任比例。在此基础之上，还要根据省级以下地方政府提供基本公共服务的受益者范围等，按照事权构成的要素和实施环节，对省以下地方政府承担的财政支出责任进行逐步分解。笔者认为，在省级以下政府扶贫财政支出责任的分配中，自治区（省级）政府应当主要承担扶贫财政支出责任，地市级政府只承担区域内公共致贫领域的扶贫财政支出责任，县级政府不承担扶贫财政支出责任。扶贫财政事权划分未进一步优化，财政事权的划分不合理将导致扶贫资金的多头监管问题，增加扶贫资金的监管成本。另外，贫困县承担扶贫财政支出责任本身就是一个悖论，倘若贫困县具有地方财力提供公共物品，就不可能被确定为贫困县。那么，逻辑上贫困县不承担扶贫财政支出责任，但主要承担扶贫资金监管的事权，贫困县既是扶贫开发的实施者，也是扶贫资金的监管者。

（二）扶贫事权和财政支出责任的匹配

2013年，党的十八届三中全会审议通过的《中共中央关于全面深化改革若干重大问题的决定》明确了建立中央和地方财政事权和支出责任相适应的制度。“财政事权与支出责任相适应”，从纵向层面来看，政府之间的财政事权和支出责任的划分需要根据信息状况、激励相容以及外部性等原则来确定。从横向层面来看，同级政府内部各部门之间应该运用的原则是一项事权由一个部门负责，通过这样的方式确定各部门的事权和支出责任。[①] 事权与财权划分和政府间财政权限配置息息相关，按照财政支出责任和财政收益权的匹配程度，政府间财政权限配置分为以美国、加拿大为代表的对称型模式和以德国、日本为代表的非对称型模式。由于现代社会的复杂性，对于财权和事权无论如何划分，都不可能实现各级政府的财权和事权完全统一和匹配。[②] 当然，扶贫中财政事权与支出责任的一致性也是一种财政理想状态。尤其是民族地区在财权方面，《宪法》及《民族区域自治法》授予民族地区财政自治权。[③] 民族地区财政自治权包括财政立法权、财政支出自主管理权、税收减免权以及获得财政援助权。[④] 从理论上讲，内蒙古扶贫开发在财权方面一定程度上可以通过行使民族地区财政自治权予以加强，但在实际的运行过程中，民族地区未能充分行使财政自主权，民族地区的扶贫财政自治权就更无从谈起。同时，笔者通过检索现行民族自治地方制定实施的单行条例中，也尚未发现关于财政自治的相关内容。民族地区不仅要抓紧制定相关条例，而且要结合地方特点通过制定财政单行条例以及必要的变通和补充规定，来增强民族地区扶贫中事权与财权的匹配程度。

（三）制定扶贫资金中长期财政规划

财政转移支付是指发生在各级政府之间的资金的无偿转移，即政府

---

① 徐阳光：《政府间财政关系法制化研究》，法律出版社 2016 年版，第 35 页。

② 刘剑文、熊伟：《财政法学》，北京大学出版社 2009 年版，第 63～64 页。

③ 《宪法》第 117 条规定："民族自治地方的自治机关有管理地方财政的自治权。凡是依照国家财政体制属于民族自治地方的财政收入，都应当由民族自治地方的自治机关自主地安排使用。"《民族区域自治法》第 32 条规定："民族自治地方的财政是一级财政，是国家财政的组成部分。民族自治地方的自治机关有管理地方财政的自治权……"

④ 熊伟：《政府间财政关系的法律调整》，法律出版社 2009 年版，第 94～95 页。

间的财政转移支付。[①] 也有学者认为，其是指国家为了特定的法律和政策目标，依据严格的法律权限和法定程序，将国家财政资金在上下级政府或同级政府之间以及政府与企业、居民之间进行再分配的活动。[②]《预算法》第16条规定了我国财政转移支付制度，明确了财政转移支付平衡地区间基本公共服务均等化的制度目标。一般性转移支付主要包括均衡性转移支付、民族地区转移支付以及作为国家增支减收政策配套措施的转移支付等。[③] 在经济不发达地区，“财力与事权不匹配”已经成为一个主要矛盾。[④] 内蒙古贫困地区发展滞后和财力紧缺的现状，并非短期的扶贫资金投入就能毕其功于一役。“年度预算使用一个稳定框架来控制持续的和动态的行为，这本身就成为不稳定性的源泉之一。”[⑤] 内蒙古对于扶贫资金预算监督，侧重于扶贫资金的预算编制和预算执行，对依法制定财政扶贫资金预算的中长期规划关注不足。扶贫资金的投入和保障，也需要国家有关部委和内蒙古自治区制定中长期计划持续完成。在扶贫资金预算编制监督方面，根据《国务院关于实行中期财政规划管理的意见》，制定跨年度扶贫资金支出规划，从宏观上提高扶贫资金预算编制的前瞻性和持续性。在年度预算编制中，提前向贫困地区下达下一年度扶贫资金转移支付预计数，增强贫困地区预算编制的完整性。在扶贫资金预算执行监督方面，加强贫困地区预算执行进度考核，完善进度

① 钟晓敏:《政府间财政转移支付论》，立信会计出版社1998年版，第2～5页。
② 徐阳光:《财政转移支付制度的法学解析》，北京大学出版社2009年版，第23页。
③ 楼继伟:《中国政府间财政关系再思考》，中国财政经济出版社2013年版，第99页。
④ 刘剑文:《中央与地方财政分权法律问题研究》，人民出版社2009年版，第55页。
⑤ Naomi Caiden, *Public Budgeting Amidst uncertainty and Instability*, Public Budgeting and Finance, 1981.

考核公示制度，加快扶贫资金预算执行进度。尽管扶贫开发规划一般为三年或五年，但其对于保证扶贫资金的中长期投入具有重要意义和指引作用。以地方立法的形式确定扶贫开发规划的编制、审批和决议程序，增强扶贫开发规划的科学性、合法性和民主性，强化对扶贫资金的宏观监管。在扶贫开发地方立法中，将扶贫开发规划的制定主体固定化，通过扶贫开发规划确定中长期的扶贫目标和脱贫远景，从而增强扶贫资金投入的约束力和优化扶贫资金的支出结构。在确定财政扶贫资金的支出结构时，要对各级政府在扶贫开发中承担的职能职责进行梳理定位，进一步评估扶贫资金支出过程中的公平与效率的关系，科学规划各级政府在扶贫开发中的财政支出比例。在年度预算编制过程中，尤其要结合扶贫资金中长期财政规划，合理确定财政扶贫资金在年度政府预算编制中的优先顺序，并结合实际情况确定扶贫领域中基本生活、医疗、教育、住房安全等扶贫资金支出结构的优先顺序和支出比例。

（四）强制性支出责任与地方财政自主权的协调

强制性支出责任的设定有助于优化地方支出结构、提高地方支出效率、遏制分税制改革以后地方支出结构扭曲的状况。但是，这种强制性支出责任客观上又压缩了地方的财政自主权。[①]“不患寡而患不均”真实地反映了非贫困户和贫困户之间的心理，这种想法尤其是在临近贫困户标准的农牧民心中普遍存在。“强制性支出责任与地方支出自主权”关系的分析，不在于纠缠设定这种强制性支出责任是否适当，而

① 徐键:《强制性支出责任与地方财政自主权》，载《北方法学》2011 年第 2 期。

是关注地方的财政自主权是否充分。以笔者调研的贫困旗县教育经费的强制性支出为例，在贫困旗县教育经费不足或基本满足收支平衡的情况下，强制性规定义务教育经费的支出方向和范围，有利于根据支出事项的权重建立义务教育经费支出结构层次，从而优化义务教育经费的支出结构，提高贫困地区义务教育经费的使用效益，但是也限制了地方政府根据当地实际更加合理地安排财政支出优先顺序。强制性支出责任作为扶贫资金的投向和支出导向，其制度的优劣，体现为义务教育经费要实现支持深度贫困地区发展义务教育和保障贫困家庭适龄儿童接受义务教育的财政转移支付功能，推动贫困地区义务教育基本公共服务的全覆盖，缓解贫困地区学校设立不充分和不平衡的问题。但是，地方财政自主权的难以实现也一定程度上影响了扶贫资金投入的精准性和资金的使用绩效。贫困旗县的中小学校，一般以村镇自然形成的聚集点为依托确定校址，为居住分散的适龄学生提供寄宿方便就学。义务教育经费支出绩效不高，在宏观上表现为义务教育经费投向瞄准性不高。义务教育经费的目标瞄准是一个复杂的系统工程，其涉及义务教育经费投向的地区和经费的支出范围，瞄准的精准性关系到教育资源的公平性和教育扶贫的有效性。由于内蒙古牧区人口居住分散，仅以连片深度贫困地区作为基本单元的义务教育经费投入瞄准机制在覆盖贫困地区义务教育方面存在偏离。义务教育经费预算支出重点应瞄准贫困苏木镇，加大对贫困苏木镇的义务教育经费投向，以辐射周边贫困嘎查村的贫困家庭学龄儿童。强制性义务教育经费支出导致资金使用绩效不高在微观层面的表现主要有以下几个方面：一是义务教育经费支出规划缺乏科学性。由于中小学校舍基础性建设项目规划缺乏有效的预算监管，只片面地强调义务教育资源供给的公平性盲目支出财政资金，未充分考虑当地人口的居住特点和就读生源规模，基础性建设重复投资导致资金闲置浪费。二是义务教育经费支出绩效监管较为机械。“日益泛化的强制性支出责任经常使地方政府陷入财政困境。”[①] 经费被机械地按照科目支出，缺乏经费执行情况的监管，未针对贫困地区义务教育的特殊性，导致资金支出低效或无效。《预算法》明确规定预备费支出“下限”和对贫弱地区的必要支出，以便指引预算安排在保障类支出与控制类支出之间作出优先性选择，但是与实际需求相距较大。[②] 由于兴办贫困地区义务教育事业的目的不是营利，义务教育经费支出绩效的高低直接关系到国家为贫困家庭子女提供教育公共产品的均等化程度。

二、财政扶贫资金的预算和整合

（一）财政扶贫资金的预算构成

1. 财政扶贫资金的中央预算

预算是指由各级政府按照相应的法律对某一财政年度内的政府收入和支出的预先估算，由法定机关审查和批准后交政府机关执行的政府财政收支计划。[③] 我国《预算法》第 31 条规定了预算草案的编制部

① 罗春梅:《强制性支出责任与地方财政自治》，载《财政监督》2014 年第 4 期。
② 陈治:《财政法定实质化及其实现进路》，载《西南政法大学学报》2017 年第 1 期。
③ 朱大旗:《科学发展与我国“预算法”修订应予特别关注的五大问题》，载《政治与法律》2011 年第 9 期。

署，部门预算和地方预算是中央预算的重要组成部分，财政扶贫资金预算编制应主要从部门预算的合法性和合理性进行监管。各扶贫行业部门的项目支出应当遵从财政支出法定原则，在法律赋予行业部门的职能范围内进行部门预算编制。按照复式预算的要求，扶贫项目支出与财政宏观调控目标应保持一致，并对扶贫项目收支的数据指标进行科学预算，确保扶贫项目相关数据的真实性和准确性。应当重视全国人大财政经济委员会在预算监督作用。全国人大财政经济委员会能够协助全国人大对相关预算的编制和执行进行监督，发现并指出预算编制和执行过程中存在的合理性、合法性乃至合宪性问题。[①]

我国广义的财政扶贫资金一般分为三类：一般性转移支付资金、贫困地区的预算内投资和各类涉民生的专项转移支付资金。财政扶贫资金作为扶贫资金来源之一，最早在《国家扶贫资金管理办法》中作出规定。之后，国家出台《财政扶贫资金管理办法》，首次对财政扶贫资金的范畴予以界定，财政扶贫资金包括“以工代赈”资金、新增财政扶贫资金、发展资金。[②] 伴随着我国扶贫开发工作的深入开展，扶贫开发也越来越关注特定领域或特定地区的贫困问题和实际需要，国家在制定相关规范性文件时，不断扩充了中央财政专项扶贫资金的范畴。《中央财政专项扶贫资金管理办法》中进一步明确中央财政扶贫资金的支出方向主要有扶贫发展、“以工代赈”、少数民族发展、“三西”农业建设、国

① 邢斌文:《全国人大财政经济委员会预算监督功能的实证考察》，载《财经法学》2019 年第 5 期。

② “以工代赈”是政府投资建设公共基础设施工程，受赈济者参加工程建设获得劳务报酬，以此取代直接赈济的一项扶持政策。国家“以工代赈”资金来源为中央财政预算内扶贫资金和中央预算内投资，地方各级“以工代赈”投入纳入本级财政预算。

有贫困农村和国有贫困林场，此规定从财政扶贫资金的支出角度拓宽了中央财政扶贫资金的范畴。① 综上，中央财政扶贫资金包括用于扶贫发展的一般转移支付和扶贫专项转移支付、“以工代赈”资金、少数民族发展资金、“三西”农业建设专项补助资金、国有贫困农村和国有贫困林场的专项补助资金以及扶贫专项贷款（见表3–1）。

表3–1　中央财政扶贫资金的范围

规范性文件名称	中央财政扶贫资金的范围
国家扶贫资金管理办法	支援经济不发达地区发展资金、“三西”农业建设专项补助资金、新增财政扶贫资金、“以工代赈”资金和扶贫专项贷款
财政扶贫资金报账制管理办法（试行）	中央财政预算安排的补助地方扶贫专项资金（含“以工代赈”资金）
国有贫困林场扶贫资金管理办法	中央财政预算安排用于支持国有贫困林场扶贫开发的专项补助资金
国有贫困农场财政扶贫资金管理暂行办法	中央财政预算安排（不含“以工代赈”资金部分）以及中央直属垦区、新疆生产建设兵团和地方财政相应安排的专项用于扶持贫困农场发展的扶贫资金
中央财政专项扶贫资金管理办法	扶贫发展、“以工代赈”、少数民族发展、“三西”农业建设、国有贫困农场扶贫、国有贫困林场扶贫资金

资料来源：笔者根据有关财政扶贫资金的规范性文件整理。

2. 财政扶贫资金的地方预算

我国部分省、自治区、直辖市结合当地贫困问题，明确省以下政府范围内财政扶贫资金的范畴。笔者通过对内蒙古地方性法规、地方政府

① “三西专项资金”是中央财政和地方财政安排的用于支持“三西”地区贫困农村改善生产生活条件的专项资金，是财政扶贫资金的组成部分。“三西”地区是指甘肃省河西地区、以定西为代表的中部干旱地区和宁夏回族自治区西海固地区及移民安置区。少数民族发展资金是中央财政设立的用于支持贫困少数民族地区推进兴边富民行动、扶持人口较少民族发展、改善少数民族生产生活条件的专项资金，是中央财政扶贫资金的组成部分。

规章以及规范性文件的文本分析，发现内蒙古三级政府均将地方财政扶贫资金纳入本级财政预算，自治区政府每年安排的财政扶贫资金按照不低于中央转移支付的财政专项扶贫资金的规模，各盟市、旗县级政府根据当地经济安排地方财政扶贫资金。[①] 内蒙古地方财政扶贫资金主要包括“以工代赈”扶贫资金、地方政府安排的各类中央财政扶贫资金的配套资金以及内蒙古三级政府用于扶持贫困旗县、嘎查村集体经济的财政资金。在扶贫开发中，内蒙古财政扶贫资金的用途主要包括以下四个方面：一是通过向贫困地区持续投入财政扶贫资金，改善其生产生活条件，提高其生产生活水平；二是财政扶贫资金投向教育领域，提高贫困人口就业和生产能力和水平；三是财政扶贫资金支持贫困地区的特色优势产业发展，带动贫困人口脱贫；四是财政扶贫资金用于安全住房保障和异地扶贫搬迁。内蒙古扶贫财政资金的地方预算，各级人大重点对包含扶贫资金在内的政府预算草案和预算执行情况进行监督，对报告中的预算安排的合法性、合规性和适当性进行监督审查。地方政府扶贫预算审批程序遵循《各级人民代表大会常务委员会监督法》《预算法》的相关规定进行审查批准，在每年各级人代会举行的30日前，内蒙古各级地方政府财政部门将预算草案的初步方案提交本级人大财政经济委员会或相关部门进行初步审查。在召开本级人代会会议时，内蒙古各级人民政府向大会作关于总预算草案和总预算执行情况的报告，由人大代表进

① 《内蒙古自治区农村牧区扶贫开发条例》第5条规定：“旗县级以上人民政府应当将财政专项扶贫资金纳入本级财政预算，并建立与本地区经济社会发展水平相适应的财政扶贫投入增长机制。自治区人民政府每年安排的财政专项扶贫资金，应当不低于中央投入自治区的财政专项扶贫资金；盟行政公署、设区的市及旗县级人民政府年度财政专项扶贫资金安排比例，由自治区人民政府区别不同情况予以核定……”

行审议表决。

刚性预算下地方预算的完善不仅应该注重程序层面的控制，还应该注重对预算实质进行审查，做到程序正义与实质正义兼顾，而不是重实质轻程序或是重程序轻实质。[①] 中央在下达涉及扶贫领域的一般性转移支付资金和专项转移支付资金之后，由自治区财政厅编制自治区年度扶贫资金分配方案（含中央转移支付资金和自治区转移支付资金），报请自治区扶贫开发领导小组批准，中央转移支付资金应当在30日内下达内蒙古各盟市财政局，自治区转移支付资金应当在60日内下达自治区以下各级政府，并将财政专项扶贫资金预算及分配结果抄送财政部内蒙古监管局。对于地方各级人大对扶贫资金预算的监督，主要包括对包括草案审批、预算执行及决算审批等主要内容，预算的深层改革离不开人大的预算监督权力和预算立法的积极支持，而这又取决于人大应能充分地理解和认识宪法和法律赋予人大的权能。[②] 地方各级人大只对扶贫资金进行宏观监管，尤其是在扶贫资金的决策过程中发挥着监督作用。地方人大对于扶贫资金的事中和事后监管不足，应当借助扶贫资金审计报告对扶贫资金开展事中和事后的监管，适时召开听证会，进一步明确人大对扶贫资金使用情况的质询和询问程序。

① 张富强、李赟:《刚性预算下我国地方预算立法的完善》，载《法治社会》2018年第1期。

② 刘剑文:《民主视野下的财政法治》，北京大学出版社2006年版，第186页。

（二）行业部门用于扶贫的涉农资金整合

1. 涉农资金的整合使用

2016年至2017年，为了优化财政涉农资金的供给机制，国务院办公厅出台《关于支持贫困县开展统筹整合使用财政涉农资金试点的意见》，财政部和国务院扶贫办相继发布《进一步做好贫困县涉农资金整合工作有关事项的通知》《关于做好2017年贫困县涉农资金整合试点工作的通知》等规范性文件，统筹整合财政涉农资金，做到项目、资金、绩效有机统一。[①] 对财政涉农资金的整合予以规范，并对涉农资金整合的资金范围予以确定。至此，财政涉农资金成为了扶贫资金的主要类型之一。内蒙古以中央财政涉农资金整合范围作为制定地方规范性文件的依据，并结合内蒙古的实际情况制定《内蒙古自治区人民政府办公厅关于贫困旗县统筹整合使用财政涉农涉牧资金试点工作的实施意见》，对内蒙古自治区本级的涉农资金整合范围进行了拓展，规定内蒙古涉农资金的整合范围主要包括两个方面：自治区财政在发展农牧业方面安排的专项资金和农村牧区基础设施建设等方面的资金，具体包括财政专项扶贫资金、农牧业、林业、水利、发展改革、国土资源、交通运输、住房城乡建设、农电、民政、残联、妇联、农业综合开发、财政“一事一议”等行业项目资金。在自治区以下设区的市一级政府也出台了相应的规范性文件。例如，内蒙古通辽市人民政府出台了贯彻落实《内蒙古自治区人民政府办公厅关于贫困旗县统筹使用财政涉农涉牧项目资金试点

① 赵兵让：《扶贫开发的法治化建设推进路径探析》，载《法学杂志》2019年第6期。

工作的实施意见》的文件，明确地级市以下政府涉农资金整合范围，规定了除各种直接补贴农民的资金、有特殊用途的救灾救济资金外，各级财政安排的其他所有涉农项目资金均纳入整合范围，具体包括农牧业局、林业局、水务局、发改委、教育局、科技局、民政局、住建委、交通局、文广局、卫健委、环保局、国土局等部门所有涉农涉牧项目资金和社会捐赠资金。综上所述，从中央到内蒙古的三级财政涉农资金整合范围可以看出，涉农资金整合范围在不断扩大，尤其是地级市将涉农资金整合范围进一步扩大到了社会扶贫资金。从财政部和国务院扶贫办2017年起连续三年联合印发的《关于做好贫困县涉农资金整合试点工作的通知》来看，每年印发的通知均在第一部分强调涉农资金的整合范围是《国务院办公厅关于支持贫困县开展统筹整合使用财政涉农资金试点的意见》中规定的20大项资金范围。由此可见，涉农资金整合的审批权下放到县级政府，县级政府不敢整合、不会整合和借整合之名挪用、侵占的问题在较大范围内存在。

目前，为加大扶贫资金投入力度，地方政府不断扩大涉农资金的整合范围，涉农资金专项转移支付的监管目标曾一度被确定为资金使用有专项的用途。涉农资金的整合对原专项转移支付的功能和监管目标均发生了重大改变。涉农资金的整合可以理解为中央和地方为了如期完成全面建成小康社会的底线任务，最大限度发挥各类财政资金的作用。从另一面来看，也充分暴露了涉农资金专项转移支付固有的弊端和不足。我国《预算法》虽对转移支付作出了规定，但依然存在专项转移支付资金分配不规范、支付程序不合理、监督力度不强等弊端，不仅无法保障社会救助资金的有效供给，而且存在引发社会救助资金供给主体道德风险之可能。[①]《日本地方交付税法》规定，地方交付税是中央用于地方财力的转移支付资金，其资金来源是中央税收，地方交付税作为不指定用途的转移支付资金，被地方政府视为自有财力。[②]《日本地方交付税法》保障了中央和地方的合理权益，对中央而言，提供转移支付资金并进行分配有了法律保障；对地方而言，也可以依据法律要求中央财政分配资金，这样就防止了转移支付资金分配的随意性。我国也应当尽快制定财政转移支付法，为政府间财政转移支付提供直接的法律依据。[③] 另外，少数民族地区具有中央委托民族地区代理的中央事权和民族地区的特殊事权，民族地区管理和使用的各类专项转移支付资金种类相对更多。将涉农资金有效整合使用，不仅对涉农资金来说意义重大，而且涉农资金整合的经验和问题对其他类专项资金的整合同样具有重要的借鉴意义。

2. 涉农财政专项转移支付的清理和退出

党的十九届四中全会提出要推进我国国家治理体系和治理能力现代化。从提高涉农资金管理使用效率的角度而言，就必须建立科学高效的财政专项转移支付体系。规范专项转移支付包含诸多方面，其中重要的一项就是建立专项转移支付整合机制。在涉农资金专项方面，就是按照一定原则将需要整合的专项转移支付项目进行甄别分类，并且通过专项转移支付整合机制进行同类合并，从而达到项目整合的目标。原有专项转移支付项目通过甄别分类后，全部纳入评估范围。财政部门对各部门

① 詹国旗:《我国社会救助资金供给法制的完善——基于财政政策的视角》，载《法学》2018 年第 10 期。

② 刘长琨主编:《日本财政制度》，中国财政经济出版社 1999 年版，第 62 页。

③ 华国庆:《全口径预算：政府财政收支行为的立法控制》，载《法学论坛》2014 年第 3 期。

提供的支撑材料进行评估并给出评估意见，并将评估的结论作为专项转移支付制定、调整及资金规模进行调整的依据。专项转移支付整合评估体系，要对财政专项资金成立的背景、意义、依据、目标等重新评估，并且对专项资金的数额、划分和实际效益等方面进行逐项清理。在涉农资金转移支付整合的基础上，还需建立退出机制。财政专项转移支付资金退出评估的主要内容包括政策目标和资金用途评估、实施过程评估和资金监管评估三个方面：首先，将政策目标和资金使用方向相近的专项转移支付项目通过评估进行整合；其次，评估需要进行整合的专项转移支付资金的使用单位是否能够按照计划执行资金，资金使用是否符合项目要求并最终达成项目目标；最后，评估涉农专项转移支付项目贯彻落实相关制度的情况，其资金使用的目标和范围是否明确，其内部管理是否能够保障资金科学合理使用。根据退出评估结果，由财政主管部门报同级政府批准后，取消经评估不满足设立条件的专项资金。

三、财政扶贫资金的分配要素

扶贫资金分配的理想状态是上级政府根据下级政府的贫困状况、贫困人口规模、地方财力、贫困深度等贫困客观因素和扶贫政策性因素，确定下级各政府之间的扶贫资金分配比例和多寡。财政扶贫资金分配的目的就是弥补贫困地区的财力不足，实现扶贫资金的财力分配与贫困地区开展扶贫工作的事权相匹配。单纯地讨论财政的收入、支出和转移支付的分配，只是财政的一个方面即“财”的方面，还应深入政府行为的层面即“政”的方面。[①] 扶贫资金分配也是一个“切蛋糕”的过程，按照因素法的分配，存在甘于顶着贫困县“帽子”的逆向选择，财政扶贫资金的公共性质使地方政府有获得无偿资金的动力，同时也形成了地方政府为获得财政资金的博弈行为。但是，扶贫资金与其他类资金存在本质区别，扶贫资金是贫困人口的“救命钱”，不仅仅是扶贫资金分配多寡的问题。同时，扶贫资金的分配也存在“鞭打快牛”的问题。对于扶贫成效好、脱贫快、增收快的贫困县分配的扶贫资金将越来越少，不利于贫困旗县的扶贫成效的巩固提高。如果扶贫资金分配依据的各因素法定，地方政府为了取得更多的扶贫财政资金的博弈行为就会无效。在对贫困地区加大一般性转移支付力度的过程中，要防止一般性转移支付比重增长过快、均等化程度过高，避免贫困地区对一般性转移支付的过度依赖。对地方政府使用一般性转移支付资金建立激励、约束和监督机制。[②]

一般性转移支付中，按因素法分配资金项目过窄，因素法分配参数设置不尽合理，分配到地方资金基本公共服务均等化效果并不明显。[③] 因此，扶贫资金分配的上述要素应当按照财政法定主义原则予以确定，扶贫资金的分配只有在法律允许的范围内，政府才享有扶贫资金分配的自由裁量权。精准扶贫在关键性的资金管理程序法建设上过于粗放，造成了相关程序法在具体实施细则上的严重缺失，使扶贫资金运用实践中

① 周飞舟：《分税制十年：制度及其影响》，载《中国社会科学》2006年第6期。

② 马光荣、郭庆旺、刘畅：《财政转移支付结构与地区经济增长》，载《中国社会科学》2016年第9期。

③ 夏冬泓：《财政转移支付结构调整困境及其人权再定位》，载《法学杂志》2018年第2期。

经常出现无法可依，从而导致领导个人自由裁量权过大的情况。[①] 就内蒙古财政专项扶贫资金分配而言，笔者认为，应当对贫困状况、贫困程度、扶贫政策、扶贫任务、扶贫效果等因素进行考量。其中，贫困状况因素主要参考各盟市贫困人口的比例、地方财政收入及人均财力、当地农牧民平均纯收入状况等；贫困程度因素主要参考各盟市贫困的范围、贫困的深度；扶贫任务主要参考各级地方政府制定的脱贫攻坚任务、少数民族人口和地区脱贫任务等；扶贫效果主要参考财政专项扶贫资金使用绩效评价、扶贫工作成效评价和贫困旗县开展统筹整合使用财政涉农涉牧资金试点工作成效等。应当根据当年的扶贫工作重点，对财政扶贫专项资金分配参考的因素和所占比例进行动态调整。除此之外，应当将内蒙古中部和东部盟市人口较多但人均扶贫资金偏少的贫困旗县、内蒙古人口较少民族的“三少”民族自治旗以及内蒙古边境贫困旗县作为扶贫资金分配自由裁量的考虑因素加以规定，使扶贫资金的分配在内蒙古盟市之间和旗县之间更加公平合理。

第二节 社会扶贫资金跨地域分配的监管

社会扶贫资金是指社会各界向贫困地区捐助的用于促进当地经济和

① 王敏、方铸、江淑斌:《精准扶贫视域下财政专项扶贫资金管理机制评估——基于云贵高原4个贫困县的调研分析》，载《贵州社会科学》2016年第10期。

社会发展的资金。社会扶贫资金也被狭义地理解为社会公益扶贫资金，是以社会组织为主的公益主体开展扶贫项目的资金。按照《中国农村扶贫开发纲要（2011—2020年）》对社会扶贫的分类标准，社会扶贫资金还包括东西部扶贫协作帮扶资金和定点扶贫的帮扶资金。尽管按照资金划分标准上述资金同为社会扶贫资金，但扶贫帮扶资金与社会公益扶贫资金具有显著区别。在资金投入主体方面，帮扶资金的投入主体主要是东部发达省区和各层级的行政和企事业单位，而公益资金的投入主体既有由政府部门建立的社会组织（如中国慈善总会等），也有脱离政府独立开展社会活动的社会组织（这类组织在产生时具有政府背景，但在发展过程中不断地适应社会改革和各种变化，如中国扶贫基金会等），还有民间型社会组织。在资金来源方面也有显著不同，帮扶资金的来源主要是财政资金，而社会组织扶贫资金的来源主要是国内外的无偿资金捐赠以及政府财政补贴，其资金筹措的渠道比较广泛，资金使用的扶贫项目也并非完全固定，主要通过采取设立基金的形式实现扶贫资金的可持续性。在《“十三五”脱贫攻坚规划》第九章社会扶贫部分中，明确指出“发挥东西部扶贫协作和中央单位定点帮扶的引领示范作用，凝聚国际国内社会各方面力量，进一步提升贫困人口帮扶精准度和帮扶效果，形成脱贫攻坚强大合力”。因此，本书将重点对社会扶贫资金中东西部扶贫协作帮扶资金和定点扶贫帮扶资金的特殊类型予以讨论。

一、扶贫协作支援地的监管

（一）京蒙扶贫协作的背景和现状

扶贫协作是扶贫开发工作的一种特殊形式，属于跨行政区的协作。扶贫开发支援地和受援地采取双方结对的形式，实行“点对点”的帮助扶持。扶贫协作是各省和地区之间在中央政府政策的激励和安排下，各省、地区之间出现的一种非公式化、非法治化的财政转移支付行为，此项制度可谓问题与成效并存。扶贫协作既体现出中央集中资源优势推动区域发展均衡的功能作用，也反映了政府间援助缺乏法律规范的问题。我国自 1979 年展开全社会性的区域贫困帮扶行动以来，区域发展目标和规划逐渐升级，即从最初的对口支援、扶贫协作性质的“温饱型小康”诉求，上升到具有经济开发、协作性质的“富裕型小康”建设，再升级到通过区域合作发展而欲全面实现“富强型小康”。[①] 京蒙扶贫协作是我国东西部扶贫协作和对口支援的重要组成部分，与定点扶贫不同的是，扶贫协作是省级政府之间或者地级市政府之间的横向帮扶，也有学者对将地区间的支援制度改造为我国横向财政转移支付制度可行性进行了探讨。[②] 东西部扶贫协作的扶贫模式最早出现在 1994 年的《国家八七扶贫攻坚计划（1994—2000 年）》中，1996 年中央决定北京对口帮扶内蒙古的贫困旗县，并签订了《扶贫协作和经济技术合作会谈纪要》，宣告两地正式开展“对口帮扶”。2010 年，京蒙两地签署《内蒙古自治区、北京市经济社会发展区域合作框架协议》，提出京蒙对口帮扶的对

---

① 于立深:《民生行政法的主题变迁及实现途径》,载《浙江学刊》2019 年第 4 期。
② 熊伟:《财政法基本问题》,北京大学出版社 2012 年版，第 118 页。

象从原来分属8个盟市的18个贫困旗县，调整为重点帮扶赤峰市和乌兰察布市。2016年中央办公厅、国务院办公厅联合发布的《关于进一步加强东西部扶贫协作工作的指导意见》对东西部扶贫协作结对关系进行了调整。2018年，京蒙两地签订《全面深化京蒙扶贫协作三年行动框架协议》，将帮扶范围扩大至内蒙古31个国家级贫困旗县，2018—2020年北京市安排29.75亿元京蒙帮扶资金，用于支持贫困地区人才交流、产业扶贫、劳务协作、结对帮扶、特色帮扶等（见表3–2）。

表3–2　我国东西部扶贫协作主要省区市结对关系

东部帮扶省份	西部扶贫协作省份
北京市	内蒙古自治区、河北省张家口市和保定市
天津市	甘肃省、河北省承德市
上海市	云南省、贵州省遵义市
江苏省	陕西省、青海省西宁市和海东市
浙江省	四川省
福建省	宁夏回族自治区
广东省	广西壮族自治区、四川省甘孜藏族自治州

资料来源：笔者根据《关于进一步加强东西部扶贫协作工作的指导意见》整理，未包括东部地区地级市之间的东西部扶贫协作结对关系。

（二）京蒙扶贫协作支援地监管权的行使

北京市扶贫协作工作具体由北京市扶贫协作和支援合作工作领导小组办公室（以下简称领导小组办公室）负责，领导小组办公室由北京市西部开发工作领导小组、北京市支持三峡库区移民工作领导小组、北京市对口支援地震灾区领导小组合并而成。2018年，在《北京市对口支援项目管理暂行办法》《北京市对口支援“交支票”项目管理若干规定》的基础上修订了《北京市扶贫协作和支援合作项目管理办法（试行）》（以下简称《管理办法》），形成了北京扶贫协作项目监管的基本模式。

1. 京蒙扶贫协作帮扶资金的预算安排

按照《“十三五”脱贫攻坚规划》中关于东西部扶贫协作的资金来源为财政资金，京蒙协作支援项目的资金同样来源于北京市的财政资金。京蒙扶贫协作帮扶资金的预算由领导小组办公室商北京市财政局提出安排意见，经支援地北京市人民代表大会审议。领导小组办公室 2019 年财政预算公开信息的预算收入的变化反映出，扶贫协作帮扶资金的拨付主体转变为北京市财政局，扶贫协作帮扶资金的监管权主要由受援地行使。北京市扶贫协作帮扶资金预算安排类别为援助其他地区支出，例如，2019 年北京市援助其他地区支出预算数为 548674 万元，但北京市预算报告无法体现援助的地区名称和各地区的具体援助金额。笔者结合《内蒙古自治区 2019 年预算报告》《内蒙古自治区财政厅 2019 下达京蒙扶贫协作资金预算的通知》，可以大致估算出京蒙扶贫协作支援地北京市共援助金额为 94847.6 万元。《内蒙古自治区 2019 年预算报告》中并未将京蒙扶贫协作帮扶资金作为财政收入编入预算报告，导致扶贫协作资金在预算端和预算执行端都存在模糊状态，支援地的纳税人并不知情此笔预算资金将投向何处和具体如何使用，预算资金总额也并不由受援地决定，受援地只能被动地接受“兄弟式互助”，对于扶贫协作资金的期许必然是“多多益善”。因此，支援地对于援助资金的预算编制应该进一步明确援助资金支出的对象，并按照《预算法》第 27 条的规定，将援助资金的预算支出按照功能予以分类（见表 3–3）。

表 3-3 2019 年京蒙扶贫协作资金提供情况

单位：万元

京蒙扶贫协作资金（含内蒙古配套资金）	内蒙古自治区本级配套资金	北京市拨付扶贫协作资金
98262.6（第一批）	20000	94847.6
16585（第二批）		

资料来源：笔者根据内蒙古自治区人民政府网站信息整理。

2. 京蒙扶贫协作帮扶资金预算执行监督缺位

按照实施主体划分，京蒙协作项目分为支援地北京市提供资金项目，受援地内蒙古自治区负责实施的扶贫协作项目和支援地北京市提供项目资金并负责实施的扶贫协作项目，其也被俗称为“交支票”项目和“交钥匙”项目。实践中，由于项目实施地均在内蒙古，京蒙扶贫协作多为“交支票”项目。京蒙扶贫协作资金项目的监管也主要是对“交支票”项目的监管。为此，2018 年，北京市和内蒙古自治区相关部门联合印发《京蒙扶贫协作“重点地区帮扶资金项目”管理办法》，对帮扶项目的范围、帮扶资金和项目的管理程序、帮扶资金的使用、帮扶项目的验收和项目监督检查等内容进行了规定。该办法也反映出在京蒙扶贫协作资金和项目的监管中，支援地北京市每年将帮扶资金拨付内蒙古自治区，对于年度扶贫协作的投资计划是在内蒙古发改委审核的基础上进行复核，对于帮扶资金的监管、帮扶项目实施验收以及帮扶项目的监督检查中支援地北京市并不直接参与。京蒙扶贫协作的帮扶资金虽然由北京市预算拨付，但北京市对于帮扶资金的预算执行并未有效地进行监管。相比中央财政扶贫资金，中央对于内蒙古财政扶贫转移支付资金的预算执行的日常性监管可由财政部内蒙古监管局实施。但是，扶贫协作帮扶资金在跨区域的预算执行缺乏有效的监管主体和监管措施，扶贫协作帮扶资金与中央拨付地方财政扶贫转移支付资金相比在资金预算执行方面存在明显的制度缺陷。

3. 京蒙扶贫协作帮扶资金监管的完善

在中央政府的主导下，我国横向财政转移支付对口支援的体制长期存在并不断发展，财政转移支付的支付方与被支付方通常由中央政府确定，具体的支援任务通过行政指令确定，支援的具体数量由支付方的财政经济情况决定，没有严格的标准，存在一定主观性。将对口支援法律改造为横向转移支付法律制度，在2008年汶川地震对口支援时已被学者予以关注，在精准扶贫中对口支援缺乏法律制度保障的弊端也已充分暴露。在新冠疫情初期，国家采取“一省包一市”的对口支援模式提升救助效率，都说明我国横向转移支付和特殊性转移支付程序的阙如。[①]因此，应构建更加公平、合理、规范的横向转移支付等地区财政平衡制度，加强地区财政再分配，促进地区共同富裕。[②]采用纵横交错财政转移支付的典型是德国，德国的财政体系是实现财政转移支付的最大保障和特点。德国法规定了共同职责，共同负责的领域具有超地区的特性，联邦政府对各州提供补助金，缩小地区差异，实现均等生活水平。同时，为弥补联邦政府补助金制度，建立州际均等化转移支付，由经济发

① 蒋悟真:《疫情防控的社会法省察》，载《政治与法律》2020年第4期。
② 何锦前:《地方财政自主权的边界分析》，载《法学评论》2016年第3期。

展较好地区建立均等化基金向发展较为落后的州转移支付。[①] 德国是一个联邦制国家，财政体制分为联邦级、州级和州内各市级，转移支付分为纵向和横向两类。其中，横向转移支付主要是为了向经济比较困难的地区提供财政帮助。横向转移支付分为两个层次，即州与州之间财政部门的分配以及州内各市财政部门之间的分配。具体操作过程中主要考察的指标有两个：一个是各州市税收收入水平，即财力指数；另一个是州、市财政支出的平均水平，即平衡指数。通过各州、市与平均值进行对比，来确定该州或市在转移支付方面是需要“支出”还是“收入”，以及具体“支出”或“收入”的资金数额。当然，并不是说德国的横向转移支付就不存在问题。由于不同州、市的税收收入和财政支出的落差较大，总是要求财力雄厚的地区向贫困地区进行转移支付。长此以往，富裕地区的财政压力持续增加，积极性逐渐减弱，贫困地区也可能因此产生依赖心理，不断进行索取，产生“适得其反”的效果。[②] 在信息不对称的情况下，地方政府有可能通过人为虚增开支项目等方式来套取转移支付资金。为了防止此类事件发生，德国在实现社会服务均等化目标

① 参见《德意志联邦共和国基本法》第 91 条规定：“各邦执行其任务，如此等任务具整体意义而联邦之参与对改善生活水准有必要时，下列情形联邦应予协力：(1) 大学包括大学医院之建立与新建。(2) 地方经济结构之改善。(3) 农业结构与海岸防御之改善。”第 104 条规定：“联邦对各邦及乡镇之重大投资提供财务协助，此等投资须为消除对整体经济均势之障碍，平衡联邦领域内不同之经济力量或促进经济增长所必要的。”第 106 条规定：“联邦及各邦之预算需要应予协调，以达成合理之平衡，避免过重之税负并确保联邦境内一致生活水准。”第 107 条第 2 款规定：“各邦间互异之财力，应借法律确保其有合理之平衡，在此并应注意乡镇（乡镇联合区）之财力与财政需要。该法律并应规定要求补助各邦请求权之条件与有补助义务各邦之补助责任，以及补助数额之给付标准，该法律亦得规定，由联邦以自有经费补助资弱之邦，以支应其一般财政需要之不足（补助款）。”

② 杨世能：《我国横向财政转移支付制度化的难点探讨》，载《财政监督》2018 年第 15 期。

前加上了“适度”的具体限制，这样可以在保证贫困地区基本公共服务得到保障的前提下，减轻富裕地区的财政转移支付压力，也可以激励贫困地区通过发展获得缩小甚至追平差距的动力。

目前，我国横向的扶贫协作与纵向的扶贫财政资金转移支付之间缺乏科学衔接和密切配合。如果要在对口支援制度的基础上，制定横向财政转移支付制度，就必须解决转移支付“横”与“纵”之间分工配合的问题。在横向转移支付制度尚未建立的前提下，笔者认为京蒙扶贫协作“交支票”项目支援地的监管，应主要从三个方面进行完善。首先，明确经济发达地区实施扶贫协作的义务，并将扶贫协作的规则、帮扶资金转移支付程序等予以明确。其次，在领导小组下成立扶贫协作资金支付委员会，由委员会对北京市各区县政府扶贫协作资金的支付事项、数额等内容进行调度和监管。最后，支援地应发挥挂职干部团队对受援地“交支票”项目的监管，实现受援地扶贫开发信息共享，及时客观获取扶贫协作项目运行绩效情况。

二、定点扶贫帮扶单位的监管

（一）定点扶贫的背景和现状

“反贫困主体又称为扶贫主体，国家是最主要的反贫困主体，但是忽视以企业和个人为主体的民间力量和其他社会力量在扶贫救助中的重要地位和作用也是不足取的。”[①] 定点扶贫是中央机关、国家机关和有关

① 孟庆瑜:《反贫困法律问题研究》，载《法律科学》2003 年第 1 期。

单位与贫困县建立的纵向扶贫模式。定点帮扶有三个资金来源:“从其他活动中调剂的资金;各部门自己节省的预算外收入和部门职工的个人捐款。”[①] 从1986年开始,我国选取10个中央政府部门在贫困地区开展定点扶贫工作。截至2017年,中央层面共有311个单位定点帮扶592个贫困县。在2014年至2018年的五年间,定点扶贫单位的直接投入资金总额逐年增加。从2014年之后,帮扶单位帮助贫困地区引进的各类资金的数据来看,中央机关、国家机关运用自身行业部门的影响力在帮助引进资金方面作用明显(见表3–4)。

表3-4 中央定点扶贫单位直接投入和帮助引进资金情况

单位:亿元

年份	2014	2015	2016	2017	2018
直接投入帮扶资金(含物资折款)	19	20.82	30.27	33.1	43.8
帮助引进各类资金	90.3	53.85	218.69	282.4	232.6

资料来源:笔者根据《中国扶贫开发年鉴》(2014—2018)相关数据整理。

定点扶贫不仅存在于中央层面的有关单位,在内蒙古定点帮扶工作也是扶贫工作中不可或缺的一部分,内蒙古各帮扶单位结合自身实际,通过派驻帮扶队员、协调帮扶项目等,在人力物力财力方面给予贫困旗县支持,协助当地落实好扶贫政策。2005年,自治区党委办公厅、政府办公厅印发《内蒙古自治区直属机关、企事业单位定点帮扶兴安盟实施方案》(厅发〔2005〕76号)。根据该实施方案的要求,由103个区直机关的单位和兴安盟5旗县的103个贫困嘎查结成帮扶对子,帮扶工作每5年为

① 张磊:《中国扶贫开发政策演变(1949—2005年)》,中国财政经济出版社2007年版,第118页。

一轮，当前已经实施到第三个5年。2014年，根据全区“三到村、三到户”工作部署，内蒙古64个厅局单位与乌兰察布市10个旗县的65个贫困嘎查村结成帮扶对子。2018年，内蒙古制定了《内蒙古自治区区直机关定点帮扶兴安盟三年行动方案（2018—2020年）》，继续组织开展定点帮扶兴安盟贫困嘎查村脱贫攻坚工作。

（二）定点扶贫资金的监管

在定点扶贫资金投入方面，26个中央单位定点帮扶内蒙古31个国家级扶贫工作重点县。2015年以来，26个单位共派驻帮扶干部93名，直接投入财物3.3亿元。[①] 在定点扶贫资金投入方面，行业部门或国有企业在定点帮扶过程中，结合贫困县和本行业、本企业的优势，直接投入资金要比无相关职能的部门投入资金额多，行政职能部门要比无行政职能的部门帮助贫困旗县引进的各类资金多。以定点帮扶内蒙古化德县的中央机构编制委员会办公室为例，笔者在其官方网站查询到中央机构编制委员会办公室2018年部门预算，该年度部门预算并未将定点帮扶资金作为财政支出进行部门预算的编制，对照其2018年度部门决算表及说明也未查询到关于定点帮扶资金支出说明。[②] 由此可见，由帮扶单位提供的直接投入资金并不在部门预决算的范围之内（见表3-5）。

① 参见《26个中央单位定点帮扶内蒙古 落实项目资金26亿元》，载中国新闻网，http://www.chinanews.com/gn/2018/10-15/8649944.shtml，访问日期：2019年5月6日。

② 参见《中央机构编制委员会办公室2018年部门预算》，载中国机构编制网，http://www.scopsr.gov.cn/jgbzdt/gg/201811/P020181119589289271587.html，访问日期：2019年5月6日。

表 3-5　中央单位向内蒙古贫困县直接投入和帮助引进资金情况

单位：万元

单位名称	内蒙古定点帮扶县名称	本单位直接投入	帮助引进各类资金
中央机构编制委员会办公室	化德县	150	680
全国人大常委会办公厅	太仆寺旗察哈尔右翼前旗	100	404
中国保险监督管理委员会	察哈尔右翼中旗察哈尔右翼后旗	140	46.57
国家自然科学基金委员会	奈曼旗	200	0
中国中化集团公司	林西县、阿鲁科尔沁旗	11013.68	739.32
中国通用技术（集团）控股有限责任公司	武川县、商都县	480	0
北京林业大学	科尔沁右翼前旗	40	0

资料来源：笔者根据《中国扶贫开发年鉴 2018》数据整理。

内蒙古审计厅帮扶工作通过各种渠道累计投入帮扶资金 3337.8 万元，其中：基础设施 1810 万元、房屋圈舍 876 万元、机械设备 111 万元、产业投资 475 万元以及环境投资 65.8 万元。[①]《内蒙古自治区审计厅 2019 年部门预算公开报告》对于定点帮扶资金也未列入其预算编制。2014 年《预算法》修正后，规定了政府的全部收入和支出都应当纳入预算，上述中央部委和内蒙古直属机关作为定点帮扶单位，从单位性质来看均为一般意义上的行政单位，其财政收入均为财政转移收入，并不存在其他来源的预算收入。笔者通过调研发现，内蒙古各帮扶单位对帮扶点的资金投入，均是按照“三重一大”事项由帮扶单位党组进行民主决策，调剂使用一般公共支出资金作为点定帮扶资金。

① 参见《内蒙古审计厅定点帮扶嘎查实现脱贫摘帽》，载内蒙古新闻网，http://inews.nmgnews.com.cn/system/2019/02/12/012651067.shtml，访问日期：2020 年 5 月 6 日。

“党对政府的领导主要体现在对‘三重一大’等事项的决定权上，但出问题时往往由遵守党组织决定的行政机关承担法律责任，而实行集体负责制的党组织和党员领导干部则仅仅承担相应的党纪责任。”① 因此，帮扶资金的监管上存在资金脱离预算监管的问题。笔者认为定点帮扶资金的监管应主要从以下方面进行完善。首先，明确定点帮扶资金的预算来源，将定点帮扶资金纳入预算监管范围。“三重一大”议事规则是对重大项目和大额资金使用等问题的民主集中讨论的党内议事制度，其并不能替代财政资金的预算监管。其次，减少定点帮扶单位对贫困县干部升迁的单位影响力，避免贫困县内扶贫资金分配不公。再次，定点帮扶资金均由定点帮扶单位直接划拨至帮扶点对公账户，定点帮扶资金的支出均脱离了定点帮扶单位的监管，应发挥帮扶干部对定点帮扶资金的日常监管。最后，核定帮扶干部驻村的生活、交通、差旅的合理开支范围，将帮扶资金更多地投入到定点帮扶地区，减少帮扶资金的过程消耗。

第三节　扶贫小额信贷投放的风险防范

近年来，我国政府将普惠金融体系的建立与国家贫困治理结合起

① 郭世杰:《论党内法规与国家法律之衔接协调机制》，载《湖北警官学院学报》2019 年第 1 期。

来，通过完善金融服务，促进贫困地区和贫困人口提升自我发展能力，增强贫困地区的“造血”功能。[①] 政府运用财政贴息方式支持政策性融资，引导金融资金流向扶贫开发领域，充分发挥金融杠杆的作用来影响其他投资主体的行为。但扶贫小额信贷财政贴息长期被视为“经济政策”而游离于法律规范之外。扶贫小额信贷财政贴息是否应当受到法律的规范，应当受到怎样的规范，亟须理论的关切。

一、扶贫小额信贷的财政贴息

财政贴息是政府提供的一种补贴形式，政府代付部分或全部贷款利息。财政贴息主要有两种方式：财政将贴息资金直接拨付给受益者或者将贴息资金拨付给贷款银行。[②] 扶贫小额信贷财政贴息是政府提供的一种补贴形式，即政府代贫困人口支付部分或全部贷款利息，其实质是降低贫困人口发展经济成本提供补贴。笔者整理了国务院扶贫办、财政部等部门关于扶贫小额信贷财政贴息的规定和通知（见表3–6）。现行扶贫小额信贷财政贴息的规定，均为有关部门单独或者联合颁布的规范性文件。扶贫小额信贷的规范性文件中，大多只规定了财政贴息的申报、财政部门审查贴息等内容，缺乏规范性和统一性。

① 杜建明、郑智航:《论我国经济与社会权利发展的“中国特色”》，载《河南大学学报（社会科学版）》2020年第1期。

② 张红:《财政贴息的行政法思考》，载《行政法学研究》2012年第4期。

表 3–6 扶贫小额信贷财政贴息的相关规定和通知

规定名称	文号	发布时间、发布单位
《中国农业发展银行边境贫困国营农场扶贫贴息贷款管理办法》	农发行字〔1996〕111 号	1996 年 6 月 26 日，中国农业发展银行
《中国人民银行关于调整扶贫贴息贷款和再贷款利率的通知》	银发〔1999〕300 号	1999 年 9 月 1 日，中国人民银行
《国务院扶贫办关于全面改革扶贫贴息贷款管理体制的通知》	国开办发〔2008〕29 号	2008 年 4 月 23 日，国务院扶贫办
《关于加强康复扶贫贷款、扶贫小额信贷和财政贴息工作的通知》	—	2016 年 6 月 29 日，中国残联、财政部、中国人民银行、国务院扶贫办

为了进一步分析财政贴息扶贫小额信贷的地方运行，笔者对内蒙古扶贫小额信贷的运行进行了调研。在制度层面，内蒙古在 2018 年 10 月 11 日印发《内蒙古自治区扶贫小额信贷财政贴息和风险补偿资金使用管理办法（试行）》。该办法全文共 36 条，共分四章，除总则和附则之外，重点用了 25 条对扶贫小额信贷财政贴息和风险补偿资金管理进行了规定。该办法已经注意和回应了实践中扶贫小额信贷财政贴息不规范、扶贫小额信贷审核不严格和扶贫小额不良贷款难清欠等问题。该办法和国家层面的规范性文件类似，还是集中在扶贫小额信贷贴息的申请流程、审批主体等方面，缺乏法律意义上的法律责任追究和贫困人口权利救济等内容。对于扶贫小额信贷不良贷款的风险防范的规定，也一定程度上造成了金融机构逆向选择和道德风险的隐患。在实践层面，扶贫小额信贷是为建档立卡贫困户安排的金融精准扶贫产品。自内蒙古实施“金融扶贫富民工程”以来，累计投入 25 亿元扶贫资金支持 57 个贫困旗县设立风险补偿资金。农业银行设计实施了“富农贷”“强农贷”两款信贷

产品，按1∶10比例放大扶贫贷款。可见，金融的杠杆效应和风险转化效应，可以有效地为贫困地区提供稳定的扶贫资金来源。但是，也不容忽视金融资金逐利避险的天性，扶贫信贷具有风险系数大、贷款成本高、贷款盈利性低的弱点。小额信贷风险已初步显现，内蒙古有14个旗县扶贫小额信贷逾期率超过3%。[①] 因此，越是地处偏远、经济基础差的地区，金融机构越存在畏难情绪，难以做到普惠金融。要求高度市场化的商业金融为高度分散的小农经济提供金融服务本就是一个世界性难题。那些已经建立了与市场经济体制相适应的农村金融制度的国家，其共性在于考虑到农村金融的特殊性进行单独的制度供给。[②]

从扶贫小额信贷的制度设计来看，由于其不同于商业性贷款，商业贷款通常不包含财政贴息，商业贷款借贷双方的法律关系是私法上的金融借贷关系。而扶贫小额信贷具有明显的社会保障功能，政府旨在通过贴息方式保障贫困人口接受金融服务的给付活动，其法律关系体现的是政府和贫困人口之间的公法上的行政给付关系。扶贫小额信贷的发放对象为建档立卡贫困户，为了给贫困人口提供必需的资金发展生产实现脱贫。但现实中扶贫小额信贷一直按照商业贷款的模式运行，贫困人口认为扶贫小额信贷是经办信用社与自己之间私法上的借贷合同关系。这样的运行模式便于利用业已形成的金融网络，但民事属性的扶贫小额信贷借贷关系，排除了政府在扶贫小额信贷中的主体地位。同时，这也导致了特别是乡镇金融机构的积极性不高的问题。由于扶贫小额贷款涉及贫

① 参见《国务院扶贫办就资金监管等问题约谈相关省区和贫困县》，载国务院网站，http://www.gov.cn/xinwen/2018-11/30/content_5344830.htm，2020年12月10日访问。

② 王旭坤：《财政支持农村金融的制度改革》，载《华东政法大学学报》2012年第2期。

困户众多，小额信贷放贷和管理的工作量巨大。银行金融机构不良贷款终身追责的监管措施，致使部分信贷人员存在不愿放贷和不敢放贷的现象。笔者认为，扶贫小额信贷的贷款资格、贷款条件、贷款期限等均由行政主管部门设置，扶贫小额信贷符合行政给付的性质。因此，我国的扶贫小额信贷宜采用行政协议的形式。在具体扶贫小额信贷业务办理中，政府通过公法上的委托关系，将扶贫小额信贷的相关业务委托银行办理，对外的法律责任由行政主体承担。

二、扶贫小额信贷的逆向选择和道德风险

扶贫小额信贷属于财政（贴息）和金融扶贫方式的结合，有利于弥补财政扶贫资金不足、调动贫困人口的生产积极性和主动性，但也可能将最贫困人口排除在外。[①] 地方金融机构资金储蓄量比较有限，所以在农村牧区扶贫工作方面投入力度并不大，尤其在乡镇一级银行体现更加明显。因为储蓄量有限，可以提供的贷款数额比较少，与当地贫困户贷款需求旺盛成反比。而且，由于扶贫贷款存在风险高、成本高和营利性差等特点，一旦贫困户不能及时或全部还贷，其正常运营将面临较大困难。从商业银行的角度出发，一方面追求利益最大化，另一方面要将风险控制到最小化，这在扶贫工作中就必然造成矛盾。对于扶贫小额信贷不良贷款的责任承担也应当引起关注，《内蒙古自治区扶贫小额信贷财政贴息和风险补偿资金使用管理办法》（内财农规〔2018〕13 号）规定

① 贾俊雪、秦聪、刘勇政:《“自上而下”与“自下而上”融合的政策设计——基于农村发展扶贫项目的经验分析》，载《中国社会科学》2017 年第 9 期。

了内蒙古将扶贫小额信贷的不良贷款区分为不可抗力和恶意拖欠两类，分别制定了政府和金融机构的承担比例。不可抗力的不良小额信贷的情形大致包括借款人死亡、患绝症和丧失劳动能力等，不良贷款的偿还由当地政府承担70%、金融机构承担30%的还款责任，恶意拖欠小额信贷的不良贷款由当地政府和金融机构各承担50%还款责任。上述规定加重了银行业金融机构扶贫小额信贷的放款风险，银行为了规避放贷风险在选择借贷人时，会进行逆向选择尽量避免选择因年老、因病和因残致贫的贫困户。但是，内蒙古因年老、因病和因残致贫的群体占贫困户的比例极高，这就会出现一大批贫困户难以获得扶贫小额贷款。同时，银行业金融机构为了完成扶贫小额信贷的放贷考核指标，将金融扶贫监管责任和风险管理全部转移给外部监管。由于不良贷款有政府的分担和托底，银行业金融机构在办理扶贫小额信贷时可以忽视小额信贷风险，扶贫小额信贷放贷存在一定的道德风险。

贫困地区农业生产过程中，受到气候、土壤、种苗、市场波动等因素的影响，存在较强的不稳定性，进而造成农村扶贫金融市场存在较高风险。因此，农村金融扶贫发展必须保证农村金融市场的稳定。应当立足于目前的实际情况，建立以政府为主导，农村扶贫金融市场为中介的风险补偿机制，通过机制作用的发挥来分担风险，最终实现农村金融市场可持续发展的目的。具体政策可以分为两个方面的内容：一是重视构建信用担保制度。二是加强法制建设，实现政府扶持政策法制化。以德国为例，德国将风险在金融合作中进行分担，并通过制度化手段予以确立，如在1889年颁布《德国经营及经济合作社法》，在20世纪20年代建立了合作社社员代表大会制度，之后规定了合作社社员要在合作社清偿债务中承担相应责任。经过四十年的发展，德国规定了信用担保中的附加责任和无限附加责任，对非社员在金融服务中的主体地位进行确立。世界各国在农村金融立法的过程中，普遍比较重视厘清政府及各政府机构、各社会金融组织和扶持对象三者间不同的权利和义务。例如，美国政府颁布的《农场信贷法案》中对“农业借款人的权利”进行了专门描述，德国政府颁布的《合作社法》《合作银行法》中对农村基层金融组织发挥自主开展业务，自我进行管理的属性十分重视。在德国和美国这样的国家，行业组织的设立由专门法律调整，而行业组织的运行由章程调整，法律则确认章程的法律效力。在其他国家和地区，则以合作社立法的形式调整。[①] 日本出台《农业协同组合法》对农协属性进行了规定，充分发挥其合作社、农民团体和企业属性兼而有之的特点，辅助政府履行职能促使政策落地，一定程度上收到了消除贫困的效果。在我国金融扶贫监管立法中，应不断明确金融扶贫各方主体的权利义务关系，避免金融机构在实施扶贫放贷过程中出现逆向选择和道德风险的行为，进而确保贫困人口金融权利的实现。

三、扶贫小额信贷的差异化监管

（一）域外涉农金融监管对我国的启示

在一个国家中，金融扶贫的组织体系往往非常巨大，对其运行过程中的监管，也会呈现出工作量大、风险点多等特点。因此，农村金融扶

① 张德峰:《论我国合作金融行业组织体系的法律重构》，载《现代法学》2014 年第 5 期。

贫想要实现稳定发展，就必须通过建立健全法制体系来保障。在法制化方面，美国建立农业合作金融体系已有近一百年的历史，农业信贷领域中不动产抵押成为其发展增长的亮点。[①] 在美国，20世纪80年代末，随着美国农业逐渐从萧条中恢复，政府开始逐渐重视管控金融风险。在1992年至2002年间，美国相继颁布《农场信贷银行及协会安全性法案》《农场信贷体系农业出口风险防控法案》《农场信贷体系改革法案》《农场安全与农村投资法案》，严格监管农场信贷体系，确保其运行安全稳健。通过立法，明确规定了各金融机构信贷资金的业务范围、投放比例等限制和要求，对农村信贷体系可能存在的风险进行了有效控制。[②] 在相关法案中，重点转向对金融风险防范，有几点进行了明确规定：一是信贷资金的具体用途；二是降低信贷银行准入要求，扩展服务范畴；三是严控信贷资金投放比例；四是加强保障借贷人权益。[③] 在涉农金融监管主体方面，美国建立了“双层多头”金融监管体制，通过专门监管机构实现对农村金融扶贫的监管。在德国，成立了多元主体参与的监管体系，包括以联邦金融监察局、联邦中央银行为代表的官方监管机构和地方审计协会为代表的非官方监管机构。在日本，行业监管是金融监管的主要内容，由政府金融监管厅、农林水产管理部共同承担监管责任。目前，根据我国现实国情，在农村金融扶贫机制的监管方面，对标发达国

---

① 王煜宇:《农村金融法制化：国际经验与启示》，载《农业经济问题》2011年第8期。

② 杨松、姜庆丹:《美国农场信贷立法及其对中国的启示》，载《暨南学报（哲学社会科学版）》2011年第6期。

③ Koch S, *From Poverty Reduction to Mutual Interests: The Debate on Differentiation in EU Development Policy*, Development Policy Review, 2015, 33(4).

家，还存在亟须改进之处。针对扶贫小额信贷制定差异化监管制度，提高监管效率，各参与主体充分发挥其职能，从而建立多元化主体参与的监管体系。扶贫小额信贷的地方金融监管，应当由地方金融监管局和中国人民银行地方支行负责，按照扶贫小额信贷的监管的风险识别、风险分析、风险评审、风险决策、风险管理、风险考核和责任追究等程序对金融扶贫资金进行监管，并由监管部门确定金融扶贫监管的指标体系。例如，各项扶贫贷款余额、扶贫再贷款余额、不良贷款余额、评定信用建档立卡贫困人口数量、当地立案的骗贷案件数量、开展金融扶贫知识宣传和教育次数、扶贫金融信息和扶贫基础信息共享等主要的监管指标因素。根据银行金融机构不同的违纪违法行为确定监管部门的审查和决策层级，由监管部门作出关于监管措施的决定。

（二）扶贫小额信贷的差异化监管

内蒙古贫困地区普遍存在产业基础薄弱，脱贫致富缺乏优势产业支撑，银行找不到贷款支持的着力点，贫困户难以选择适合自身发展的产业项目，相当一部分贫困户不愿贷款，怕承担风险。内蒙古银行金融机构基于信贷风险的考虑，还没有全部按照“免抵押、免担保、基准利率”政策对建档立卡贫困户放贷，建档立卡贫困户贷款覆盖率仍然偏低。此外，内蒙古贫困旗县贫困人口多数分布在偏远牧区、林区和边境地区，通信网络未能全部覆盖，新兴电子支付系统难以全面推广应用。这些地区人口居住分散，银行网点建设运维成本高，商业可持续性差，金融机构设立网点或布设自助设备的积极性不高。贫困户作为扶贫贷款的主要人群，不能及时还贷的风险较高，贷款成本也较高，但盈利性反而不高。传统金融主张效率和安全，忽视了金融的正义价值和社会属性，农民难以获得公平对待。[①] 越是地处偏远、经济基础差的地区，金融机构越存在畏难情绪，难以做到金融尽职调查全覆盖。此外，由于扶贫小额信贷的用途缺乏有效监管，难以引导贫困户将贷款投入生产。用于生产发展的扶贫信贷资金实际上大多用于医疗、子女教育、结婚彩礼等非生产性家庭开支，极个别贫困户甚至将扶贫小额信贷视为不用偿还的救济款而赌博挥霍。扶贫小额信贷的非生产性使用，导致贫困户债台高筑贷款到期无力偿还，出现贫困户“越贷越穷”和“越穷越贷”的恶性循环。不同的借款金额其相对信息获取成本也不同，借款金额越小，相对信息获取成本越大，信息不对称问题越严重。[②] 扶贫主管部门、金融监管部门、金融机构之间尚未建立完善、统一的扶贫工作信息共享机制，金融机构无法及时了解贫困户分布及动态调整情况，为贷前尽职调查等相关工作增加了困难，影响金融扶贫提升效率和防范风险。

扶贫资金监管法律制度的有效实施，离不开与之相配套的制度机制的协调配合。笔者在调研中发现，配套机制的不匹配突出地表现在监管制度与扶贫资金新类型的自身制度机制之间的不匹配，尤其是扶贫资金监管制度和金融制度之间的不匹配，其主要原因是直接援用金融监管制度，导致金融扶贫资金与其他金融监管制度间难以衔接。目前，各银行

① 胡鑫：《农民金融权实现的财政路径探究》，载《财税法论丛》第2期，法律出版社2015年版，第248页。

② 张笑、胡金焱：《地理距离、信息不对称与借款人违约风险》，载《山东大学学报（哲学社会科学版）》2020年第1期。

业金融机构发放小额信贷一定程度上成为硬性任务和考核指标。[①] 扶贫小额信贷的金融业务更具有"政策性",放贷额度在一定意义上是政府干预的产物。因此,与传统的金融监管略有不同,对于小额信贷的金融监管更多地需要监管部门的差异化监管,以便于在农牧区贫困户申请贷款等方面采取不同的监管措施。在美国,为了满足农村经济发展的需求,政府主要通过立法、政策导向等方式引导金融组织参加到利润较低的农业发展建设中。另外,美国在1933年颁布《农场信贷法案》,成立了13家合作银行,同时还成立了农业信贷管理局。[②] 农业信贷管理局是一个独立的联邦机构,主要负责监管所有农业信贷机构,其独立性和高效性十分显著。作为亚洲发达国家代表的日本建立了较为完善的金融支农体系。日本专门成立政府机构和农业问题咨询机构,于1961年正式颁布《日本农业法》,该法明确指出金融业要对农业发展提供支持,坚持长期提供低息贷款形式的金融产品,大力支持农业地区基础设施服务发展建设。[③] 我国金融监管部门在防范和化解区域性金融风险的基础上,同时还要防止引发的区域性金融风险向地方财政风险的蔓延。扶贫小额信贷供给主体逐渐呈现出多元化的趋势,同时也存在着法律定位不清晰、风险控制不明确、产品创新度有待提升等问题。我国应当借

① 中国人民银行、中国银行业监督管理委员会印发的《关于鼓励县域法人金融机构将新增存款一定比例用于当地贷款的考核办法(试行)》第5条规定:"县域法人金融机构中可贷资金与当地贷款同时增加且年度新增当地贷款占年度新增可贷资金比例大于70%(含)的,或可贷资金减少而当地贷款增加的,考核为达标县域法人金融机构。"

② 刘姣华:《乡村振兴战略的资金保障机制——美国农场信贷体系的启示》,载《商业经济研究》2018年第24期。

③ 王慧:《日本农业法体系的变化——从"农业基本法"到"食品、农业、农村基本法"》,载《农业经济问题》2001年第6期。

鉴美国和日本设立专门针对农村信贷的监管和咨询部门的经验，成立专门的小额信贷监管机构，逐步建立完善评级等体制机制，不断进行产品创新。[①]

① 巴曙松、韦勇凤、孙兴亮:《中国小额信贷机构的现状和改革趋势》，载《金融论坛》2012年第6期。

第四章

扶贫资金使用方式和支出绩效的监管

财政支出绩效管理是以“结果”为导向的管理模式，其目的在于实现财政支出的“高效性、有效性、经济性和公平性”。[①] 传统的扶贫资金使用方式可以分为两大方面：一是扶贫资金作为补贴直接发放给符合条件的贫困户；二是扶贫资金作为扶贫项目资金投向审批后的扶贫项目。在“精准扶贫”理念提出之后，为了适应脱贫攻坚任务的要求，2017年，财政部对《财政专项扶贫资金管理办法》进行了修订，制定了《中央财政专项扶贫资金管理办法》，明确提出创新扶贫资金使用机制，探索推广政府和社会资本合作、政府购买服务等机制，撬动更多金融资本、社会帮扶资金参与脱贫攻坚。在创新扶贫资金使用机制的背景下，本章除了对扶贫行政给付和扶贫项目招标予以分析之外，重点对政府购买扶贫服务和扶贫PPP项目进行探讨，对于扶贫资金使用机制创新方面存在政府购买易地扶贫搬迁服务变相融资和扶贫项目与PPP模式契合度的问题提出相关完善建议。至今，我国扶贫资金一直保留着“资金到项目、管理到项目”的监督管理模式。笔者根据扶贫资金的运行规律，按照扶贫资金支出和扶贫项目审批的流程，提出重构扶贫项目政府采购决策审批程序的构想，具体通过重构扶贫资金重大行政决策程序、扶贫项目审核审批程序、扶贫项目成本收益评估前置程序、扶贫项目库管理和政府采购程序衔接，实现完善扶贫项目政府采购的监管。在此基础上，提出了财政扶贫资金绩效评价的法治化进路。

① ［南］C.B. 维萨、P.W. 艾瑞斯莫斯:《公共财政管理学》，马海涛译，经济科学出版社2006年版，第139页。

第一节 扶贫行政给付的监管

对于行政给付的理解，有广义和狭义两种。广义上的行政给付包括供给行政、社会保障行政和资助行政。[①] 狭义的行政给付则仅指社会保障行政，不包括供给行政和资助行政。对于行政给付，国内学者通常所认为的含义非常狭窄，将其等同于行政物质帮助行为。[②] 传统的行政给付受益权，局限于物质利益的给付，包括供给行政、社会保障行政、资助行政等领域的物质利益。[③] 作为其权利基础的社会权包括生存权与发展权两大方面，传统的行政给付受益权实质上是社会权中的生存权所要求的。生存权得不到保障，其他权利便会落空。免于贫困的权利是人根据其本性而享有的避免物资匮乏并能过上正常生活的权利，是一项最低限度的人权。[④]

一、贫困人口的行政给付受益权

贫困人口行政给付受益权是指在行政给付领域，贫困人口作为行

① ［日］南博方：《日本行政法》，杨建顺、周作彩译，中国人民大学出版社 1988 年版，第 29 ~ 30 页。

② 姜明安：《行政法与行政诉讼法》，法律出版社 2011 年版，第 162 页。

③ 沈政雄：《社会保障给付之行政法学分析——给付行政法论之再开发》，我国台湾地区元照出版有限公司 2011 年版，第 8 ~ 9 页。

④ 胡永平、龚战梅：《精准扶贫战略中免于贫困权利的法律保障面向》，载《河北法学》2019 年第 8 期。

政相对人通过行政主体实施的行政给付行为，所享有的受益性权利。贫困人口的行政给付受益权的传统内涵主要是通过经济上或者物质上的利益再分配，实现对个人生存权的保障，使其得以维持基本的生活。在传统的行政给付受益权基础上，贫困人口的行政给付受益权的内涵随着行政模式的发展而趋于现代化。随着行政模式发展为服务行政，行政给付受益权的现代内涵逐渐显示出自身所特有的属性。这种属性包括以下几个方面的特点：首先，行政给付受益权是对贫困人口对美好生活向往的保障。从对贫困人口生存权的保障到对美好生活向往的保障，是贫困人口的行政给付受益权从传统内涵走向现代内涵的重要标志，这种保障还包含精神层面的内容。在精准扶贫中，“扶贫与扶志，扶贫与扶智”相结合被首次提出，而且扶志和扶智的重要程度要优于经济物质上的脱贫。其次，贫困人口的行政给付受益权的地位提升，是贫困人口的重要权利。因为该权利之于贫困人口，将使其在实体上直接受益，也是行政给付受益权较其他程序性的公权利所具有的显著特点，权利的实现会给贫困人口带来现实的物质利益或其他非物质利益。在法学界，大陆法系对补贴的法律性质及补贴运作法律关系的研究比较成熟。在德国公法学界，对补贴运作的法律分析以“阶段理论”为通说，其中又因补贴形式的不同而包括“二阶段理论”“一阶段理论”等各种观点。[①] 我国台湾地区对于补贴有三种学说，即“私

① ［德］哈特穆特·毛雷尔:《行政法学总论》，高家伟译，法律出版社2000年版，第188～189页。

法契约说”“公法契约说”“行政行为说”。[①] 再次，贫困人口的行政给付受益权的义务实施主体具有多样性。行政给付受益权对应的义务主体是行政主体，但其具体的义务实施主体却不限于行政主体。行政主体也可委托公共服务提供机构实施，甚至在传统的由行政主体履行给付义务的领域也出现了民营化的趋势。最后，由于农村集体产权改革，行政给付的受益权人出现争议。自2018年以来，农业补贴政策虽然已经调整为“谁种地，补贴谁”，但土地经营权人此类请求权是否得以真正实现，尚需经历较长的博弈期。[②]

二、扶贫补贴资金的发放

扶贫行政给付资金主要由贫困家庭学生助学金类、社会救助补贴类、农业生产补贴类、残疾人补贴类等类型的补贴构成。[③] 抽象原则意义上的补贴法律与补贴预算计划的形成和具体补贴发放的两个阶段互为

① 持“私法契约说”观点的学者认为，行政主体对私人或事业之补助金行为，性质上为私法上附负担的赠与契约，应依私法相关规定处理；持“公法契约说”观点的学者认为，行政主体基于公益目的而给付补助，须依人民之申请，且经审查，对符合补助要件者才提供补助金，本质上属公法行为，补助金契约形成公法上的对等当事人关系，行政主体保留可撤销交付决定及命令返还补助金之请求权，相对人对申请补助金事件不服者，可主张行政救济；持“行政行为说”观点的学者认为，补助金交付决定属于行政行为，相对人依法申请补助金，但行政主体拒绝未提供时，属于对人民之不利行政处分，可提起行政救济。

② 刘云生:《土地经营权的生成路径与法权表达》，载《法学论坛》2019年第5期。

③ 扶贫补贴具体包括：城乡义务教育阶段家庭经济困难寄宿生生活补助、建档立卡贫困家庭学生免除（补助）学费和书本费、普通高中国家助学金中等职业教育学校国家助学金、特困人员救助供养、临时救助、孤儿基本生活保障补助、计划生育特困家庭补助、农机具购置补贴、建档立卡贫困户选聘生态护林员资金、农村危房改造。

补充，从而为各阶段公私法主体的相关责任及其追究提供理论依据和前提。[①] 补贴资金发放涉及的面广人多，是扶贫资金运行中暴露腐败问题最多的一个环节，制度性缺陷导致扶贫补贴被贪污挪用的现象频发。

（一）扶贫补贴发放前置程序的公开

扶贫补贴发放的前置程序是由符合条件的贫困户填报申报材料，经公开公示后确定发放人员名单。目前，各类扶贫补贴申报材料主要委托贫困村“两委”代为组织申报。在国务院扶贫办曝光的扶贫领域违纪违规典型案例中，贫困村“两委”组织实施贫困户申领补贴过程中存在大量的违纪违法行为。例如，不严格审核贫困户的申报材料，造成补贴发放的范围扩大；在补贴申领中虚报冒领和优亲厚友；在发放补贴时收取贫困户手续费；等等。[②] 财政支出公开，不仅有助于保障公民的知情权、参与权和监督权，而且有助于财政公平和财政民主，是透明政府建设的重要内容。[③] 但是，扶贫补贴的公开公示并未将补贴发放人员名单、政策依据、补贴金额、补贴用途、发放方式等内容全部涵盖，扶贫补贴公开公示的形式单一、范围狭窄和周期较短，造成贫困人口不能及时了解扶贫补贴的相关信息，公开公示制度并未实现补贴发放监管的制度功能。“根源于过程信息是否公开，涉

---

① 黄河:《论我国农业补贴法律制度的构建》，载《法律科学》2007 年第 1 期。

② 参见《扶贫领域违纪违规曝光平台》，载国务院扶贫开发办公室网站，http://www.cpad.gov.cn/col/col2086/index.html，访问日期：2019 年 12 月 15 日。

③ 肖国平:《论财政支出公开》，载《行政法学研究》2012 年第 2 期。

及行政特权、行政效率与公民知情权保障之间的平衡。”① 实践中，扶贫工作人员将扶贫补贴当作对贫困人口的“施舍救济”，将各类扶贫补贴平均分配。贫困人口将扶贫补贴视为“意外之财”，只关心能不能享受扶贫补贴，而并不真正关注也无相关能力详尽获知扶贫补贴的构成、目的和用途，至于扶贫补贴怎么补和补多少放任由政府决定。加之，贫困人口受教育程度和法治意识的局限，往往畏惧监督“村两委”扶贫补贴的申领工作，即使符合标准的贫困户未获得相关补贴，在乡村的“熟人社会”中贫困户也难以拿起法律武器维护自身合法权益，客观上助长了扶贫补贴发放违纪违法行为的发生。扶贫补贴发放的前置程序，应当在现行村务公开制度的基础上完善扶贫补贴公示公开制度，保障贫困人口对扶贫补贴发放的知情权和监管权。扶贫补贴公示公开制度基层实践的主要困境在于制度的运行，而不在于相关制度的创设。徒法不足以自行，应通过扶贫补贴公开内容的完整性、时效性和申报程序的合法性，使贫困户了解扶贫补贴发放的全过程，并作出符合自身合法利益的对策行为。

（二）扶贫补贴支付方式的障碍清理

作为各地广泛采用的扶贫补贴发放方式，财政“一卡通”（也称惠农“一卡通”）解决了扶贫资金发放中间环节多和手续烦琐的问题。财政“一卡通”扶贫补贴的发放主要由“村两委”组织符合补贴发放人员填报申请、乡镇人民政府审核、扶贫补贴主管部门审批、财政部门划拨扶贫

① 王万华:《知情权与政府信息公开制度研究》，中国政法大学出版社 2013 年版，第 180 页。

资金、银行按照人员名单发放补贴等环节构成。财政“一卡通”不仅提高了扶贫补贴发放的工作效率，也在一定程度上降低了扶贫补贴被层层截留等风险隐患。然而，从中央纪委监委和内蒙古自治区纪委监委通报的扶贫领域腐败案例来看，财政“一卡通”制度实际运行中腐败问题仍然时有发生，且在各地都不同程度存在。除上文提到的虚报瞒报和优亲厚友之外，更多的腐败问题是因对财政“一卡通”缺乏监管所造成的。例如，本应发给贫困户持有的财政“一卡通”，有的却集中由乡镇工作人员“代管”，发生挪用扶贫补贴的违法行为；[①] 有的虽然将财政“一卡通”发给贫困户本人持有，但以各种理由索要办理扶贫补贴的“好处费”；等等。顾名思义，财政“一卡通”是由享受扶贫补贴的贫困户持有，所有扶贫补贴均通过唯一的银行卡予以发放。但是，实践中扶贫补贴的发放涉及多个层级的多个部门，不同的扶贫补贴又使用不同的银行卡发放，财政“一卡通”并未真正实现扶贫补贴集约化发放的“一卡通办”。这一局面的形成，既有扶贫行业部门发放补贴的“一发了之”，也有代发银行办理金融业务的利益驱动。加之，扶贫补贴发放周期并不统一，按月度、季度、年度发放五花八门。扶贫行业部门并未掌握财政“一卡通”是否由贫困户本人持有以及持有多少所谓的“一卡通”，扶贫补贴发放事后监管严重缺位。笔者认为，扶贫补贴发放中的乱象集中在办卡太多太滥，针对这一问题可以采取对财政“一卡通”建立虚拟子账户的方式予以解决，既有利于区分不同来源的扶贫补贴，便于各扶贫行业部门进行分类监管，也能真正实现财政“一卡通”便民措施的目的和功能。

---

① 例如，国家监委曝光的典型案例中，四川省雷波县溪洛米乡原乡长冯某盈代管67 张扶贫补贴存折，陆续取出了 88 万余元用于偿还赌债。

（三）扶贫补贴发放动态监管的完善

以农村低保为例，社会保障兜底是我国精准扶贫提出的“五个一批”脱贫措施。实践中，农村低保户一经确定，相关部门很少主动根据其经济情况发生变化，对享受最低生活保障的对象进行及时调整，导致真正的贫困户得不到国家的救助。因此，对于已纳入社会保障兜底的贫困户应当实行定期核查，核查的职责应由贫困人口所在的乡镇人民政府承担，避免村委会碍于情面或者出于私利提供虚假不实的最低生活保障对象基本情况。贫困县民政部门根据乡镇上报核查情况，按照程序办理增发、减发或停发最低生活保障金审批工作。同时，应建立纳入最低生活保障贫困人口的定期报告制度，最低生活保障对象在报告期内应主动向乡镇人民政府报告家庭人口、收入、财产变动及家庭成员从业变动等情况。在报告期内最低生活保障对象无正当理由不主动报告的，应当按照程序中止最低生活保障金的发放。停保6个月后方可按最低生活保障申请程序重新申请，对于停保期间符合临时救助条件的可申请临时救助作为补充。应建立完善享受最低生活保障贫困人口的退出监管制度，对于人员状况、家庭收入、家庭财产等发生变化不再符合农村低保条件的脱贫人口，应退出低保并停发最低生活保障金。基于扶贫政策的考量，可给予12—24个月的“渐退期”防止脱贫人口再度返贫。逐步实现农村扶贫标准和农村低保标准的“两线合一”，低保户识别标准需从单一收入标准向多维贫困标准转变，使低保制度真正起到兜底作用。[①]

---

① 朱梦冰、李实：《精准扶贫重在精准识别贫困人口——农村低保政策的瞄准效果分析》，载《中国社会科学》2017年第9期。

三、扶贫行政给付受益权的救济

贫困人口行政给付受益权的传统内涵也是基于对社会权的保障，依据域外国家宪法是否直接规定社会权，其救济大致也分为两类：一是宪法法院或者普通法院依据本国宪法对社会权的规定，并直接援引相关宪法条款作为社会权救济的裁判依据。例如，德国保障受教育权的“限额案”，标志着宪法法院干预高等教育领域的开始；格鲁特布姆诉南非政府案是宪法法院判决南非政府提供临时经济住房，履行最低限度核心义务的一个里程碑式的判例。[①] 二是宪法没有明确规定社会权，也没有否定社会权，而是通过本身特有的宪法理论和行之有效的司法审查机制，最终达到间接司法保护的效果。[②]

内蒙古贫困人口对于违规违法扶贫资金分配、管理和使用的行为，更多地采用信访的方式反映诉求。2017 年，内蒙古受理贫困户识别不精准、扶贫干部优亲厚友等信访问题 2400 余件，2018 年受理各类扶贫信访问题 3800 余件,2019 年 1 月至 11 月，受理扶贫领域信访举报 2133 件。由此可见，“信访不信法”的现象在内蒙古扶贫领域较为严重。行政信访救济机制容纳了由于立法、公共政策、行政行为以及其他行政救济机制不完善带来的社会矛盾和纠纷。[③] 对于扶贫领域的行政信访的化解，更要注重对扶贫政策的正确解读和对不当行政行为的纠正，完善扶贫行

① 龚向和:《社会权司法救济之宪政分析》，载《现代法学》2005 年第 5 期。

② Bertus De Villiers, *Social and Economic Rights*, In David van Wyk and John Dugard (Eds), Rights and Constitutionalism:The New South African Legal Order, Clarendon Press, 1995, p.619.

③ 宋明:《行政信访救济法治化改革的困境与出路》，载《法商研究》2019年第4期。

政信访的听证制度。对于扶贫领域的涉法涉诉的信访问题，中共中央办公厅、国务院办公厅于2014年出台的《关于依法处理涉法涉诉信访问题的意见》提出了诉讼和信访分离的制度，规定应当将扶贫领域的涉法涉诉信访与普通信访事项相分离，涉诉信访应当由审判机关按照诉讼程序予以处理，各级信访工作机构和其他行政机关不再受理。我国对于此类案件的司法救济主要是行政诉讼，多数信息申请人是“为了维权提起行政诉讼，在不满诉讼效果的情形下转而诉诸信息公开申请和信息公开诉讼”[①]。笔者通过在中国裁判文书网检索，发现内蒙古裁判法律文书中涉及扶贫开发问题相关的行政诉讼案件共76件，其中以扶贫信息公开类的行政案件为主。

第二节　扶贫项目政府采购方式的监管

“政府采购的直接动因是提高财政资金的使用效率和效益。”[②] 扶贫项目政府采购之所以要加强监管，是因为扶贫项目政府采购直接涉及财政资金的支出使用，政府采购活动是否规范，也会在宏观上影响脱贫攻坚目标的实现。应当建立完整的财政支出监管制度，完善和落实财政支

① 彭錞:《我国政府信息公开制度的宪法逻辑》，载《法学》2019年第2期。

② 张守文:《经济法学》，中国人民大学出版社2008年版，第174页。

出的问责制度。[①]

一、扶贫项目非招标采购方式的适用

（一）“以工代赈”扶贫项目适用招标的例外

《招标投标法》第66条列举了适用招标的例外情形。[②] 其中，属于利用扶贫资金实行“以工代赈”、需要使用农民工等特殊情况可以不进行招标，该规定赋予了“以工代赈”扶贫项目适用政府采购招标的例外。此项规定也在部门规章和地方规章中予以体现，《工程建设项目施工招标投标办法》《内蒙古自治区实施〈中华人民共和国招标投标法〉办法》，也将“利用扶贫资金实行‘以工代赈’”作为可以不进行招标的情形之一。《招标投标法》是基于“以工代赈”扶贫项目的特殊性，将扶贫资金实行“以工代赈”作为招标的例外。“以工代赈”扶贫项目以招标方式进行政府采购，供应商中标“以工代赈”项目，就无法实现“以工代赈”的政策目的。正如上文所述，“以工代赈”是我国最早实施的扶贫政策，“以工代赈”专项资金也被纳入财政扶贫资金的管理范围。在“以工代赈”提出之后，其政策目的是在贫困地区开展基础性建设时，能够充分吸纳当地贫困人口成为项目建设的农民工，将一部分“以工代赈”资金作为参与建设农民工的劳务报酬直接发放给贫困人口。但

---

① 宁立成、张兰兰:《论我国财政支出监督法律制度的改革》，载《江西社会科学》2014年第1期。

② 《招标投标法》第66条规定:“涉及国家安全、国家秘密、抢险救灾或者属于利用扶贫资金实行‘以工代赈’、需要使用农民工等特殊情况，不适宜进行招标的项目，按照国家有关规定可以不进行招标。”

是，随着城市化进程的发展，扶贫项目的实施更加需要专业化的技术队伍，农村剩余劳动力普遍缺乏相关专业技能，“以工代赈”在贫困地区的实践与其政策制定之初的目标相去甚远。而且，精准扶贫提出的产业扶贫突出强调培育贫困地区扶贫龙头企业，通过建立扶贫企业和贫困人口的利益联结机制实现贫困人口脱贫，“以工代赈”带动贫困人口脱贫的功能正在逐渐弱化。

那么，“以工代赈”在不适用招标的情况下，是否适用非招标政府采购方式？按照上述立法目的，“以工代赈”显然也不适用竞争性谈判、单一来源采购和询价的政府采购方式。因此，利用扶贫资金实行“以工代赈”需要使用农民工的扶贫项目也不属于《政府采购法》的调整范围。在扶贫开发实践中，“以工代赈”扶贫项目政府采购出现两个极端。一是为了加强扶贫资金监管，“以工代赈”扶贫项目一律适用公开招标政府采购方式。冠以“以工代赈”的扶贫项目均以公开招标作为项目的政府采购方式，理论上就会出现政府采购供应商中标后，并不雇用当地贫困人口作为农民工参与项目建设，“以工代赈”资金的设立政策目标无法实现。二是为了实现“以工代赈”资金设立目的，“以工代赈”扶贫项目交由贫困村基层自治组织实施。由于缺乏有效的监管，在项目实施过程中出现贪污、侵占“以工代赈”资金等基层腐败问题。因此，对于“以工代赈”扶贫项目是否雇用农民工参与建设，成了此类项目是否适用招标的关键因素。但是，“以工代赈”扶贫项目使用农民工的数量和标准并没有明确规定，如果仅以使用个别农民工参与“以工代赈”扶贫项目为由就不适用招标，就会使扶贫项目在政府采购过程中脱离监管。笔者认为，《招标投标法》第66条关于扶贫资金实行“以工代赈”

属于招标的例外情形，已与当前扶贫开发实际严重不符。2019年《招标投标法实施条例》修订时，也并未对此内容予以修订。当前对于“以工代赈”扶贫项目的监管，监管主体应当更加关注项目建设工程合同的管理，通过制定统一的“以工代赈”项目建设工程示范合同，将“以工代赈”项目优先雇用扶贫项目实施地贫困人口作为合同的固定条款。这样的合同约定固然有违采购人和供应商订立政府采购合同属于平等主体的“双阶理论”，但这样的解决方案可以折中实现对“以工代赈”扶贫项目政府采购环节的监管，也能实现“以工代赈”资金帮助贫困人口增加收入的政策目标。待条件成熟之时，对于《招标投标法》第66条关于扶贫资金实行“以工代赈”属于招标的例外情形予以修订完善。

（二）公开招标限额标准以下的扶贫项目采购监管

在我国政府采购提高限额标准的背景下，各省、自治区、直辖市也分别提高了政府采购货物或服务项目的公开招标数额标准以及省以下三级政府分散采购的限额标准。[①] 我国《政府采购法》第26条规定政府采购的方式主要包括公开招标、邀请招聘、竞争性谈判、单一来源采购、询价五种方式。2014年，财政部印发《政府采购竞争性磋商采购方式管理暂行办法》确定了竞争性磋商的政府采购方式。公开招标、邀

① 内蒙古自治区财政厅于2020年1月22日颁布的《全区统一集中采购目录及有关政策（2020年版）》规定，公开招标数额标准政府采购货物或服务项目，单项采购金额400万元以上的，采用公开招标方式。与建筑物和构筑物的新建、改建和扩建无关的单独装修、拆除、修缮工程，项目采购金额400万元以上的，采用公开招标方式。政府采购货物、服务和工程项目分散采购限额标准为自治区本级100万元，盟市级80万元，旗县级60万元。

请招标之外的政府采购方式一般统称为非招标采购方式，《政府采购法》对非招标采购方式的监管规定较为笼统。2013年，财政部印发《政府采购非招标采购方式管理办法》专门对非招标采购的程序、监管和法律责任等内容予以规定。从目前现行的法律法规来看，我国现阶段允许使用的非招标采购方式主要为竞争性谈判、单一来源采购、询价以及竞争性磋商四种。除集中采购之外，采购人在采购方式的选择标准上采用数额标准，即预算采购金额标准，国务院规定中央预算的政府采购项目公开招标数额标准，省级人民政府规定地方预算的政府采购项目公开招标数额标准。根据《招标投标法》，工程类项目的采购则采用强制招标范围和数额标准的二元标准确定项目采购的方式。这样的标准虽然可以简化采购方式的影响因素，但也会导致降低采购效率，延缓政策性目标实现，实质性公正会受到影响。

精准扶贫要求对于不同致贫原因的贫困人口因贫施策，并提出贫困户脱贫一户一策的脱贫解决方案。就扶贫项目政府采购而言，由于扶贫项目的设计安排是针对不同致贫原因的贫困户，所有扶贫项目资金的金额往往难以到达政府采购的限额标准。笔者对内蒙古兴和县人民政府网站公示的《2018—2020年扶贫项目库入库项目》进行了统计，发现该县公示的扶贫项目包含了九个乡镇的扶贫项目共计1183项，投资规模合计203068.75万元，扶贫项目支出金额在60万元以下共计821项，占三年入库扶贫项目的69.4%。因此，扶贫项目的政府采购将会大量地采用非招标政府采购方式。目前，政府采购的主要方式是公开招标和邀请招标，根据《政府采购非招标采购方式管理办法》，必须招标的工程建设项目之外的政府采购工程适用非招标的采购方式。但是，某些虽然使用国有资金但是并不属于必须依法招标的项目，则没有合适的采购方式。如果直接发包，则可能通过化整为零的方式脱离《政府采购法》的监管。因此，在考虑政府采购方式系统性的基础之上，将采购范围、采购合同类型、采购合同管理等方面内容作为选择不同采购方式的考量因素。此外,《政府采购非招标采购方式管理办法》中规定的关于采用竞争性谈判的条件中“技术复杂或者性质特殊”的相关条款，尚未明确具体的认定标准和认定程序，不能成为各参与方进行相关技术设定的直接依据从而影响采购效率。对于招标限额以下的扶贫项目政府采购进行监管时，采购方式是监管的关键，采购方式根据采购需求进行选择，避免单纯依靠审批部门审批采购出现的“货不对板”的情况，进而提高采购效率。同时，优化采购标准，按照采购的目标、金额、数额、技术参数、供应商数量等因素，最终选择适合的非招标采购方式。另外，政府采购扶贫资金的使用核算的合规性应当不断加强，严格执行报账制度。项目实施单位按照合同内容及项目进度安排，按阶段提出资金需求计划，并提供项目完成工程量或验收部门的单据，依法依规报告财政和投资主管部门审核通过后拨付资金，设置专门账户，形成扶贫资金封闭规范的运行体系。

二、政府购买扶贫服务的变相融资

政府购买服务是指政府将原来由自己提供服务的事项，通过购买服务等方式交由社会组织来承接的新型公共服务提供方式。[①] 即政府向社会服务组织让渡社会公共服务的生产过程，完成公共服务的同质供给。同时，提供公共服务的社会组织在体制、机构和活动方式等方面更加灵活，效率更高，提供的公共服务产品相较政府直接提供公共服务而言针对性和创新性更强。政府购买扶贫服务的范围，主要规定在《政府购买服务目录》，可以分为公共服务类和政府履职所需辅助服务类。

（一）政府购买扶贫服务的融资行为

一般情况下，贫困地区的县级财政通常支出都大于收入，收支不平衡导致政府无法将充裕的资金投入到公共服务方面。因此，为解决这种问题，就需要在扶贫开发过程中通过政府购买公共服务的方式，缓解贫困地区公共服务的现实困境，提高贫困地区公共服务的效率和水平。通过政府购买服务，不仅可以解决县级财政投入的压力，而且可以降低贫困地区公共服务的成本。在地方政府购买扶贫服务的类型中，特别需要指出的是政府购买易地扶贫搬迁社会服务，其涉及购买服务金额巨大，也与一般意义上的政府购买服务有别。地方政府投融资平台公司的设立是政府的一种行政私法行为，即行政主体为了达到公法上的目的而从事的私法活动。[②] 税制改革以来，单纯依靠财政资金无法完全满足地方政府投资建设的需要，地方政府为了缓解建设资金短缺的困境，将筹资渠

① 赵立波:《完善政府购买服务机制推进民间组织发展》，载《行政论坛》2009 年第 2 期。

② 张建文:《地方政府投融资平台公司债务风险治理的私法向度》，载《河南财经政法大学学报》2014 年第 1 期。

道延伸到社会资金，地方投融资平台雨后春笋般地遍地开花。2014年，在《预算法》修订的背景下，国务院印发《关于加强地方政府性债务管理的意见》（国发〔2014〕43号）文件，明确政府债务不得通过企业举借，企业债务不得推给政府偿还，确立了“借、用、还”相统一的地方政府债务管理机制。同年，财政部、民政部、工商总局联合印发《政府购买服务管理办法（暂行）》，将扶贫济困作为社会管理性服务要求各级财政部门纳入政府购买服务指导性目录。2016年，内蒙古自治区财政厅印发《关于推进自治区本级政府购买服务试点扩面工作的通知》，将易地扶贫搬迁纳入政府购买服务的指导性目录。在这一背景下，内蒙古扶贫开发投资管理有限责任公司于2016年成立，经营范围为投资管理、易地扶贫搬迁项目投资、基金管理业务，工商注册资本238678.15万元，由内蒙古交通投资（集团）有限责任公司、中国农发重点建设基金有限公司和国开发展基金有限公司共同出资，其成立的意义在于解决易地扶贫搬迁资金的投融资平台。平台公司举债以满足公共资金需求为目的的典型市场化政府经济行为，称为政府与市场相互嵌入。[①] 2017年，内蒙古将易地扶贫搬迁专项建设基金和长期政策性贷款由自治区、盟市、旗县三级财政按5∶1∶4比例还贷，调整为自治区人民政府通过购买服务方式，由内蒙古扶贫开发投资管理有限责任公司统贷统还。[②] 至此，易地扶贫搬迁社会服务是内蒙古规模最大的政府购买服务项目。

---

① 王全兴、管斌：《市场化政府经济行为的法律规制》，载《中国法学》2004年第1期。

② 参见《内蒙古自治区人民政府办公厅关于调整易地扶贫搬迁有关政策的通知》，载内蒙古人民政府网，http://www.nmg.gov.cn/art/2017/12/27/art_1686_137534.htmll，访问日期：2018年6月15日。

易地扶贫搬迁社会服务的购买主体是内蒙古自治区政府授权下的内蒙古扶贫办，承接主体是内蒙古扶投公司，由承接主体再与项目融资金融机构签订融资协议用于项目实施。易地扶贫搬迁社会服务项目主要内容包括完成内蒙古“十三五”易地扶贫搬迁项目住房及其附属设施、基础设施、公共服务设施和搬迁安置服务等。内蒙古政府购买的易地扶贫搬迁社会服务费用总计1352400万元，合作期限为20年，内蒙古每年预算安排6.1亿元生态脆弱地区移民扶贫专项资金作为易地扶贫搬迁社会服务费用，另外每年单独支付500万元作为服务费。笔者认为，将易地扶贫搬迁社会服务作为政府购买服务的范围，有扩大扶贫济困社会管理性服务的范畴之嫌，一定程度上错误解读了《政府购买服务管理办法（暂行）》中关于扶贫济困政府购买社会服务的制度目标，存在政府购买服务的滥用和泛化，增加财政金融风险。2020年财政部颁布的《政府购买服务管理办法》中，以列举的方式规定了政府购买服务禁止行为。① 其中，工程和服务打包的项目和融资行为明确被排除在政府购买服务范围之外，而异地扶贫搬迁社会服务的内容明显将工程和服务进行打包，尽管异地扶贫搬迁的实施主体实为县级政府或由县级政府指定的实施单位。另外，《政府购买服务管理办法》规定了政府购买合同履行期限一般以1至3年为合同履行期限，但内

① 《政府购买服务管理办法》第10条规定：“以下各项不得纳入政府购买服务范围：（一）不属于政府职责范围的服务事项；（二）应当由政府直接履职的事项；（三）政府采购法律、行政法规规定的货物和工程，以及将工程和服务打包的项目；（四）融资行为；（五）购买主体的人员招、聘用，以劳务派遣方式用工，以及设置公益性岗位等事项；（六）法律、行政法规以及国务院规定的其他不得作为政府购买服务内容的事项。”

蒙古易地扶贫搬迁社会服务合同履行期限为20年，明显不符合政府购买服务的一般性特征。进而言之，异地扶贫搬迁名为政府购买服务，实为政府融资行为。此外，由于内蒙古扶贫开发投资管理有限责任公司设立目的特殊性，其董事会、监事会等机构未实质组建，决策权、执行权、监管权无法实现有效分离与制衡。内蒙古扶贫开发投资管理有限责任公司高管一般由地方政府委派，董事会成员往往兼具行政官员和公司董事双重身份。[①] 内蒙古扶贫开发投资管理有限责任公司治理和融资的风险均在不断加重，此类资金的监管完全依赖公司治理模式予以实现，显然存在“先天不足”，公司也只能是对采购主体的行政指令“言听计从”，承接主体在政府购买服务中的监管作用更是无从谈起。《政府购买服务管理办法》实施后，易地扶贫搬迁社会服务显然已不再符合政府购买服务的规定。地方政府以政府购买服务变相融资的行为，增加了当地政府隐性债务。5年内完成易地扶贫搬迁任务，涉及资金量巨大，但纳入地方预算的只是当年实际购买的范围。而且，政府购买服务协议履行期限也长达几十年，远超同届人大任期，立法监督也无法连续行使。易地扶贫搬迁社会服务中涉及的工程类项目均使用国有资金，但由于其采取政府购买服务的方式进行，此类工程项目也脱离了公开招投标的监管，规避了“先预算、后采购”的法律约束。“这种以政府购买服务为名，规避繁琐复杂的流程和财政预算支出限制，行融资举债之实的做法，变成了规避监管的违法违规行为，增加政府的隐性负债，使地方政府面临巨大的财务风险，也将政府购买服

① 冯果、李安安:《地方政府融资平台的财政法救赎》，载《法学》2012年第10期。

务制度引入歧途。"[①] 因此，地方政府应当严格遵循"借、用、还"相统一的地方政府债务管理机制，从法律上防控地方隐性债务风险，除了强化预算约束之外，还要通过制度解决地方既有债务问题，在此基础上进一步完善地方发债制度、规范地方发债制度运行，这样才能实现地方隐性债务风险的法治化防控。[②] 对于易地扶贫搬迁项目涉及资金量巨大的基础建设工程，应进一步通过对财政部颁布的《政府和社会资本合作项目财政承受能力论证指引》进行完善，适度放宽和松绑现行年度 PPP 项目占一般公共预算支出 10% 比例的强制性规定，在合理确定地方政府财政承受能力的前提下，采取 PPP 模式开展易地扶贫搬迁项目。

（二）政府购买扶贫服务各主体间的监管

政府购买扶贫服务所涉及的行为主体主要包括扶贫服务的购买主体、承接主体以及服务对象三方主体。《政府购买服务管理办法》中，将各级国家机关作为公共服务的购买主体，相比《政府购买服务管理办法（暂行）》中规定的政府服务购买主体的范围进一步缩小，具有行政管理职能的事业单位不再是购买主体。因此，具有扶贫职能的国家机关是扶贫服务的购买主体。承接主体是政府购买扶贫服务的提供者，处于整个体系的中心环节，贫困人口是政府购买扶贫服务的服务对象，并对政府购买扶贫服务的质量进行评价和监管。国外学者研究政府购买服务时，习惯将政府的理想角色定位为：公共物品和服务需求的确认者；精

① 王春业：《政府购买服务负面清单的法治之维》，载《法学》2018 年第 2 期。
② 徐清飞：《地方隐性债务风险的法律防控》，载《法商研究》2019 年第 6 期。

明的购买者；对所购物品和服务有经验的检查者和评估者；公平税赋的有效征收者；谨慎的支出者。[①] 在公共服务供给中，政府作为决策者、监管者和引导者，承担着扶贫开发的主要职责，应当按照市场经济的竞争机制，充分调动社会力量参与其中，实现供给公共服务的主体、方式等多元化。政府购买扶贫服务的一个重要特点就是可以实现服务生产与服务提供的分离，而购买主体和承接主体之间是以合同建立连接关系，对承接主体进行监管，对其服务进行评估，是维持合同关系成立的必然要求。政府购买扶贫服务，必须有完善的监管机制和评估机制，保证政府按照程序选择承接主体，预防权力寻租和贪污腐败现象的产生，及时监测扶贫资金利用的效率，最终实现提高公共服务质量的目标。“对于政府购买公共服务合同而言，监管责任的强化可转化为一种内部的问责制，通过建构或完善政府在提供公共服务时的问责机制，确保公共服务购买的效率和公平。”[②] 同时，在政府购买公共产品或服务时，要及时关注扶贫服务承接主体自身组织失灵的情况出现。承接主体对政府购买扶贫服务的违纪违法行为更加敏感，参与扶贫服务政府采购活动的承接主体有提出质疑、投诉、申请行政复议和行政救济权利，未参与扶贫服务政府采购活动的供应商享有的控告和检举的权利。实践中，承接主体的质疑投诉是最有力量的监管方式。承接主体合理的质疑投诉，能够有效地提高政府采购信息公开的规范程度。监管部门对承接主体所举报的事项应当及时审查，尽快受理并核实相关事项，以书面方式答复并告知其

---

① ［美］E.S. 萨瓦斯:《民营化与公私部门的伙伴关系》，周志忍译，中国人民大学出版社 2002 年版，第 73 页。

② 胡敏洁:《论政府购买公共服务合同中的公法责任》，载《中国法学》2016 年第 4 期。

获得救济的权利。贫困人口在政府购买服务的过程中处于关键的地位，可以深刻地体会到扶贫公共服务的效果，应将贫困人口满意度作为对公共服务质量评估的主要指标，发挥贫困人口监管社会组织改进公共服务的作用，这也可以推动政府公共服务的评价指标体系和测量方法的改进，实现公众满意度为根本标准的公共服务绩效评价机制。

三、扶贫 PPP 项目的全生命周期监管

2014 年财政部发布实施的《政府和社会资本合作项目政府采购管理办法》(财库〔2014〕215 号)将政府和社会资本合作项目也纳入政府采购范畴。扶贫 PPP 项目的运行涉及贫困地区的公共利益，在扶贫 PPP 模式下，政府既扮演投资者的角色，又承担监管者的责任，强化扶贫 PPP 项目运行中的监管成为必然趋势。

(一) PPP 项目在扶贫开发中的推广

PPP 全称 Public-Private-Partnership，直译为“公私合作”，根据我国 PPP 项目的实践，意译为“政府与社会资本合作”更为贴切。目前，在司法领域将 PPP 项目称为政府特许经营，签订的协议称为政府特许经营协议。[①] 扶贫 PPP 项目指贫困地区特定公共物品的提供或者基础设施

①《最高人民法院关于审理行政协议案件若干问题的规定》第 2 条规定:“公民、法人或者其他组织就下列行政协议提起行政诉讼的，人民法院应当依法受理:(一)政府特许经营协议;(二)土地、房屋等征收征用补偿协议;(三)矿业权等国有自然资源使用权出让协议;(四)政府投资的保障性住房的租赁、买卖等协议;(五)符合本规定第一条规定的政府与社会资本合作协议;(六)其他行政协议。”

项目的建设由政府和私人部门共同承担的新型合作模式。为了提供优质的扶贫公共产品，政府引入市场机制，与社会资本方签署扶贫 PPP 项目行政协议。2016 年《“十三五”脱贫攻坚规划》中首次提出在扶贫开发中推广政府与社会资本合作。笔者在财政部政府和社会资本合作中心官网输入“扶贫 PPP”，检索出全国已通过物有所值评价和财政承受能力论证的项目共有 113 项。PPP 项目在扶贫领域的运用，一方面极大地缓解了政府部门扶贫资金的财政压力，另一方面也弱化了社会投资者的风险。PPP 项目的公共性不仅与其制度目标和理论基础内在一致，也决定其应该遵循公开、公平、公益等重要法律原则。据此，政府应在公私合作过程中担负起保障与监管职责。①

相比其他公共领域的项目，扶贫项目的实施基础较差，项目风险较大。在市场经济环境中，要充分保障社会资本的适当利益，并根据不同地区的扶贫特点和市场的成熟度，运用 PPP 项目合理使用社会资本，同时使社会资本处于有效的引导和监督中，而不仅仅将社会资本视为一种融资工具。为了实现扶贫项目精准化实施，就要在扶贫 PPP 项目的识别阶段有效利用社会资本的优势对接贫困地区及其贫困人口的基本诉求，在此过程中还要充分利用合同、行政监督等监管手段，确保扶贫项目运行的规范化。以往研究表明，政府监管的扶贫 PPP 项目运行中，其监管权力和监管责任并不平衡，存在重监管权力轻监管责任的情况。对于扶贫项目，政府监管机构要监管被监管者的行为规范和约束被监管者的行政行为。权责一致原则是现代行政法的基本原则之一，因此，根据这一

① 张守文：《PPP 的公共性及其经济法解析》，载《法学》2015 年第 11 期。

原则，政府监管机构对扶贫 PPP 项目不仅要行使监管权力，也要承担相应的行政法律责任。

（二）个案分析：赤峰市巴林右旗新建高标准基本农田精准扶贫 PPP 项目工程

1. 扶贫 PPP 项目的案例由来

笔者在财政部政府和社会资本合作中心官网项目库中，以“扶贫 PPP”为关键词，选择地域为内蒙古自治区，共检索出 5 个项目。为全面分析扶贫 PPP 项目的实际运行情况，选择项目阶段为执行阶段、项目已建设完毕，付费模式为使用者付费的项目，根据以上条件选择赤峰市巴林右旗新建高标准基本农田精准扶贫 PPP 项目工程作为个案分析的案例。

2. 项目的基本情况

项目建设范围主要涉及巴林右旗 7 个苏木镇，建设基本农田面积约 12.7 万亩，项目建设总投资 16713.48 万元，政府投资来源为内蒙古自治区和赤峰市两级的高标准农田建设补助资金。项目建设工期为 1 年，项目运作模式采取 BOT 模式。此项目由巴林右旗人民政府授权原旗国土资源局，并成立项目领导小组，由政府指定的巴林右旗财信投资有限责任公司和社会资本共同成立项目公司，项目公司负责项目的投资、建设、运营、维护和期满移交。在建设期，项目公司负责项目建设资金缺口部分的筹措与投入、按基本建设程序及技术标准组织实施项目建设；在运营期内，项目公司负责灌溉设施的运行管理、维修养护以及向农业经营者提供农田灌溉服务，并有权向用水的农业经营者收取农田灌溉服务费。运营期满，项目公司将项目设施完好、无偿移交给政府指定机构（见图 4–1）。

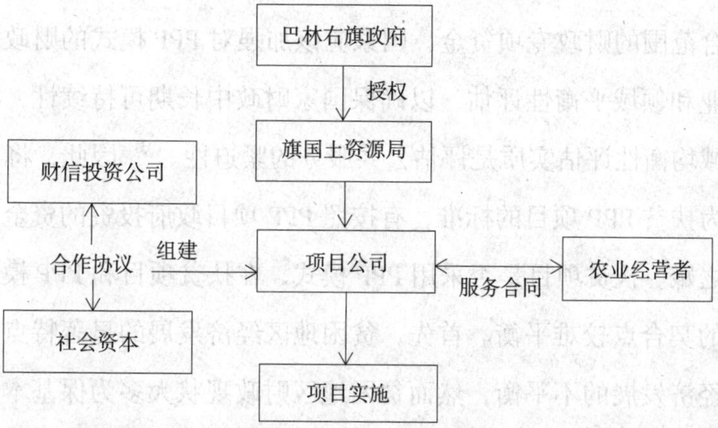

图 4–1　赤峰市巴林右旗新建高标准基本农田精准扶贫 PPP 项目的运行模式

3. PPP 模式和扶贫开发的契合度

笔者查阅该 PPP 项目公示的可行性研究报告，该项目名称原为“赤峰市巴林右旗高标准基本农田建设项目”，并非项目库中最终公示的“赤峰市巴林右旗新建高标准基本农田精准扶贫 PPP 项目工程”，其项目建设背景为落实《土地整治规划》《高标准基本农田建设规划》的既定目标，促进农村经济发展改善生态环境保障社会稳定和谐，调整农业生产结构改善土地利用方式，在背景中也并未提及精准扶贫或者脱贫攻坚。另外，可行性研究报告中项目资金筹措方式拟采用社会资本解决。由此可以推断出，该项目并非存量项目的 PPP 模式推介项目，而是在项目立项之初就确定了政府和社会资本合作的项目模式。因此，该项目公示的可行性研究报告和最终项目名称不一致的合理解释，只能是先有项目后加“精准扶贫”的字样。笔者认为，出现这一问题可能与项目的政府投资资金来源有关，本项目政府投资资金来源为高标准农田建设补助资金，按照财政涉农资金的整合意见，高标准农田建设补助资金属于20类涉农资金整合范围的财政专项资金。国家应该加强对PPP模式的财政支出能力及行业和领域平衡性评估，以确保国家财政中长期可持续性，项目行业和领域均衡性评估实质是评估公共服务的紧迫性。[①] 因此，将PPP项目确定为扶贫PPP项目的标准，有按照PPP项目政府投资的资金来源作为标准之嫌。扶贫项目是否采用PPP模式，在扶贫项目和PPP模式运行两者间的契合点较难平衡。首先，贫困地区经济发展的显著特点是基础设施与经济发展的不平衡，然而贫困地区财政现状大多为保基本工资的“吃饭财政”，地方财力明显不足和基础设施投资缺口巨大的矛盾，似乎完全契合PPP项目合作模式的推广初衷。但是，不可忽略的是社会资本的逐利性，上述扶贫PPP项目的合作时间截至2023年，项目周期较长，项目在实施过程中不确定性和风险较大。其次，扶贫项目进行精准决策的难度较大。从实践来看，目前全国贫困程度较深地区的致贫原因非常复杂且个性特征明显，简单套用同质性较强的扶贫项目进行扶贫开发就会因为水土不服而产生事倍功半的情况，最终并不能实质上起到扶贫的效果。另外，有些政府部门设置的扶贫项目和活动并没有从贫困人口的真正需求和实际情况出发，主观决策并不能满足客观需要，导致扶贫资源被浪费。最后，设计扶贫PPP项目的运行机制存在困难。基础设施建设类扶贫项目在设计运行机制方面存在的主要问题是项目运行周期较长，

① 丁保河:《中国PPP立法研究》，法律出版社2016年版，第113页。

经济效益偏低，回报速率较低，并且在市场经济运作条件下，扶贫 PPP 项目面临的不确定性和风险较高，这就在运行机制设计创新方面提出了更高要求。综上，笔者认为，判断一个 PPP 项目是否为扶贫 PPP 项目，还是要回归扶贫的标准，即“两不愁，三保障”。否则，冠以扶贫名义的 PPP 项目就有滥用相关扶贫资金之嫌，对于该项目是否必须采用 PPP 模式也有待商榷。

4. 扶贫 PPP 项目的物有所值评价

扶贫 PPP 项目的物有所值评价是扶贫项目能否选择 PPP 模式的衡量标准之一。英国在 20 世纪 90 年代提出了“物有所值”（Value for Money）的概念，英国审计署将其解释为“将可用资源进行最优化利用以达到获取想要结果的目的”。PPP 模式为私人部门参与公共项目提供了机会，从而在实现政府职能的同时，也为私人部门带来了经济利益，即合作双方通过降低成本以求得从项目产品和服务中获得的最大收益。[①] 在 PPP 模式下的物有所值，通常需要将其与传统的政府采购模式进行比较，如果取得效果相同或相近，那么投入资金更少的方式体现物有所值。

按照财政部印发的《PPP 物有所值评价指引（试行）》的规定，该项目进行了物有所值定性评价和定量评价。在物有所值定性评价方面，上述指引规定了定性评价由基本评价指标和补充性评价指标组成，并规定了两大类指标的权重。但是，对两类指标中具体指标只规定了单项指标权重的上限。该项目将全生命周期整合程度、风险识别、潜在竞争程度

① 胡改蓉：《PPP 模式中公私利益的冲突与协调》，载《法学》2015 年第 11 期。

和可融资性权重设置为15%，将绩效导向与鼓励创新和政府机构能力权重设置为10%，并增设行业示范性和项目规模作为补充性指标。那么，在《PPP物有所值评价指引（试行）》确定指标的权重范围内，各具体指标权重在物有所值定性评价基本评价指标中能否设置权重不一的指标，尤其是补充性指标？该项目作为精准扶贫PPP项目，在扶贫领域采用PPP模式与采用政府传统行政给付或者政府采购模式相比，并未设置能否增加贫困地区公共服务供给、降低贫困人口生产成本等指标。在定量评价方面，主要通过对政府和社会资本合作项目全生命周期内政府支出成本现值与公共部门比较值进行比较，即PSC值—PPP值。此项目的初始PSC值最大的组成部分为运行维护成本现值。因此，该项目在政府采用传统模式下，政府是不向农业经营者收费的。单纯作经济上的比较，扶贫PPP项目是加重了贫困户生产经营的负担还是提高了贫困户单位经济收益？从短期内来看，笔者认为尤其是采用使用者付费的扶贫PPP项目，实则加重了贫困户的生产成本，并减轻了政府提供公共物品的责任。由于该项目采用使用者付费模式，资金来源也均为上级政府专项转移支付，对于当地政府财政可承受能力论证就不再详细讨论。

5. 扶贫PPP项目的监管问题

上述PPP项目监管主要包括行政监管、履约管理和公众监督三个方面，涵盖PPP项目的完整生命周期，项目的监管主体主要为当地相关政府部门、各合同签订方和社会公众。其中，涉及行政监管的部门主要有三类。一是行业主管部门。原巴林右旗国土局（现为自然资源局）经旗政府授权与项目公司签订PPP项目合同，并对项目的投资、建设及运营进行监督管理。二是职能监管部门，包括各级财政、水利、审计等部门，主要是在项目前期承担各类审批职责，并在各自职权范围内履行监管职责。三是一般监管部门。根据各自的职责范围对本项目的建设和运营等相关方面进行监管，其关系紧密程度弱于职能监管部门，与项目公司有业务联系的其他机构，如金融机构、保险机构、工程总承包商及监理机构等均通过相应合同的约定进行履约监管。在扶贫 PPP 项目中，政府承担的主要角色是与社会资本签订合作协议，并建立项目合作监管体系，确保项目正常顺利推进，保护贫困地区和贫困人口的合法权益，预防私人在公共福利中牟利的情况发生。所以，PPP 项目监管体系中应该包含服务对象的参与式监管，即通过个人或组织（如农民专业合作社）等形式具体参与项目立项、项日决策、项目验收和项目运营的全过程，并实施监管。

（三）扶贫 PPP 项目全生命周期监管的完善

扶贫 PPP 项目监管的特殊性在于，采用 PPP 模式的扶贫项目多为旨在提高当地公共服务水平的长期项目，此类项目的特点是项目专业性较强、项目突出当地个性化、项目运行周期较长以及后期运营信息的不对称等，这对于监管者的监管能力提出了更高的要求。

1. PPP 模式准入和运行的行政监管

在交易成本公共物品理论之下，政府不再是公共物品的垄断提供者，尤其是在 PPP 模式之下，政府应该转变角色，由公共物品的垄断提供者转变为合作者和监管者。[①] 扶贫 PPP 项目监管内容和方式按照 PPP

① 邢会强：《PPP 模式中的政府定位》，载《法学》2015 年第 11 期。

模式的要求，作为公共事业最终责任主体的政府需要实现从“经营者”向“监管者”转变。行政监管存在于PPP合同项目的各个阶段，对PPP项目合同履行进行必要的监管更是政府部门不可推卸的责任与义务。[①]在国内目前的法律和机构框架内，行政监管仍然是PPP项目前期最主要的监管方式。项目前期阶段的选定投资人、规划、可研、立项、投资等一系列工作均需要行业主管部门、职能监管部门等相关部门的各项审批，即政府部门履行PPP项目的准入监管和投资监管职责，制定完善的项目绩效评价体系，对项目公司在PPP合同期限内的绩效加强考核。考核的重点不仅包括工程建设的质量，还包括建设结束后项目运营期间服务质量标准的制定和落实，以期保障服务效果。在运营过程中适时进行中期评估，对管理、技术和财务等方面表现进行全面评估，以期达到促进投资人提高管理水平、提升服务质量的目的。在精准扶贫政策实施背景之下，扶贫开发效率是首要目标，而扶贫PPP模式能够促进该目标的达成，既可以体现市场在资源配置中的决定性作用，又可以更好地发挥政府指导作用，最终达到兼顾利用市场机制有效配置扶贫资源和政府发挥主导作用的目标。

2. 扶贫PPP项目的履约监管

PPP协议中反映了公共部门与私人部门之间对于公共服务的买卖合同关系，还反映了公共服务市场的监管者之间的管理与被管理关系，应属于兼具公法和私法性质的混合合同，双方当事人应同时受到公法和私法原则约束。[②]政府与项目公司通过建立合同关系，实现履约监管。推

① 刘力:《PPP项目合同性质证伪与补正》，载《时代法学》2019年第2期。
② 湛中乐、刘书燃:《PPP协议中的法律问题辨析》，载《法学》2007年第3期。

行 PPP 模式之后，由于更多采用的是自我规制原则，所以合同将成为最主要的规制手段。[①] 政府方面履约管理的责任主体，是经过政府授权的 PPP 项目的签约方。该签约方要根据项目合同的要求，督促项目工作履行合同内容。此监管方式的效力来自政府方和项目公司基于平等的合同关系，是双方协商的结果，而非行政权力要求。项目合同厘清了签约各方的权利义务边界，履约管理的重点内容在于扶贫 PPP 项目的建设期，主要包括建设质量、工期和成本管理，在运营期主要是安全运营及运营绩效。履约监管的范围限于项目合同确定的权利义务，对签约各方均具有同等的约束力。按照“双阶理论”，政府在依约监管的同时，也需按照契约精神，全面履行自己的义务。

3. 扶贫 PPP 项目社会资本的退出监管

扶贫PPP项目社会资本退出是指在限制期内满足条件而发生的退出，主要发生在项目特许经营期届满之后的项目移交阶段。扶贫项目特许经营期届满后由社会资本方将项目移交给政府是社会资本方实现项目退出的主要方式，主要包括股权转让和售后回租。目前，我国 PPP 项目退出中运用股权转让的方式较多。当前，我国 PPP 项目领域缺少国家层面的立法，且 PPP 项目的法律框架体系不健全，无法对社会资本退出实践提供明确的指引和规范。“监管方式的选择是实现监管目标的前提和关键。我国公用事业监管较为重视以市场准入为主的事前监管，这不符合 PPP 模式下公用事业政府监管的要求。”[②] 因此，社会投资者在退出 PPP 项目

---

① 苏苗罕:《政府和社会资本合作的法律规制——公共采购法与行业规制法的交叉与融合》，载《财经法学》2017 年第 1 期。

② 尹少成:《PPP 模式下公用事业政府监管的挑战及应对》，载《行政法学研究》2017 年第 6 期。

时涉及的法律关系、主管部门等可能就会面临一定风险，这会影响后续社会资本参与扶贫 PPP 项目的热情。同时，我国尚未建立完善的社会资本退出风险防范机制，已有的政策在防范风险方面更多是宽泛的提醒，即各资本方要做好风险防范，但是对于政府、社会投资者如何防范风险并没有进行明确。实践过程中，政府通常占据主导地位，一定程度不能完全考虑到社会投资者等量的利益诉求，一旦出现风险，社会投资者可能就会面临陷入风险不能控制的局面，在此情况下社会投资者考虑到不确定性增加就会选择退出。另外，独立的 PPP 监管机构也存在缺位，政府部门既是"运动员"，又是"裁判员"，存在将风险转移给社会投资者的潜在风险，增大了社会投资者的风险率和责任。国家发改委、财政部等部门主要负责 PPP 项目的立法、监管和推广，但是在职能和政策方面目标不同，降低了 PPP 项目的运行效率和效果。例如，发改委为了实现经济增长的首要目标，关注 PPP 项目的数量和推进的速度，而财政部为了防范财政风险，强调 PPP 项目的质量，要求必须经过物有所值和财政承受能力评估等。[①] 扶贫 PPP 项目社会资本退出的特殊性主要表现在社会资本退出后的扶贫项目将以扶贫资产的形态继续存在，对于扶贫 PPP 项目社会资本退出后的后续监管问题，应当建立扶贫 PPP 项目退出与扶贫资产监管的有效衔接，社会资本退出后的监管主体也应按照扶贫资产的管理权限相应变更。

---

① 喻文光:《PPP 规制中的立法问题研究——基于法政策学的视角》，载《当代法学》2016 年第 2 期。

四、重构扶贫项目的决策审批程序

(一)扶贫资金重大行政决策程序

"重大行政决策要么只能被作为程序性行为加以解释，要么便只能被作为行政立法或具体行政行为的替代品加以解释。较为可行的替代方案拟有两种：其一，是将重大行政决策置于每一类行政行为的法治化进程中一并完成；其二，采用诸如目录制度之类的权宜之计，强制性地将其概念缺陷予以固化。"[①] 扶贫资金重大行政决策亦是如此。那么，应将重大扶贫资金使用和重大扶贫项目安排列入地方政府重大行政决策范围，明确扶贫重大行政决策的程序，赋予地方人大、政府以及社会公众提出扶贫重大决策的职责和权利。行政决策的法治化，不在于将行政决策类型化为行政行为，关键在于推进行政机关的工作规则建设，并推进公众参与、工作规则与人大批准决定三项制度的对接。[②]

首先，对于重大扶贫资金使用和扶贫项目安排的必要性、可行性和合法性进行调研，在调研的基础上形成扶贫重大行政决策方案，并公开征求社会意见。由于重大扶贫资金使用和扶贫项目安排涉及贫困人口的直接利益，应当开展形式多样的民意调查，形成扶贫决策民意调查报告。对于分歧较大的扶贫资金使用的决策，应当举行听证会，优先选择贫困人口作为听证参加人，接受贫困人口对扶贫决策的询问，听证会所产生的合理意见应当被采纳和吸收，没有被采纳的意见也要向参加听证会的人员加以说明。其次，对于重大扶贫项目的决策应组织相关领域的

① 熊樟林:《重大行政决策概念证伪及其补正》，载《中国法学》2015年第3期。
② 叶必丰:《行政决策的法律表达》，载《法商研究》2016年第2期。

专家或者专业机构对重大行政决策事项进行论证并充分测评扶贫重大项目潜在的市场风险、财政风险、金融风险和社会稳定风险等。对于风险较高的重大扶贫项目，应当制订有效的风险防范预案。在完成征求意见、专家论证和风险评估的重大扶贫资金使用和重大扶贫项目安排的决策方案后，还应当就决策权限、决策程序和决策内容进行合法性审查。最后，经同级政府常务会议或全体会议集体讨论后决定，作出重大扶贫资金使用和重大扶贫项目安排决定后向社会予以公布。特别需要指出的是，2019 年我国《重大行政决策程序暂行条例》开始实施。地方政府应以此为契机，在落实暂行条例时，修订完善重大扶贫资金和重大扶贫项目安排的决策程序。另外，扶贫资金和扶贫项目安排是否重大是具有相对性的。“从定性意义上所指涉的‘重大’，必定是决策主体所在的空间、时间、利益调整范围或者程度的‘重大’，必定关涉‘公共利益’的‘重大’。”[①] 对于内蒙古贫困旗县扶贫资金和扶贫项目安排决策程序的完善，在适当简化重大行政决策程序的基础上，在兼顾扶贫资金使用和项目安排效率的同时，扶贫资金使用和扶贫项目安排应当全部纳入行政决策程序中进行决策。

（二）扶贫项目成本收益评估前置程序

“成本收益分析是美国行政法上一项行之有效的规制影响分析工具。在当代行政法中有效运用成本收益分析，不仅可以起到提高资源配

① 尹奎杰、王箭:《重大行政决策行为的性质与认定》，载《当代法学》2016 年第 1 期。

置效率、优化行政规制的作用，而且还能提升现代行政的合法性。”[①] 扶贫项目评估是扶贫资金支出事前监管中的重要环节，应根据扶贫资金支出的规模和支出的方向来确定评估指标，对扶贫项目本身进行评估，特别是重点关注扶贫项目的可行性和预期效果。因此，可采用成本收益分析法作为主要的评估办法，侧重扶贫项目的效率性。成本收益分析方法的核心问题是关于扶贫项目的成本和收益的界定。但是，在扶贫开发过程中，扶贫项目会产生类型繁多的实际成本，即在实施扶贫项目过程需要耗费的人力和物力。例如，扶贫干部的人力成本就一直是被忽略的部分。与有形成本相比较，无形成本可能由于无法入账而难以评估。因此，扶贫项目具有经济效益不显著的特点，这就会造成扶贫项目成本收益界定不清的问题。在扶贫项目成本收益分析中，为了全面衡量项目效益，应通过系统分析宏观经济效益、生态效益和社会效益等健全成本收益的指标评价体系。对扶贫项目进行评估时，通过委托专业的中介机构进行评估，以使扶贫项目成本和收益的衡量更趋于中立性。在此过程中，财政部门对扶贫项目的成本收益分析进行衡量，根据结果确定扶贫项目的实际应用价值，由此界定社会成本和社会收益，将成本收益分析方法作为评价扶贫项目立项的主要参考依据。

（三）扶贫项目的审批程序

“广义上的行政审批包括内部行政审批与外部行政审批，由于目前作为改革对象的行政审批仅是外部行政审批，内部行政审批未纳入改革的

① 刘权:《作为规制工具的成本收益分析——以美国的理论与实践为例》，载《行政法学研究》2015 年第 1 期。

范畴。”[①] 在扶贫项目实施的过程中，根据项目目标确定专项资金的分类，能够使中央政府各部委的行政意图得到最直接的贯彻，但是另一方面也极大地压缩了地方各级政府在项目实施过程中进行资源统筹和自主调配的空间，限制了地方财政自主权的发挥，地方政府制定预算时也容易受项目资金的影响偏离实际发展需要。[②] 在中央提出精准扶贫后，内蒙古将使用扶贫资金和扶贫项目的审批权下放到县级政府。按照扶贫政策和扶贫资金情况，贫困旗县统筹安排各乡镇和贫困村申报的扶贫项目，扶贫项日审批是扶贫资金监管的主要形式之一。扶贫项目的审批程序主要由贫困村确定扶贫项目程序、乡镇审核扶贫项目程序和贫困旗县审批扶贫项目程序所构成。笔者认为，扶贫项目的审批具有前置性，应从项目审批的各个环节逐一优化，最终提高扶贫项目选择的科学性、民主性和效益性。首先，由贫困村“两委”和各级政府派驻扶贫工作队在分析本贫困村的致贫原因和产业脱贫的基础上，召开村民代表大会讨论拟实施的扶贫项目，具体确定扶贫项目的名称、类别、性质、实施时间、方式以及所需扶贫资金的规模和预期的扶贫绩效目标，并将扶贫项目进行公示，由贫困村上报至所在的乡镇政府；其次，乡镇政府接到辖区贫困村申报的扶贫项目后，对其申报扶贫项目实施的必要性、扶贫资金投入概算以及扶贫项目绩效预期进行审核，并将审核通过的扶贫项目在乡镇范围内进行公示接受监督，公示期结束后报所在旗县项目主管部门；最后，行业主管部门汇总申报的扶贫项目后，组织相关人员对扶贫项目的合规

① 王克稳:《论行政审批的分类改革与替代性制度建设》，载《中国法学》2015年第2期。

② 郭锐:《央地财政分权的“选择构筑”视角》，载《中外法学》2018年第2期。

性和可行性进行论证，经论证的扶贫项目统一由所在扶贫主管部门汇总扶贫项目的资金使用规模，并报送扶贫开发领导小组最终审定。

（四）扶贫项目库管理和政府采购程序的衔接

我国《政府采购法》第 33 条、《政府采购法实施条例》第 29 条规定了政府采购项目、项目审批和部门项目预算编制之间的关系，项目审批和部门项目预算编制是政府采购的前置程序，政府采购项目的预算编制是政府采购得以实现的合法依据。[①] 在《政府采购法》第30条、第33条的规定中，政府采购项目预算资金对于政府采购实施的重要性也有所体现。我国《招标投标法》第 9 条以及《招标投标法实施条例》第 7 条对政府采购项目审批进行了规定。[②] 另外，《招标投标法实施条例》根据项目的类型，确定了不同招标项目的行政监管部门。[③] 因此，政府采购项目的审批成为政府采购的前置程序。因此，政府采购作为扶贫资金支出的主要方式之一，扶贫项目的审批管理应当按照《政府采购法》《招标投

① 《政府采购法》第 33 条规定："负有编制部门预算职责的部门在编制下一财政年度部门预算时，应当将该财政年度政府采购的项目及资金预算列出，报本级财政部门汇总。部门预算的审批，按预算管理权限和程序进行。"《政府采购法实施条例》29 条规定："采购人应当根据集中采购目录、采购限额标准和已批复的部门预算编制政府采购实施计划，报本级人民政府财政部门备案。"

② 《招标投标法》第 9 条规定："招标项目按照国家有关规定需要履行项目审批手续的，应当先履行审批手续，取得批准。"《招标投标法实施条例》第 7 条规定："按照国家有关规定需要履行项目审批、核准手续的依法必须进行招标的项目，其招标范围、招标方式、招标组织形式应当报项目审批、核准部门审批、核准。"

③ 《招标投标法实施条例》第 4 条规定："国务院发展改革部门指导和协调全国招标投标工作，对国家重大建设项目的工程招标投标活动实施监督检查。国务院工业和信息化、住房城乡建设、交通运输、铁道、水利、商务等部门，按照规定的职责分工对有关招标投标活动实施监督。财政部门依法对实行招标投标的政府采购工程建设项目的政府采购政策执行情况实施监督。监察机关依法对与招标投标活动有关的监察对象实施监察。"

标法》的规定予以实施。长久以来，扶贫资金支出一直存在“资金等项目”的现状，扶贫项目库管理模式应运而生。但是，扶贫项目库管理和政府采购程序存在一定的制度不适。

2018年，国务院扶贫办印发《关于完善县级脱贫攻坚项目库建设的指导意见》，对扶贫项目库的编制内容、编报程序等予以规定。扶贫项目库管理从原来地方扶贫项目管理探索演变为全国扶贫项目管理的一项正式制度。扶贫项目库管理制度创设的目的是在扶贫资金下拨之前，贫困县可以提前对扶贫项目进行论证和储备，解决扶贫资金闲置和浪费的问题，从而提高扶贫资金的使用绩效。扶贫项目管理的主要措施是对未进入扶贫项目库的项目不予安排使用扶贫资金。因此，扶贫项目审批是扶贫项目进入项目库的前置条件，使用扶贫资金采用政府采购方式采购扶贫项目的前置条件是扶贫项目被纳入扶贫项目库。政府采购预算制度是对政府采购进行源头监管的重要举措。① 反观扶贫项目库管理，只强调扶贫项目的论证审批，入库的扶贫项目并非扶贫行业部门年度预算编制中的项目，形式上扶贫项目的预算编制是“先有项目，后有预算”，实则还是“先有资金，后有项目”。扶贫项目的预算执行仅仅是在扶贫项目库中择优选择扶贫项目，选出的扶贫项目只通过了相关部门的审批，却并未通过当地人大的预算审议。未经预算的扶贫项目入库动态管理的模式，显然和《政府采购法》规定的项目预算前置的政府采购程序不符。“采购预算与部门预算存在脱节现象，使得政府采购预算执行过程中缺乏资金保障，导致采购的计划性不强，政府采购操作部门存在未

① 胡兰玲:《我国政府采购监管制度研究》，载《天津法学》2013年第2期。

严格按照批准的预算项目进行监管和采购，擅自改变资金用途和超标准采购等问题。”① 笔者认为，扶贫项目库管理只关注了扶贫项目本身的审批，该制度并未同预算制度、政府采购制度相互协调。因此，在扶贫项目库管理模式下，应当根据贫困县预算收入、项目实施年度、项目实施缓急和项目减贫绩效等因素，对入库的扶贫项目进行分级分类管理，根据扶贫行业部门上一预算年度的预算数将入库扶贫项目纳入部门预算编制，从而调适政府采购程序和扶贫项目管理制度，避免扶贫项目库入库项目未经预算审议而直接进行政府采购违法程序的发生。

第三节　财政扶贫资金绩效评价法制化

目前，我国财政支出绩效评价的法制化还处于较低层次，无法充分发挥财政支出绩效评价的作用和功能。我国尚未颁布有关绩效评价或财政支出绩效评价的专门性法律，财政支出绩效评价通常只是被原则性地提出。

一、财政绩效评价法制保障的缺失

国外政府绩效管理法制化实践中，美国、日本和韩国政府绩效管理

① 姜美：《政府采购预算的法律监督》，载《江西社会科学》2014年第6期。

法制化在内容、形式和结构上都具有一定代表性。美国1993年出台了《政府绩效与结果法》，开创了世界财政支出绩效管理法制化之先河。随后澳大利亚、新西兰、加拿大和英国等经济发达国家纷纷效仿，使财政支出绩效管理法制化成为一种常态。[①] 在韩国、日本等国家多年前也对政府绩效管理进行了单独立法。与专门立法的美国、日本、韩国有所不同的是澳大利亚，其国会将政府绩效管理的相关内容分散在多部法律之中，进行了分散立法。国外公共部门绩效管理改革的一个显著特征是利益相关者的充分参与，建立保障利益相关者充分参与机制，主要目的是保障公众的知情权、参与权以及监管权（见表4–1）。

表4–1 美国、日本和韩国政府绩效管理立法

国家	法案名称	颁布时间	规范对象
美国	政府绩效与结果法案	1993年	政府组织
	政府绩效与结果修正法案	2010年	
日本	行政机关政策评价法	2001年	政府、公共组织
韩国	政府绩效评估框架法案	2006年	政府组织

资料来源：美国白宫管理与预算办公室、日本总务厅行政评价局、韩国政府司法部网站。

目前，我国尚未建立专门的法律制度来规范财政绩效监督的原则、依据、范围、组织管理方式、工作程序、结果使用和指标体系等，所以绩效监督工作也缺少法律依据和制度约束。[②] 财政绩效评价出现的一

① 胡伟：《我国财政支出绩效管理法制化的反思与完善》，载《河北经贸大学学报（综合版）》2017年第3期。

② 李袁婕：《论我国公共财政监督制度的完善》，载《审计研究》2011年第2期。

些问题与相关法律制度的缺失存在必然联系。地方政府为保障本地区财政支出绩效评价工作实施会制定相应的制度规范，但是不同地方政府制定的制度规范往往存在一定差异，在各省的绩效横向比较时容易出现口径不一致、指标体系不同，使得这项工作在全国范围内无法进行统筹开展。另外，“财政绩效评价具有专业性与技术性，因此其法制化应建立在广泛吸取相关领域专家意见的基础上制定，打开法律同技术风险评定相关专业的对话”。但是，我国财政绩效评价理论研究和实践并没有将技术和法制放在同样高度，存在“重技术，轻法制”的问题，导致财政绩效评价单纯成为干部人事调整的工具和财政分配上的形式依据。[①] 综上所述，笔者认为科学合理地运用扶贫资金绩效评价结果，其必由之路是扶贫资金绩效评价的法制化。尽管财政支出绩效评价的法制化并非一朝一夕能够完成。但是，地方政府完全可以将扶贫资金作为财政资金支出绩效评价法制化的试点和突破点，鼓励有条件的地区先行先试，为财政支出绩效评价的法制化建设积累经验，推动和论证财政资金支出绩效评价的定位、模式及法律进路。

二、财政扶贫资金绩效评价指标的设置

扶贫资金绩效评价是扶贫资金监管的手段和措施，扶贫资金使用的绩效也是扶贫资金监管的目标之一。应建立全面合理的脱贫财政绩效评

① 廖逸儿:《论教育经费绩效评价的法制化》，载《法治社会》2018 年第 4 期。

价体系，引导地方政府科学合理地推进救助资源的精准化使用。① 扶贫资金的管理和使用的绩效，从扶贫资金数据上一定程度上可以体现出扶贫资金投入与脱贫预期目标之间的实现程度以及扶贫资金投入后所产生的经济、社会等效益。

（一）扶贫资金使用的总体绩效指标

目前，财政扶贫资金在扶贫资金中所占比重较大，而且涉农专项转移支付资金整合使用的规模和范围也是前所未有。为了切实提高扶贫资金使用效益，将扶贫资金的绩效监管目标贯穿于扶贫资金投入、使用、投后的全过程尤为必要。扶贫资金的绩效指标设置应当区分正向指标和反向指标。这些指标具体包含：扶贫资金的拨付、投入、使用成效等指标因素；扶贫项目的决策、管理、绩效考核等指标因素；制度创新和违纪违法等指标因素。扶贫资金绩效评价不是对各类扶贫资金使用情况进行简单的评价以及对扶贫资金管理者的考核排名，扶贫资金绩效评价主要目的是提升扶贫资金使用的绩效。扶贫资绩效评价的作用主要体现在评价结果的运用上，通过对评价结果的有效运用提高绩效评价的影响力和约束力。

（二）扶贫资金使用的分类绩效指标

扶贫资金的投入绩效。扶贫资金的投入绩效主要包括各地市级政府预算安排财政专项扶贫资金与省级政府下达的财政专项扶贫资金的比例、各地市级政府预算安排财政专项扶贫资金的增幅和预算扶贫资金分

① 蒋悟真：《政府主导精准脱贫责任的法律解释》，载《政治与法律》2017 年第 7 期。

配的合规性。

扶贫资金拨付绩效。扶贫资金拨付绩效主要作为考核各地市级政府财政部门在收到省级财政专项扶贫资金拨付到贫困县的时间效率。

扶贫资金使用绩效。扶贫资金使用绩效包括年度扶贫资金结转结余、资金统筹整合使用成效、扶贫资金使用和脱贫成效的紧密程度以及贫困人口的减少数量。

扶贫项目决策绩效。扶贫项目决策过程关注的重点在于决策生成的依据和产生决策的程序，对于扶贫项目而言，应该符合当地的经济社会发展规划，并被列入相关部门的年度工作计划中。同时，扶贫项目的申报、批准、实施等环节要符合相关项目的管理办法。

扶贫项目管理绩效。扶贫项目的数量及项目实施的成本、质量、时效性是否符合预期目标，实施效果是否会给贫困人口产生直接或间接经济效益以及贫困人口对扶贫项目实施的满意程度。以扶贫资金的使用绩效作为监管的核心内容，建立扶贫资金绩效考评结果应用制度，将扶贫资金绩效考评结果作为政府公开信息的内容向社会公布，提高扶贫资金监管的透明度，实现扶贫资金最优的使用效益（见图 4–2）。

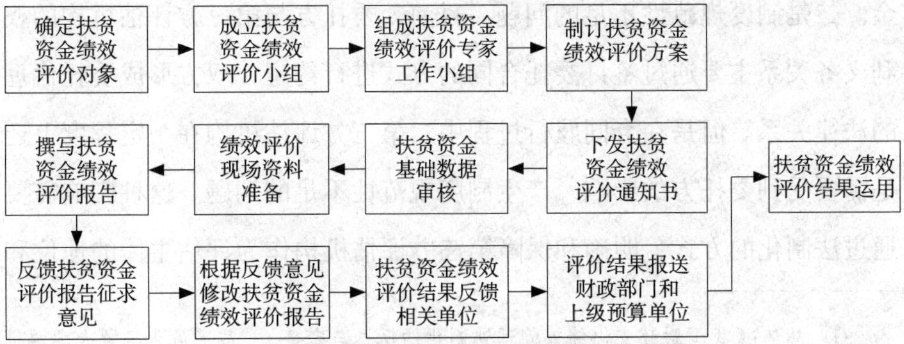

图 4–2　扶贫资金绩效评价流程

三、第三方绩效评价主体的权利行使困境

目前，在扶贫绩效评估中广泛引入了第三方评估机构进行评估的方式，以往由政府相关部门进行评估的部分职责也转由第三方评估机构承担。“预算部门作为社会公共服务的提供者及社会公共责任的承担者，决定了其绩效评价不能完全由内部进行，而要接受社会的评价。”[①] 由第三方评估机构开展绩效评估，提高了精准扶贫工作考评的公开透明程度。但是，在现阶段也存在一些问题必须引起重视。一是资金依赖的问题。选用第三方评估机构的出发点是其立场公正和中立，不会为某一方利益群体代言，但是其公正性、独立性实现的前提就是委托评估项目支持资金的独立，如果产生对委托方资金的依赖，就容易使其中立的地位受到影响。目前，扶贫工作绩效评估正处于初级发展阶段，评估经费主要来自政府的支持。在评估过程，可能存在受个别政府官员意志左右的情况，最终出现委托的评估机构“只说喜不说忧”的评估结论，使评估报告的客观性、真实性打上折扣，从而成为形式化的产物。为将评估需求方和评估受益方的影响降到最低，可以探索建立扶贫绩效评估公益基金。二是制度规范性不足的问题。目前，委托方与第三方评估机构的权利义务关系主要通过签订委托合同的方式进行约定，双方形成委托代理的法律关系。但是在合同履行过程中，第三方评估机构在一定程度上还是需要受到委托方的影响，产生制度规范性不足的问题。这种影响需要通过法制化的方式，明确和保障第三方评估机构作为评估主体的地位和

① 胡伟：《我国财政支出绩效管理法制化的反思与完善》，载《河北经贸大学学报（综合版）》2017 年第 3 期。

合法权益，赋予其充足和独立的评估空间，同时将其纳入政府绩效评估的必要环节，增强绩效评估的连续性，降低评估实施过程和选择评估主体的随意性。三是评估专业化水平有待提升的问题。目前，第三方评估机构通常选择为科研院所，其优势在于评估人员通常有一定的理论及实践基础，具有良好专业理论知识储备和使用专业技术工具能力。但是，扶贫开发不断深入之后出现了很多新问题和新要求，对第三方评估机构在专业知识、技术方法等方面提出了更高的要求。第三方绩效评价也离不开国家法律对于市场准入、评价标准、评价范围、评价程序和评价结果运用等问题的科学指引与有效规制。[①] 因此，须着力打造在项目管理、财务运算、数据统计、信息处理等方面均能兼顾的专业团队。四是评估结论转化应用的问题。评估结束后，第三方评估机构会将评估结论形成评估报告提交给委托方，委托方则在扶贫开发相关部门和领域使用评估报告，使得评估中采集到的数据、结论等使用具有一定的局限性和封闭性。在此基础上，可以探索进一步扩大评估报告相关内容公布的范围，使评估成果可以在更大范围内得到共享。

四、财政扶贫资金绩效评价结果的法治化运用

扶贫资金绩效评价的作用主要体现在评价结果的应用上，评价结果的有效应用能切实提高绩效评价的影响力和约束力。加强结果运用机制建设，将评价结果结合公共财政改革实践，把绩效评价的结果反馈到实

① 孟庆瑜:《绩效预算法律问题研究》，载《现代法学》2013 年第 1 期。

践中，用以对扶贫资金的管理和使用进行指导和规范。

根据扶贫资金绩效评价的法治化现状，需要建立健全以下几方面的制度来加强结果应用。首先，扶贫资金绩效评价结果作为政府信息进行公开。扶贫资金与贫困人口切身利益密切相关，只有将财政支出置于公众的监管之下，公共利益才能得到保障。公布并比较评价结果，会使财政支出的管理和使用者感到一种压力，是社会公众进行监督的有效途径。[①] 如果社会公众无从获取绩效评价结果，公众的监管权就难以实现。公开扶贫资金绩效评价的结果，体现了法治政府中建设透明政府和责任政府的内涵，其也是沟通政府和社会公众的有效渠道，有利于社会公众理解并支持政府对财政支出的管理和使用。财政支出绩效评价结果的公开制度应当与《政府信息公开条例》相衔接，明确公开的方式和范围等事项。财政支出绩效评价结果的有关信息可以通过融媒体手段向社会公众公开。除涉及国家秘密、商业秘密以及《政府信息公开条例》规定的其他不宜公开的信息外，财政支出绩效评价的有关信息都应该主动公开或依申请公开。其次，扶贫资金绩效评价结果可以作为总结与奖惩的依据。此处所指的总结，是指在扶贫财政资金支出绩效评价结束后，对扶贫财政资金支出的管理和使用进行审视和反思，总结正反两方面的经验，对反映出来的问题进行重点剖析，避免落入形式主义的窠臼，关键在于其是否有法律制度作为依托，进行奖优罚劣。因此，扶贫财政资金支出绩效评价法治化应做好与《公务员法》《审计法》等法律法规的衔接，以绩效评价结果为依据，对有关部门和人员开展行之有效的奖励和

① 杨寅、黄萍:《政府绩效评估的法律制度构建》，载《现代法学》2004 年第 3 期。

惩罚。当然，在确定给予奖励或惩罚时，还需要考虑绩效的存量、增量和不可抗力的影响进行综合考量。最后，制定扶贫资金财政绩效结果运用的法律责任制度。避免政府将扶贫资金财政绩效评估作为一种总结报告流于形式，一旦出现怠于将扶贫资金绩效评估结果转化的行为，可以按照相关法律规定进行问责和处罚，使扶贫财政资金绩效评价的目标由内部控制向外部问责制转化，同时，根据评价结果启动问责程序，促进政府部门提高工作效率和履职能力。

第五章

扶贫资金投后资产运营和收益分配的监管

脱贫攻坚既是一场攻坚战，也是一场持久战。按照扶贫资金运行的过程，扶贫资金投后环节并非是扶贫资金运行的终点。近年来，随着政府和社会对贫困地区持续的扶贫资金投入，在贫困地区形成了大量的扶贫资产，扶贫资产在改善贫困地区基础设施、优化生产生活条件、促进贫困人口增收和壮大农村牧区集体经济等方面发挥了重要作用。我国在基本解决绝对贫困问题之后，扶贫资产的监管将是扶贫资金监管的延续。但从目前实际情况来看，“重投入，轻监管”在扶贫资产管理中进一步体现。扶贫资产监管还不同程度地存在着监管主体缺位、扶贫资产权属不明、扶贫资产保值增值责任不清、扶贫资产收益分配不合理等问题，亟须不断强化扶贫资产的监管，保障脱贫的稳定性和可持续性。

第一节　扶贫资产的类型及其产权界定

一、扶贫资产的类型

（一）扶贫资产存量的县域考察

我国精准扶贫提出之后，扶贫项目的审批权下放到贫困县，扶贫资金也主要以贫困县作为分配主体，扶贫资金的持续投入在贫困县域内形成了大量的扶贫资产。因此，对于扶贫资产监管制度也应当以贫困县为中心进行构建，监管责任主要在贫困县内予以分配。为了探究扶贫资产的地方存量，笔者选择具有代表性的集中连片特困地区内蒙古兴安盟突泉县作为扶贫资金“资产化”的县域考察对象，对其扶贫资产形成进行了调研。突泉县地处兴安盟中南部，总面积4889.5平方公里，辖6镇3乡，总人口31.5万，其中常住农村户籍人口24.3万，是自治区重点扶持的革命老区、国家扶贫开发工作重点县、大兴安岭南麓集中连片特困地区。全县建档立卡贫困户16888户42824人，截至2019年11月底，通过历年动态管理，现有建档立卡贫困人口11703户、23144人，已脱贫11554户22844人，未脱贫149户300人。从2014年至2019年底，突泉县累计投入扶贫资金13.22亿元，其中上级扶贫专项资金89979.48万元、外部整合资金12316.76万元、京蒙协作帮扶资金11454.5万元、公益性彩票资金18500万元。从2014年到2019年底，突泉县共形成各类扶贫资产12.324亿元。按照内蒙古扶贫资产的分类标准，基础设施等公益类固定资产4.711亿元（县交通局直管国有资产1.856亿元，县级直管易地扶贫搬迁县内集中安置楼资产2.071亿元，移交到村集体及林场公益类资产0.784亿元）；经营类资产7.613亿元。其中，到村集体经营收益类资产0.34亿元、县级直管公司化运营资产4.843亿元、到贫困户经营收益类资产2.43亿元。由此可见，仅内蒙古突泉县就形成存量巨大的扶贫资产，试想内蒙古自治区共有31个国家级贫困县，全国共有832个国家级贫困县，扶贫资金的持续投入必将形成规模庞大的扶贫资产存量。

（二）扶贫资产的类型划分

马克斯·韦伯认为，“理想类型”是一种逻辑的抽象，而非事实本身。只有通过这种清晰的理想建构来分析社会现实或社会行动，社会学家才有可能从经常是互动抵触的、混乱的经验材料中理出个头绪来，从而精确地显示事实最关键性层面。[①] 扶贫资产的理想类型构建既能便于对扶贫资产实现分类监管，又能将其与固定资产管理、农村集体资产管理以及会计账务管理建立有效的衔接。扶贫资金监管法律制度长期滞后于扶贫实践，扶贫资金转化为扶贫资产的监管更是如此。在地方政府中，内蒙古是全国率先探索建立扶贫资产监管制度的省级地方政府。目前，在省级政府出台的有关扶贫资产监管指导意见中，山西省出台的指导意见将扶贫资产分为基础设施类、公共服务类、产业发展类、异地搬迁类资产；山东省出台的指导意见中只规定了营利性资产。河北省出台的指导意见中将各类扶贫资金用于精准脱贫所形成的扶贫资产分为经营性资产、公益性资产和形成的债权、股权的扶贫资本。内蒙古出台的指导意见中将扶贫资产分为公益类扶贫资产、经营类扶贫资产和到户类扶贫资产。从目前实施的地方政府扶贫资产管理的指导意见来看，对于扶贫资产的分类主要依据两个标准：一是根据扶贫措施而决定扶贫资产的类型，如山东省的产业发展类和异地搬迁类扶贫资产；二是根据政府投资的类型进行划分扶贫资产的类型，如各省均将公益性扶贫资产作为扶贫资产的类型。我国公益性项目的正式提法最早见于《国务院关于加强地方政府性债务管理的意见》，2019年实施的《政府投资条例》也将政府投资方向集中于非经营性项目。[②] 公益性资产也被称为非经营性资产，

① ［德］马克斯·韦伯：《新教伦理与资本主义精神》，马奇炎、陈婧译，北京大学出版社2020年版，第51页。

② 《政府投资条例》第3条规定："政府投资资金应当投向市场不能有效配置资源的社会公益服务、公共基础设施、农业农村、生态环境保护、重大科技进步、社会管理、国家安全等公共领域的项目，以非经营性项目为主。"

与之相对的也就有了经营性的资产分类。

笔者认为，现行省级地方政府对于扶贫资产的分类，大多基于扶贫措施而进行划分，这样的划分标准虽然有利于贫困县根据扶贫资金的来源和投向识别扶贫资产的类型，但是，扶贫资产类型划分的最终目的是实现对扶贫资产的分类管理，扶贫资产类型的划分是否科学合理也将影响扶贫资产的监管效果。扶贫资产主要形成于贫困村，大部分扶贫资产也将交付村集体管理。因此，扶贫资产的理想类型应和农村集体资产及其会计制度相一致。扶贫资产类型划分不能简单依据资产是否能够经营，按照二分法的原则将扶贫资产划分为经营类和非经营类扶贫资产。我国地方政府实施的农村资产管理条例中，有关农村资产的分类大都按照村集体经济会计制度中关于资产的分类标准分为流动资产、长期投资、固定资产、无形资产和其他资产。另外，我国《行政单位财务规则》《事业单位财务规则》中，对于资产的定义和内容也有一致性的规定。行政事业单位的资产是指其占有或者使用的能以货币计量的经济资源，两者共同包含的资产有固定资产、在建工程和无形资产。然而，扶贫资产的监管方式主要是对扶贫资产的动态监管和财务监管，扶贫资产的类型划分与现行会计财务规则所确定的资产类型相近似，则有利于扶贫资产监管目的的实现，同时也有利于扶贫资产折旧和处置的管理。综上，可以按照扶贫资金投向和扶贫资产财务管理两个维度构建扶贫资产的类型。扶贫资产类型化的第一种思路是按照上述的两个维度对扶贫资产分别进行分类，按照扶贫资金投向的分类主要用于扶贫资产登记管理，按照资产的财务规则分类主要作为扶贫资产财务处理，两者相结合共同构成扶贫资产监管的措施。扶贫资金类型化的第二种思路是按照现行省级地方政府对于扶贫资产的分类方式，在各类扶贫资产中按照资产财务规则进一步区分，将扶贫资产分为流动资产、长期投资、固定资产、无形资产、生物资产和其他资产。固定资产可以进一步分为房屋及构筑物、专用设备、通用设备、用具、装具等类型，并由扶贫主管部门制定扶贫固定资产的明细目录。

二、扶贫资产的产权界定

一般而言，产权概念主要是用于分析市场交易中的资源配置，指的是在交易关系中产权人对财产的支配权，逐渐形成了“权利束”的概念体系。[①] 扶贫资产的产权界定主要是为了明确资产在不同主体间的归属，并建立与扶贫资产权属相适应的扶贫资产监管制度。同时，扶贫资产所有权的确定，也是扶贫资产经营权、收益权以及处置权等权利合理配置的基础和前提。因此，扶贫资产的产权界定离不开对资产基础法律关系的分析。

（一）基础性设施类扶贫资产的产权归属

“马克思认为法权关系是一种反映着经济关系的意志关系，这种法权关系或意志关系的内容是由这种经济关系本身决定的，产权就是生产关系的法律表现，是一定所有制关系所特有的法的观念。”[②] 我国开

① ［美］罗伯特·考特、托马斯·尤伦:《法和经济学》，史晋川、董雪兵等译，格致出版社 2012 年版，第 66 页。

② 中央编译局:《马克思恩格斯全集》（第23卷），人民出版社2015年版，第102页。

展的扶贫开发旨在提高贫困地区的公共服务水平，给贫困人口提供更多的摆脱贫困和创造财富的机会。在中央提出涉农资金整合之前，笔者认为对农村基础性设施的投资建设资金不应被泛化地作为扶贫资金，对于是否将基础性设施纳入扶贫资产也持保留态度。但事实上，在涉农资金整合使用于扶贫开发后，基础性设施投资所形成的资产，其也是扶贫资产监管中不可回避的资产组成部分。那么，对于基础性设施的产权界定，应当依据其基础法律关系予以确定。按照上述扶贫资产的分类，道路交通基础性建设应划归在公益性扶贫资产的范畴，实际上公路却有收费公路和免费公路之别，公益性扶贫资产也并非与非经营性资产完全相对立。应根据相关法律的规定来确定基础设施的产权和监管主体。例如，我国《公路法》中关于乡道的管理规定，其由乡级政府负责建设和养护，县级交通部门主管行政区域内的公路工作，具体由公路行政部门履行管理职责。而内蒙古地方性法规中，乡道的建设和养护主体为县级政府，由县级政府确定乡级政府对于乡道管理和养护的具体职责。① 类似上述乡道监管的规定，我国《电力法》对农村电力监管的监管主体和监管权配置也作了相应规定。② 因此，对于贫困村在脱贫攻坚中新修、扩建和翻修的乡道、电力设施等基础设施类扶贫资产，区分其产权归属在理论上探讨是有必要的，但由于按

① 《公路法》第8条规定："乡、民族乡、镇人民政府负责本行政区域内的乡道的建设和养护工作。"《内蒙古自治区公路管理条例》第4条规定："旗县级人民政府是本地区农村牧区公路建设、管理养护的责任主体，对本地区农村牧区公路建设养护资金的筹集负主要责任。"

②《电力法》（2018年修正）第6条规定："……县级以上地方人民政府经济综合主管部门是本行政区域内的电力管理部门，负责电力事业的监督管理。县级以上地方人民政府有关部门在各自的职责范围内负责电力事业的监督管理。"

照现行法律法规已明确规定其监管主体，按照法律法规规定来确定其监管主体更为适宜，在乡县两级政府之间监管权配置可以根据基础设施的受益范围来进一步予以确定。又如，光伏扶贫是我国十大精准扶贫工程之一，狭义的光伏扶贫工程是利用在贫困户屋顶和大棚顶上架设太阳能发电装置，光伏太阳能所产出的电量除贫困户自用之外，也可以将多余电量并归国家电网出售。光伏发电设备的安装通常来说也是为了改善农村和农业基础性设施的政府投资工程，但光伏扶贫工程相比其他类型的基础设施工程来说，其工程投资建设还具有增加贫困户收益的目的。按照现行地方政府出台的指导意见，光伏扶贫所形成的资产被单独列出或被纳入经营类扶贫资产。2018年，国家能源局、国务院扶贫办联合印发《光伏扶贫电站管理办法》，办法中将光伏扶贫电站产权归村集体所有，所得收益用于扶贫。在村集体所有的大棚或闲置的集体土地上装置光伏设备，扶贫电站产权归村集体所有，收益按比例分配给贫困户是不存在争议的。但是，将光伏设备安装在农村宅基地所建屋顶上的产权归属将如何确定？由于屋顶面积的不同，安装在每户的光伏装置也有多寡之别。尽管在屋顶上安置光伏装置所产生的多余电量是微不足道的，但对于年收入低于3000元的贫困家庭来说也是一笔可观的经济收入。因此，在制度设计时应该充分予以考虑。“三权分置”已在《农村土地承包法》中获得了法律表达，放活农村土地经营权已经成为我国农村土地改革的必然趋势。① 由于涉及“小产权房”的问题，农村宅基地是否具有经营权一直悬而未决。笔者

① 于飞:《从农村土地承包法到民法典物权编:“三权分置”法律表达的完善》，载《法学杂志》2020年第2期。

认为，类似利用宅基地房顶安装光伏装置的经营权和收益权可以放宽到由宅基地使用权人所有，宅基地有限的经营权也符合乡村振兴战略中发展农村“庭院经济”的政策导向，同时将置于宅基地屋顶的光伏电量收益归宅基地使用权人也符合农村的普遍认知，有利于光伏扶贫工程的可持续发展以及光伏设施的管理和维护。另外，建立在农村集体土地上的仓储、物流、乡村旅游等设施，只要不是多个村级联建的设施，其产权应该归属于村集体所有，所得收益按比例分配给建档立卡的贫困户。上述设施涉及村级联建的，按照扶贫资金投入比例或者建设协议约定确定联建各村的产权比例，并由联建村委会共同行使监管权。

（二）直接投入到户扶贫资产的产权归属

扶贫资产的类型中还包括扶贫资金投入当地企业形成的股权、企业使用扶贫资产所形成的债权以及直接投入到贫困户家中的固定设施和生物资产。对于上述股权和债权应作为村集体资产，以农村集体经济组织的法人身份与企业签订协议，所形成的收益分配下文将详细论述。直接投入到贫困户家中的固定设施大多是为了改善和提高贫困户的生产生活条件，此类固定资产建设地点的特殊性对于资产产权产生了专属性。扶贫过程中，直接将生物资产投入贫困户是比较常见的，生物资产的产权及其法定孳息应归属于贫困户，其产权归属于个人有利于充分调动贫困户的生产积极性。但是，这样的做法也存在极大的弊端，容易发生贫困户随意处置生物资产或者个人消费生物资产的问题，偏离了生物资产投入对贫困户增收的政策目标。生物资产的投入也存在是否符合贫困户的生产发展意愿的问题，上文也已提到直接给贫困户买牛买羊或者推广特定经济作物的弊端，对于此类问题应在明确生物资产归贫困户个人所有的前提下，通过对其加强监管和引导予以解决。

（三）扶贫资产产权归属的构成形态

依据扶贫资金构成和项目实施方式，可以将扶贫资产产权人界定为单一主体或多元主体。单一主体主要包括贫困户、农村集体经济组织和投入扶贫资金的扶贫主管部门或扶贫行业部门。多元主体主要由贫困户和农村集体经济组织共同成为扶贫资产的产权人和农村集体经济组织之间共同成为扶贫资产的产权人。扶贫资产产权归属划分的主要原则是根据扶贫资金构成和有利于扶贫资产监管。扶贫资金直接投入到贫困户所形成的扶贫资产，其产权归属于个人更有利于发挥扶贫资产的增收功能，也有利于对扶贫资金进行管理。扶贫资金投入到贫困村形成的基础设施类扶贫资产，其产权归属于村集体有利于扶贫资产的保值和管护。基础设施类扶贫资产在同一乡级政府投入建设，但其受益范围存在跨贫困村的，在乡级政府统筹监管的前提下，其产权应当在村之间共同所有。村级联建项目形成扶贫资产的权属比例按照扶贫资金在各村之间的投入比例和建设前约定比例进行产权确认。跨乡级政府投资建设的基础设施类扶贫资产，其产权归属县级国有资产管理部门更为适宜，在发生扶贫资产的管护和处置争议时，国有资产管理部门更便于中立地协调乡级之间的不同利益诉求。对于涉农整合资金投资形成的扶贫资产，由于扶贫行业部门对特定的农村基础设施还存在后期的改造扩建，依据资产形成的资金来源，在不同扶贫行业领域确定扶贫资产的产权归属。但是，涉农资金整合使用后，也存在无法分辨扶贫资产属于哪一具体扶贫行业主管部门的问题，对于此类扶贫资产由县级人民政府按照相关规定和项目实际情况确定产权归属。

（四）扶贫资产所有权与监管权相独立

扶贫资产监管的意义在于通过对扶贫资产的监督和管理，实现扶贫资产的保值增值，发挥扶贫资产长期稳定提供收益的作用。扶贫资产产权归属确定以后，大量的扶贫资产将被确定为农村集体资产。通过对集体资产的清产核资，以集体经营性资产为核心进行股份量化，变集体抽象的“共同所有”为具体的“按份额所有”。[①] 从权责匹配的角度来看，单纯依赖村集体对形式多样的扶贫资产履行监管职责，明显存在权责不对等的问题。因此，扶贫资产监管的特殊性在于按照扶贫资产“所有权与监管权相独立”的原则构建监管体系。扶贫资产的清产核资是扶贫资产有效监管的前提和必要程序。首先，建立扶贫资产登记制度。按照扶贫资产的产权归属、资产类型、受益对象、监管主体等信息进行登记管理，根据不同类型的资产确定其资产处置的方式。其次，建立资产清查程序。在清产核资的基础上，明确集体经营性资产的主体界定、股权管理、权能设置，完善组织内部治理结构，提高资产运营管理水平。[②] 由于扶贫资产和农村集体资产在投资建设目的和收益分配范围方面存在明显的不同，对于产权归属于村集体所有的扶贫资产的清产核资，不仅需

① 刘竞元:《农村集体经济组织成员资格界定的私法规范路径》，载《华东政法大学学报》2019 年第 6 期。

② 段浩:《农村集体经营性资产股份制改革的法治进路》，载《法商研究》2019 年第 6 期。

要建立村集体组织内部的有效衔接制度，而且还需建立由贫困县财政、审计以及第三方中立机构的外部监管程序，避免扶贫资产在运营管护中因监管失灵而出现资产流失。最后，完善公示公告制度在扶贫资产监管领域的应用。将扶贫资产的权属、运营管护、收益分配、资产处置等情况进行分级公示公告，定期将年度扶贫资产运行管理情况向社会公开，提高资产运营透明度，确保扶贫资产监管在阳光下运行。

在扶贫资产监管权的配置方面，按照精准扶贫在省以下地方政府的职责划分，扶贫资产的监管权也应当下放到县级政府行使，具体按照扶贫资产的行业领域由扶贫主管部门、扶贫行业部门、财政和审计部门对扶贫资产实行全过程的动态监管。扶贫主管部门作为主要的监管主体，主要行使对扶贫资产确权、运营、管护、收益分配等监管职权，建立扶贫资产监管部门的会商制度，统筹协调扶贫行业部门对扶贫资产的监管。扶贫行业部门对于扶贫资产的监管，主要通过对扶贫资产经营日常监管和绩效考核，定期向本级人民政府汇报监管权履行情况，对扶贫资产的受益对象、协议履行、资产运营、资产处置等进行全方位监管，确保扶贫资产使用安全和运营规范。财政部门负责扶贫资产管理的政策支持和资产处置，并对扶贫资产绩效进行考核确保扶贫资产运营安全。农业经管部门按照农村集体“三资”管理要求，指导乡镇政府将扶贫资产纳入“三资”管理平台进行单独建账和独立核算。

第二节　扶贫资产的运营和处置

一、扶贫资产运营监管权的配置

为了实现集体财产的保值增值，实施集体财产和财务管理是客观的需要。集体所有权的管理权能通过管理活动实现对集体所有权的行使，属于集体所有权的权能。[①] 资产的运营维护，主要涉及所有权人、经营者、经营方式等几个方面。就运营模式来说，运营维护的基础法律关系在于所有权人与经营者之间达成一个委托管理协议，就经营方式、业绩目标、收益分配、风险分配等内容进行约定。对具有不同所有权性质的扶贫资产，其委托经营的模式和适用规则也应当具有不同的特点。所有权人属于到户扶贫资产的，应当由贫困户自行确定委托经营方式。但为了保障集体利益，也为了弥补贫困户可能存在的固有不足，村委会应当起到经营指导的辅助作用，对于经营方式、委托经营者的变更保留适当的监管权，对于可能产生公共利益影响的，村委会可以行使否决权。如果扶贫资产的产权归属集体组织所有的，则应原则上按照“三资”管理制度进行管理，但应当充分保障资产的独立性，以保障股权的独立收益。对于集体股权来说，村级联建扶贫资产的变更需要经过其对应的民主决策机构决策同意，必要时还应当经过

① 韩松：《论农民集体土地所有权的管理权能》，载《中国法学》2016年第2期。

上级主管部门的审查审批。扶贫资产的所有权属于国有资产的，按照国有资产管理原则进行监督管理，其变更应当履行国有资产的相关管理程序。

需要明确的是，扶贫资产的经营必须设置相应的绩效目标，也要设置完善的风险防控体系。在经营模式上，应当尊重经营者运行扶贫资产的多元性，灵活采用自营、承包、租赁等多种合作形式。同时，对于没有能力进行经营或者经营不善的，应当由乡级、县级政府出面集中统一经营，有条件之后再由村集体或贫困户介入经营。在风险防范方面，要根据各地不同的社会情况、资产所处的行业特性，有针对性地识别经营风险，制订风险防控措施和应急预案。注重资产的整合，避免将经营风险高的扶贫资产过度集中，增强基层经济组织的抗风险能力、履约能力和偿付能力，形成稳定、良好和可持续的基层经济形态。为更好地提升扶贫资产的管理效率，笔者建议应当加强扶贫资产运行管理的法律责任，将扶贫资产的管控责任落实到户，按照“谁受益，谁管理”的原则，实现权利主体与义务主体的统一。对于公益类资产，无法确定特定收益人的，则可通过行政手段来落实适格的管理责任人。通过增设公益类岗位，参考现代企业制度的职业经理人理念，引进专业管理力量，补充贫困地区的人力资源。此外，扶贫资产运营过程中应当重视契约精神，培养契约理念，强化合同责任。对于经营专业性较强的集体资产，可以通过购买服务的方式将管理外包，从收益中支取管理费用，在产业培育前期无法覆盖管理费用的，也可从财政中适度支取特殊补贴。

二、扶贫资产处置的正当程序

为防止扶贫资产流失，在资产处置环节应严格按照相关程序进行，同时，扶贫资产的处置应符合比例原则，扶贫资产处置的比例原则应嵌入在处置程序之中。比例原则要求行政主体作出行政行为时应兼顾行政目标的实现以及对相关利益的保护。传统的“三阶”比例原则包含适当性原则、必要性原则以及狭义比例原则。“适当性”属于目的导向的范畴、“必要性”属于后果审视的范畴、“均衡性”属于利益衡量的范畴。如果国家机关选择的手段不利于目的的实现，或者手段所造成的损失已经超出了手段所追求的目的、不合比例，即构成手段裁量权的滥用。[①]有学者提出，目的正当是公权力行为正当的前提，将目的正当性原则纳入比例原则之中从而确立“四阶”比例原则，有利于限制立法者、行政者的目的设定裁量，有利于实现实质正义，充分保障人权，还有利于促进民主反思，改善民主质量。[②]对扶贫资产的处置而言，比例原则首先要求对扶贫资产的处置符合公共利益的实现。第一，扶贫资产处置的适当性。扶贫资产的处置必须是为了实现资产保值增值的目的，而不是为了变卖资产实现短期套利的目的。对资产的处置应坚持事前审批原则，按照相关法律规定履行招拍挂程序。为防止部分单位、个人利用扶贫资产短期套现，原则上也应当禁止利用扶贫资产为单位或个人提供担保。扶贫资产是固定资产的，应注意严格规定其会计处理方式，且不得用其进行抵押融资，以防止公共利益受损。第二，扶贫资产处置的必要

① 梅扬:《比例原则的适用范围与限度》，载《法学研究》2020年第2期。

② 刘权:《目的正当性与比例原则的重构》，载《中国法学》2014年第4期。

性。扶贫资产的运营情况应定期进行核查审计，在扶贫资产运营绩效不良或资产超出固定使用周期时，应当及时核查原因，必要时经产权所有者和监管部门充分论证审核后，可对资产进行转让、拍卖等处置。对于扶贫资产落实到户的，应限制其处分权，未经有关部门批准不得随意处置，防止扶贫资产流失。对于扶贫资产归属于集体所有或国有的，其处置应当经具有相关资质评估机构出具评估报告后，按照相关产权交易规则进行处置。第三，扶贫资产处置的均衡性。通过定期对资产所属法人的全部资产负债、所有者权益进行全面的清查，引入审计机构进行外部审计核查其财务状况。建立对资产信息进行全面登记制度，重点关注固定资产及资产增减情况，对已出售或报废的，要及时进行会计处理及时核销。对租赁、承包经营的扶贫资产，明确登记合同约定的承包、租赁收益以及合同期限等，完善扶贫资产处置的监管程序。

第三节　扶贫资产折股量化的收益分配

党的十八届三中全会正式提出，“赋予农民对集体资产股份占有、收益、有偿退出及抵押、担保、继承权”。从 2015 年开始，我国前后开展了三批农村集体资产产权改革试点。在农村集体资产产权改革的背景下，基于扶贫资产也具有后续经营收益的属性，资产收益扶贫作为一项创新举措被各地广泛推广。2015 年 11 月发布的《中共中央、国务院关于打赢脱贫攻坚战的决定》要求，“探索资产收益扶贫，在不改变用途的情况下，财政扶贫资金和其他涉农资金投入农业、养殖、光伏、水电、乡村旅游等项目形成资产，具备条件的可折股量化给贫困村和贫困户，尤其是丧失劳动能力的贫困户”。资产收益扶贫是精准扶贫机制创新的一大举措，其具体实现方式是以扶贫资产折股量化的模式而让贫困户获得股权，最终取得资产增值中的收益。

一、折股量化扶贫资产的限定

在折股量化实施之前，财政补助的相关资金会直接无偿地投入扶贫企业或者投资集团使得企业成为最大受益者，扶贫资金投入后却难以起到带动贫困户脱贫，折股量化则改变了传统的做法。笔者在调研中发现，贫困县资产收益扶贫的情况呈现出新的特点，用于资产收益扶贫的资产已转向多种资源或权益，如延伸到农户自有资金、农户土地承包权及贫困户的扶贫贷款权等领域。从某种意义上来看，财政扶持资金实际上在社会资本的运行过程中发挥了杠杆作用。资产收益扶贫的主要做法是在贫困地区产业发展中投入扶贫资金，通过扶贫资金拉动地方产业发展的作用，保证贫困人口可以长久稳定地受益。因此，扶贫资金和其他涉农资金将不再是补助资金，而成为投资资金，帮助资产收益扶贫项目能够正常运行持续收益。但实际操作过程还存在一些问题，有的扶贫项目过分依赖政府的投资。例如，农户可以通过“自产自用，多余上网”的光伏扶贫项目获得固定收益，但是项目主要依赖政府政策保护和国家电价补贴来获取效益。这种过分依赖政府财政补贴的做法，对于扶贫资产的保障增值没有推动作用，也将阻碍扶贫长效机制的建立和贫困人口的脱贫。资产收益扶贫主要依靠企业、合作社等主体，把集体资产、扶贫贷款资金、财政资金等采用统一量化的方式转化为股权，农村集体经济组织或者贫困户享有股东权利并承担经营风险。如果经济实体是公司组织，贫困户一旦入股成为股东，那么也要承担以股份为限的民事责任。因而，当企业及合作社等经济实体在管理运营过程中出现纠纷时，在一定意义上就可能导致扶贫资产的流失。因此，贫困县为规避扶贫资金的损失，约定每年收取固定收益率，贫困户的资产收益已经变相成为企业为了获得贷款而固定支付的利息。另外，扶贫资产收益的可持续性面临挑战，有的在项目未完工、未实现收益的情况下就急于“分红”；有的仅仅关注项目红利和短期回报，对资金的风险隐患重视不够，项目可持续性较差。

“由于扶贫资产认定存在经营性资产性质认定模糊、所有权归属存在误区和类型认定缺乏标准，扶贫资产的法律认定需要遵循集体经营性资产的集体所有原则和尊重历史和照顾现实的认定要素。”[①] 关于扶贫资产折股量化范围问题，非经营性资产具有公益性，不具有直接性收益等限制并不适合折股量化。“对于非营利性财产，集体经济组织有权作为公共事务的受托人经营管理。集体经济组织的经营性资产和非经营性资产具有不同的功能定位，立法应规定非经营性资产不应纳入法人的责任

① 段浩:《农村集体经营性资产的法律认定》，载《西南政法大学学报》2019年第2期。

财产。”[①] 扶贫资产的折股量化目的是实现量化股份额收益和流转，如果把非经营性资产股份量化，就会出现因公益性资产流转的限制，使折股量化后的股权出现无利可分。所以，折股量化范围可以并最适宜的是限定为能够进行经营的扶贫资产。由于不同地区经济发展水平存在差距，扶贫资产的构成更是各不相同，应充分考虑多元化的利益诉求。在对扶贫资产进行折股量化时，应先厘清以下几个问题：首先，确定扶贫资产范围，即确定扶贫经营性资产中能够进行量化的资产范围；其次，确定收益分配主体，即以建档立卡为核定标准来确定量化资产的分配对象；最后，确定分配资产的标准，通常的做法是按照扶贫资产投资建设资金和目标企业注册资本进行按比例折算。但在公司认缴制下，笔者认为按照股东实缴出资额折算更能保证扶贫资产的安全，但目标企业的占股比例就会相对“缩水”，在折算过程中存在制度的不协调。为了保证扶贫资产的安全，其投资范围更加倾向于选择合伙企业或者农村合作社。

二、折股量化股权的取得与规范

扶贫资产折股量化是扶贫资产收益分配的核心环节。所谓扶贫资产折股量化，是指将扶贫资金投入贫困地区所形成的扶贫资产按股份分配给贫困户的过程。折股量化股份收益的分配对象的确定是推进资产收益分配的依据和基础，农村集体经济组织在《民法总则》（已失效）中被确认为法人组织，但其组织的构成有别于现代公司或合伙企业等法人组

① 郭洁:《论农村集体经济组织的营利法人地位及立法路径》，载《当代法学》2019年第5期。

织的股东或合伙人的构成来源于成员或意思自治的契约行为，农村集体经济组织的成员资格通常情况下是历史形成的，正如王利明教授指出的："农村集体经济组织经历了一个发展过程，最初产生于新中国成立初期的人民公社化运动，经过20世纪80年代农村改革的发展，农村集体经济组织也发生了很大的变化。"[①] 对于不同的集体经济组织来说，其成员的自然结构和拥有的资产数量并不完全相同。对于扶贫资产总量较少、形式较为单一的集体经济组织来说，较为容易达成让各方满意的分配方案。但随着扶贫资金的持续投入，农村集体经济组织所有和管理的扶贫资产类型多元，扶贫资产收益分配还将面临贫困户和非贫困户之间复杂的成员结构，导致扶贫资产收益分配日趋复杂。

（一）扶贫资产折股量化个人股的设置

就集体经济组织利益分配制度的完善而言，股权的设置可以有效地划定贫困户在取得扶贫资产收益时的标准和界限。毋庸置疑的是，成员主体资格如何确定是扶贫资产管理经营中必须被首要解决的问题，其对于解决成员利益矛盾具有重要的意义。将经营类扶贫资产所产生的收益按照特定的、公开的、稳定的标准进行分配，才能够切实地让相应成员享受扶贫经营性资产的长期成长性成果，从而高质量地巩固脱贫成果。对于贫困户来说，股权的分配使其能够拥有取得扶贫资产收益的资格，拓宽收入渠道。农村集体资产的保障性和农村集

① 王利明等:《民法学》，法律出版社2017年版，第112页。

体成员的封闭性，使得股东身份具有强烈的专属性。[①] 目前，建档登记的贫困户资格自然是最为基础的“股东”身份标准，是其参与扶贫股权化资产收益分配的最直接的认定标准。在明确了贫困户的股东资格，其更有身为集体经济组织成员的自我认知，基于对收益的期许而更能带来其参与组织经济发展的能动性。需要注意的是，此种股权的分配虽然意在刺激贫困户对集体经济的贡献，但其分配之初并不依据成员对集体经济的贡献，而是一种天然形成的股份权，其最基本的功能就在于保障贫困户的利益，这也是成员股权天然形成的法理基础。对于将“户”作为集体经济组织成员权的行使主体，现有法律只有概括性的规定。[②] 我国对于贫困的认定是以“户”作为基本的帮扶单位和贫困的识别标准，应进一步明确“户”作为集体经济组织成员权行使主体的法律地位，以此为基础可以处理“户”与其他民事主体之间的法律关系。在分配方案上，在注重合法性和合理性的同时，还应当注重程序的正当性，必须注重对民主决策原则的尊重，即让受益人充分参与收益分配草案的讨论。方案确定后，应当通过基层自治制度体系经集体决策通过，并进行充分的公示公告。在分配原则上，对于重点帮扶对象也可设计即时帮扶制度，经过一定的审核机制直接动用股权收益进行点对点帮扶，此种帮扶手段适用于因病、因灾、因意外事故或者因缺乏劳动能力致贫的贫困户。

---

① 张运书:《农民集体资产股权质押的法理逻辑及设立规则》，载《政治与法律》2019年第10期。

② 李爱荣:《“户”作为集体经济组织成员权的行使主体探析》，载《当代法学》2019年第6期。

（二）扶贫资产折股量化集体股的设置

在本集体经济组织内，对资产的分配来说，还有一项重要任务是确定是否要将全部的资产收益分配给贫困户股东，还是从扶贫资金折股量化中分离部分股权，作为集体股权锁定在集体经济组织中。由于贫困具有相对性，贫困户脱贫后和未建档立卡的贫困户之间，在经济收入上都处于脱贫与返贫的边缘。农民集体成员权属于民法中成员权的一种，是农民对农民集体所享有权利的总称。① 在扶贫资产收益分配过程中，如果将农村集体经组织全体成员均纳入个人股的分配范围，便又陷入“大锅饭”的分配模式。支持设立集体股的观点认为，从保障成员利益的角度出发，此种设置可以弥补社会性支出较大形成集体组织赤字时，用经营性收益弥补集体组织收益的不足。从维护基层经济体制的公有制角度来讲，集体股的设置可以避免股权分散为个人架空基层自治组织的集体性质。公司制语境下，股东（大）会为公司的权力机构，在公司股东（大）会中按照股权份额分配经营决策权，以精准扶贫为目标的折股量化股权分配，是否能够完全实现股东投票权的合理分配，是否能够促进集体经济组织利益的最大化，是否能够契合现代企业治理需求与基层村民自治需求的双重利益诉求，都是无法确定的。完全由股东控制经济组织法人的经营管理，有可能产生与基层组织决策背道而驰的情况。反对设立集体股的观点认为，保留集体股意味着分配给集体经济组织成员部分的产权清晰，但集体股依然会存在主体不清晰、利用不透明等问题。

① 王雷:《农民集体成员权、农民集体决议与乡村治理体系的健全》，载《中国法学》2019 年第 2 期。

所以，设置公益金是比较理想的方式，这既确保了产权清晰，又能够保证有足够的资金为集体经济组织成员提供公共服务。[①] 在农村集体产权改革之前，农村确实存在由村民委员会替代集体经济组织管理的普遍现象，但当前的基层再造趋势在于凸显集体经济组织的经济职能，这是一种对集体经济组织集体决策的强化过程。此外，还有一种建设思路是设立集体资产管理委员会，仿照国资管理办法，对集体股权进行集中管理。此种方案的弊端在于，这意味着在原本的基层权力结构中另设权力主体，但这同时也意味着各部门的监管边界需要被明确界定才能防止权力交叠或者真空，或者出现利益冲突的现象。同时，过高比例地集中集体股权，还极易压榨小股东的权利，容易形成权力集中导致的一言堂现象。笔者认为，扶贫资产折股量化的股权设置还是应当遵从扶贫资金投入的政策本意。当然，个人股身份的获得也不是一成不变的，应该结合村集体成员的实际情况，设置集体公益金作为扶贫资产收益分配的机动分配收益，主要统筹使用于新增贫困人口和返贫人口间的分配。

① 张洪波:《论农村集体资产股份合作中的折股量化》，载《苏州大学学报（哲学社会科学版）》2019 年第 2 期。

第六章

扶贫资金监管法律责任与追究机制的完善

法律责任是法学基本范畴之一，也是现实法律运行操作中必须予以充分把握和高度重视的概念，是法学理论和法律实践中一个极其重要的问题。[①] 对法律责任的重视体现了现代法上的能动性和对个人权利的关怀。对于法律责任的认定，普遍存在从法律的价值标准的角度来界定法律责任，如果将法律责任仅仅局限于法律责任的产生在于法律义务的违反，是行为人的违法行为在法律上所获得的反对或否定，那么，扶贫资金监管法律责任的产生也不例外。这样的法律责任认定过程，也导致了实际中扶贫资金监管法律责任认定的畸轻畸重。事实上，将责任、法律责任限定于违法责任，在深层次上反映了一种静态、狭隘的法律观。法律是实践的产物，法律的生命力和解释力在根本上取决于能否回应经济和社会实践的需要。“责任”具有跨法律部门的法治一般性质，也可见任何部门法的实体关系都不唯一对应于一类或一种性质的违法责任。[②] 目前，扶贫资金监管的法律责任在设定和实施方面较为模糊，亟待完善。

---

① 刘作翔、龚向和:《法律责任的概念分析》，载《法学》1997 年第 10 期。

② 史际春、冯辉:《“问责制”研究——兼论问责制在中国经济法中的地位》，载《政治与法律》2009 年第 1 期。

第一节 健全扶贫资金监管法律责任的承担制度

一、明确法律责任承担的主体

“责任政府”语境下，以角色定位清晰、权利义务明确、激励机制充分且适当为前提，对责任承担者进行问责，最大限度地防止因为角色懈怠、错位或越位造成不良后果，如果确实造成不利影响，责任承担者要承担相应法律及社会各方面后果。[①] 我国现共有20个省级政府出台地方性扶贫开发条例，笔者通过对地方性扶贫开发条例关于法律责任承担主体的梳理，发现其主要有以下几种方式：一是对责任承担主体不作任何限制。任何单位和个人违反扶贫资金监管规定，均将承担相应的法律责任。重庆市、江苏省、湖北省制定的扶贫开发条例中采取此类立法表述。二是将扶贫有关单位和个人以及受助对象作为法律责任的承担主体。陕西省和内蒙古自治区制定的扶贫开发条例中法律责任主体采取此类规定。三是采取列举的方式确定法律责任的承担主体。云南省扶贫开发条例采取这样的立法表述，国家机关、事业单位、人民团体、国有企业以及国有企业控股企业的国家工作人员是法律责任的承担主体。四是将具有扶贫职能部门的主管人员和直接责任人员作为法律责任的承担主体。广东省、四川省、青海省的扶贫开发条例采取上述法律责任确定方

① 史际春、邓峰:《经济法总论》，法律出版社2008年版，第200页。

式。此外，笔者通过对我国现行有关扶贫资金管理的规范性文件的梳理，发现其对于扶贫资金的法律责任承担主体的确定方式分为三类：一是明确确定法律责任承担的主体。在《中央财政专项扶贫资金管理办法》中以列举的方式确定法律责任承担的主体为扶贫资金管理和使用等相关部门及其工作人员。二是按照违法行为确定法律责任承担的主体。在《国有贫困农场财政扶贫资金管理暂行办法》《国有贫困林场扶贫资金管理办法》中，对于违法行为进行了列举，实施违法行为的单位和责任人是法律责任的承担主体。[①] 三是明确了责任主体并区别了各主体的违法行为。《财政部门财政扶贫资金违规管理责任追究办法》对财政部门和财政部门工作人员的追责行为列举式地进行了规定。

为了对上述法律责任承担主体规定进行简要分析，笔者在“北大法宝”法律法规数据库中，将“任何单位和个人”作为关键词，检索出我国现行法律中共有114部法律的条文中采用了“任何单位和个人”的表述。其中，采用“任何单位和个人”最多的是2019年12月修订、自2020年3月1日起实施的《证券法》，其法条中共出现11次“任何单位和个人”的表述。其余采用这一说法较多的是《公路法》《电力法》，“任何单位和个人”分别在其法条中出现了10次和7次。“任何单位和个人”常常运用在禁止性条款和授权性条款中，表述为“任何单位和个人不得……”“任何单位和个人有权……”在立法过程中，将法律责任

①《国有贫困农场财政扶贫资金管理暂行办法》第18条规定：“对骗取、截留、挪用、滞留贫困农场扶贫资金的行为，依照《财政违法行为处罚处分条例》（国务院令第427号）及其他法律法规追究有关单位及其责任人的法律责任。”《国有贫困林场扶贫资金管理办法》第16条规定：“对截留、挪用、骗取林场扶贫资金的单位和个人，按照国家有关规定处理。”

主体表述为任何单位和个人有利于实现对违法行为的追究和问责，不会因立法上主体的限制，行为人作出违法行为在追究法律责任时出现主体不适格的问题。但是，其缺陷也是显而易见的，作为针对扶贫开发的地方性立法这样的标准难以准确地确定法律责任承担主体，在法律适用时也可能出现问责泛化的问题。笔者认为，现行的规范性文件和地方性法规中所确定法律责任承担主体并不完整和全面，扶贫资金监管法律责任承担主体设置应当体现责任主体的层次性和完整性。“任何单位和个人”的表述主要应当运用在扶贫资金监管中绝对禁止行为的条款中；对于扶贫主管部门和扶贫行业部门在扶贫资金监管中的违法行为，由于相关规范性文件和扶贫开发工作体制中是完全可以识别有关部门具体包括哪些部门的，因此，此类法律责任的承担主体，采取“有关单位和个人”的表述会更为准确。在有关单位确定为法律责任承担主体的基础上，进一步将单位的主管人员和直接责任人纳入法律责任的承担主体。在有关个人中根据扶贫开发中的不同个人角色，确定扶贫相关部门的工作人员和扶贫受助对象作为法律责任的承担主体。

二、规范法律责任承担的认定

法律对扶贫权力的制约和规范主要表现为角色担当、说明回应与违法责任三种机制。法律能够将扶贫行为纳入既定的、持续的、规范的行为轨道，进而保证扶贫工作的长效性。[①] 到2019年6月底，全国牺牲在

① 王怀勇等:《精准扶贫长效机制的法治路径研究》，载《重庆大学学报（社会科学版）》2019年第3期。

扶贫岗位上的一共有770多人。[1] 由于扶贫工作烦琐、检查繁杂、任务繁重，扶贫干部的生存状态令人担忧。而扶贫干部之所以呈现如此这般生存状态，与其责任过大有莫大的关系。

（一）帮扶主体的角色担当

在精准扶贫中，扶贫干部有本地干部与外派干部之分，而无论是本地干部还是外派干部，其仅拥有先天不足的领导权、实质缺乏的决策权和资源短缺的执行权，却要承担较大的责任，有“不脱贫不脱岗”“不脱贫不晋升”“不脱贫不脱钩”之说。因此，扶贫干部的无限责任，很大程度上来自职责分配不合理和层层加码导致的工作压力，由此带来的必将是责任的异化。各级政府将扶贫工作分成若干的指标交给下级政府去完成，下级政府再将指标分解到具体的个人，但在转移和分解的过程中层层加码。尽管中央一再对脱贫标准进行了重申与强调，既要防止数字脱贫、虚假脱贫，又要杜绝拔高标准、吊高胃口，但一些地方还是不顾实际，把义务教育、基本医疗、住房保障等方面的标准拔高。拔高标准对推动扶贫工作、提高扶贫效率无疑有重要的促进作用，但是也会引发一些问题，难以完成上级加码的任务、吊高了贫困户的胃口，加大了贫困户与非贫困户之间的政策悬崖效应。更严重的是，由于各地拔高了标准，而高出标准的那部分费用，往往要县级财政负责，这让本来就赤字的贫困县“雪上加霜”。精准扶贫效果不理想，扶贫干部轻则被诫勉

① 参见《庆祝中华人民共和国成立70周年第三场新闻发布会文字实录》，载国务院扶贫办网站，http://www.cpad.gov.cn/art/2019/9/27/art_2241_401.html，访问日期：2019年12月15日。

谈话，重则被处分、记过甚至开除党籍，严重影响了扶贫干部的职业生涯和政治前途。为传导压力，上级政府下达的任务采用量化的任务分解机制，通过签订责任状的责任承担形式，将任务下派到下级组织与个人。如果贫困户未脱贫，可能有贫困户自身的责任、政策制定者即上级政府的责任，也有可能是基层政府和扶贫干部的责任，实践中法律责任最后大都由基层政府或扶贫干部承担，大量的扶贫干部因多种原因而被问责，却鲜有贫困户和上级政府被问责。扶贫干部承担了一些本该由上级政府或贫困户承担的责任，出此带来了责任主体的错位。因此，根据不同的责任类型采取不同的承担形式，明确扶贫干部的责任边界，有利于科学评价扶贫干部的绩效和激发扶贫干部的内在积极性。

（二）违纪违法行为的说明回应

2018 年我国监察体制改革后，中央纪委、国家监委在门户网站开设了扶贫领域腐败和作风问题曝光专区。截至目前，集中曝光 2 批 44 起典型案例。其中，2 批典型案例中分别有 1 起典型案例涉及内蒙古扶贫领域的腐败和作风问题。截至 2019 年底，笔者在内蒙古自治区纪委监委门户网站搜索栏中输入“扶贫领域腐败和作风问题典型案例”后，共计 21 条符合查询条件，信息发布起始时间为内蒙古监察委员会成立之后，共计 87 起典型案例。从典型案例发布主体来看，发布主体包含自治区三级纪委监委。从典型案例发布地区来看，内蒙古国家贫困旗县几乎全部囊括；从典型案例发现的违纪违法主体来看，既有自治区扶贫直属机关，也有盟市（旗县）政府和扶贫行业主管部门。从典型案例发现的违纪违法人员来看，包括自治区扶贫办主任、副主任，盟市扶贫行业主管部门负责人，贫困旗县、乡镇（苏木）政府负责人，贫困村村委会书记、主任以及贫困户等。从典型案例的违纪违法手段来看，包括扶贫重大决策不力、扶贫履职索取贿赂、扶贫渎职造成损失、扶贫资金被挪用贪污、非法套取、违规支出、滞留延压、扶贫资金分配优亲厚友、骗取扶贫补贴、冒领扶贫补贴、违规享受扶贫补贴等多个方面。扶贫资金管理混乱以及围绕扶贫资金的职务犯罪，不仅发生在内蒙古，也是全国各省区扶贫资金管理存在的普遍问题。而且，从笔者调研所收集的资料来看，内蒙古曝光的扶贫领域腐败典型案例也仅仅反映了内蒙古扶贫资金监管问题的冰山一角。扶贫干部在执行扶贫资金法律政策的过程中存在不少违纪违法行为，现有法律和政策对扶贫资金事前监管的功能尚未完全实现。因此，明确违纪违法行为的类型是法律责任承担的必要前提。扶贫资金运行中的相关主体所实施的行政违法，在认定相关主体应当承担的行政法律责任时，也要考虑扶贫资金所涉利益主体的广泛性，若要免责必须能够举证证明行为人不存在主观过错。

笔者认为，违反扶贫资金监管制度的行为主要集中在精准扶贫资金政策落实、扶贫资金分配管理、扶贫资金拨付和统筹、扶贫项目绩效和管理等方面：一是违反精准扶贫资金政策落实的行为。该类行为主要包括财政涉农涉牧资金整合未因需整合、实施未纳入扶贫项目库的扶贫项目、扶贫项目和资金实施使用过程中未经公示或未按规定程序公示、未按规定为建档立卡的贫困人口办理新型农村合作医疗保险和发放补贴等行为。二是扶贫资金违规分配管理使用的行为。该类行为主要包含下列行为：首先，虚报冒领、虚列支出套取扶贫资金的行为，即行为人为谋取私利，通过伪造合同、提供虚假发票或者虚报扶贫项目但实际未实施等手段套取扶贫资金；其次，将专项扶贫资金用于其他工作支出或违规进行出借，即将扶贫资金用于日常经费支出、弥补公用经费不足，无息或者低息出借给其他单位或个人使用；再次，利用职权优亲厚友的行为，即将扶贫项目工程承包给亲友或者有利益关系的人员，将自己的直系亲属违规列为建档立卡贫困户享受扶贫政策补贴等行为；最后，向不符合条件主体安排和发放扶贫资金的行为，即向非建档立卡人员、财政供养人员、村干部等不属于建档立卡人员发放扶贫补贴或者将其列入扶贫政策补贴享受范围。二是扶贫资金拨付和统筹违规的行为。该类行为包括贫困旗县财政部门扶贫资金拨付不及时，扶贫行业主管部门和扶贫资金使用单位资金闲置、财政补贴发放不及时等行为。扶贫小额信贷违规管理行为主要是贷款投放比例低、风险认定不规范、贫困人口信用评定错评和漏评行为。扶贫资金财务核算违规行为主要表现为扶贫资金公款私存、扶贫项目款大额现金支出、白条列支、未通过财政“一卡通”发放各类扶贫补贴的行为。四是违反扶贫项目绩效管理的行为。财政支出绩效监督的原则、范围、依据、组织管理、对象、内容和方法、工作程序、结果运用以及指标体系的设立原则等都没有相应的法律规定，导致绩效监督工作缺乏法律约束与制度保障。[①] 五是违规分配管理使用扶贫资金的行为。该类行为主要包含下列行为：首先，扶贫项目安排不合理，未与建档立卡贫困人口建立利益联结机制，导致扶贫资金效益不高，甚至扶贫项目投入资金全部浪费；其次，贫困旗县在产业扶贫项目、“以工代赈”项

① 李袁婕:《论我国公共财政监督制度的完善》，载《审计研究》2011 年第 2 期。

目、少数民族发展资金项目、易地扶贫搬迁等项目实施过程中，存在项目应开工未开工、应完工未完工等扶贫项目进度缓慢；最后，扶贫项目工程未按规定进行招投标和政府采购，扶贫项目工作承包人多为个人借用资质单位资质施工，工程转包分包，未经扶贫主管部门批复自行变更扶贫项目建设内容和扶贫项目工作违规验收。

（三）违法责任的主要形式

1. 责令改正

在现行的地方性扶贫开发条例中，对于违反扶贫资金管理和使用的单位和个人大多规定以责令改正的法律责任形式。“责令改正”在省级地方性扶贫开发条例中的表述主要有三种：一是采用“责令改正”的表述，如云南省、湖南省扶贫开发条例①。二是采用“责令限期改正”，如重庆市、内蒙古自治区扶贫开发条例②。三是采用“责令限期整改”，如四川省扶贫开发条例③。在各省级政府出台的地方性法规中，结合采用“责令改正”表述的法律条文，可以得出“责令改正”和“责令限期改正”的

---

① 《云南省农村扶贫开发条例》第30条规定：“超越权限审批或者未经批准变更农村扶贫开发项目和资金用途的，由主管部门责令改正，对直接负责的主管人员和其他直接责任人员依法给予处分。”《湖南省农村扶贫开发条例》第39条规定：“违反本条例规定，由有关部门责令改正，依法给予处罚；构成犯罪的，依法追究刑事责任。”

② 《重庆市农村扶贫条例》第53条规定：“违反本条例第三十条规定的单位或者个人，由有关部门责令限期改正；逾期未改正的，依法处理”。《内蒙古自治区农村牧区扶贫开发条例》第48条规定：“截留、滞留、侵占、挪用或者骗取财政专项扶贫资金的，由有关部门责令限期改正，对直接负责的主管人员和直接责任人员依法给予处分；构成犯罪的，依法追究刑事责任。”

③ 《四川省农村扶贫开发条例》第58条规定：“扶贫开发项目实施单位未在项目开工建设后二十日内建立公示牌的，由项目实施地县级人民政府扶贫开发项目管理部门责令限期整改，并按照有关规定处理。”

内涵和外延是基本一致的，只是表述上的不一致。《四川省农村扶贫开发条例》比较特殊，同时出现了“责令限期改正”和“责令限期整改”的表述，“责令限期改正”体现出扶贫过程中错误的改正，而“责令限期整改”则更多指不足的整改。需要特别指出的是，在同一地方性扶贫开发条例中，“责令改正”的适用范围是不同的，产生的效力和救济途径也是不一样的。“责令改正”在扶贫资金监管中的适用范围主要有两种：一是针对行政相对人的责令改正，如对利用扶贫开发优惠政策获取骗取相关款物的责令退回；二是针对负有扶贫职责的单位和个人的责令改正，如截留、挪用扶贫资金的责令改正。

2. 行政处分

公共财产是识别国家监察对象最为基本的要素标准，对国有或集体所有的财产负有经营管理监督责任的人员就属于国家监察的对象。[①] 对于各级政府组成部门及其工作人员，如财政、扶贫、发展改革等部门及其工作人员在扶贫资金管理中的违纪违法行为，监察机关根据监督、调查结果对其依照法定程序作出警告、记过、记大过、降级、撤职、开除等行政处分决定。扶贫资金管理违纪违法行为情节轻微的，责任人员经批评教育后改正的，可以免予处分。违反扶贫资金监管制度人员为多人时，应当按照违规有关责任人区分为主管责任人、直接责任人和相关责任人。确需追究责任的，对责任人进行明确，并对承担的相应责任进行区分。首先，因工作中滥用职权、不履行法定职责、违反法定程序造成严重后果，需被追究责任的，单位主管领导承担领导责任；其次，由于

① 谭宗泽:《论国家监察对象的识别标准》，载《政治与法律》2019 年第 2 期。

监管部门工作人员在日常工作中未认真履行职责或有隐瞒事实等故意行为，需被追究责任的，由工作人员承担直接责任；再次，行政过错行为如果是由集体作出的，由职务较高的领导承担主要责任，参与集体讨论的人员均承担共同责任，经查证持反对意见的不承担责任；最后，两人以上共同发生违反扶贫资金监管制度行为，需被追究责任的，根据各人职责分工及在实施行为中发挥作用的大小对各自应当承担的责任进行认定。除此之外，还应当建立健全扶贫资金监管机构行政责任的转化，将行政机构的责任转化为行政人员的责任，将外部责任转化为内部责任。目前，虽然在行政序列中有行政责任的“领导负责制”，对于错误决策和违规行为可以对个人进行一定程度的追责，但行政机关的具体或抽象行政行为的责任仍以“集体责任”的形态呈现，对于具体行政行为仅能够通过行政复议或行政诉讼进行撤销。而此种撤销对于监管机构人员的威慑效力是有限的。因此，鉴于扶贫工作的特殊社会意义，应将机构的行政责任内化为行政人员责任，以期更好地起到行为规范和警示作用。

3. 刑事责任

我国《刑法》第 91 条所规定的公共财产的范围，包括用于扶贫和其他公益事业的社会捐助或者专项基金的财产。对于因违法管理和使用扶贫资金构成犯罪的，依法追究行为人的刑事责任。笔者在中国裁判文书网中检索内蒙古因违法管理和使用扶贫资金的职务犯罪案件，发现在 2014—2019 年期间，该类案件呈现递增趋势，主要涉及挪用特定款物罪、贪污罪、挪用公款罪、受贿罪和滥用职权罪，其中犯贪污罪和挪用公款罪的案件最多。人民法院在审理国家工作人员和村民委员会等村基层组织人员挪用扶贫资金的案件中，均适用《刑法》第 384 条第 2 款之规定对挪用扶贫资金归个人使用的被告人从重处罚。① 挪用特定款物罪和挪用公款罪均关注到扶贫资金的特殊性，对于相关行为人和国家工作人员予以刑事犯罪打击或作为从重情节追究刑事责任。《刑法》在设定相关罪名时，法律假定条件还是停留在传统的“给钱给物”的扶贫方式，其刑事处罚已难以适应日益复杂和形式多样的扶贫方式。在扶贫领域，涉及扶贫项目的犯罪行为，行为人的犯罪行为更加隐蔽，其所获得的违法所得和造成的社会危害性要远远大于上述罪名。在《最高人民法院、最高人民检察院关于办理贪污贿赂刑事案件适用法律若干问题的解释》中，将“扶贫款物”作为贪污罪和挪用公款罪的“其他较重情节”和“情节严重”。但是，涉及扶贫项目的犯罪行为更多的是受贿行为和滥用职权行为，概括性地将“致使公共财产、国家和人民利益遭受损失”作为较重情节，在司法实践中难以实现法律的统一适用。因此，应当将涉及扶贫项目的犯罪行为作为受贿罪和滥用职权罪等职务犯罪的从重处罚情节。有效的追责制度是为了保证精准扶贫效果，保护扶贫对象合法权益。《中央财政扶贫资金管理办法》规定，对于相应的违法犯罪行为，应当按照行政监察法、预算法、公务员法、财政违法行为处罚

① 《全国人民代表大会常务委员会关于〈中华人民共和国刑法〉第九十三条第二款的解释》规定：“村民委员会等村基层组织人员协助人民政府从事下列行政管理工作，属于刑法第九十三条第二款规定的‘其他依照法律从事公务的人员’：（一）救灾、抢险、防汛、优抚、扶贫、移民、救济款物的管理；（二）社会捐助公益事业款物的管理……村民委员会等村基层组织人员从事前款规定的公务，利用职务上的便利，非法占有公共财物、挪用公款、索取他人财物或者非法收受他人财物，构成犯罪的，适用刑法第三百八十二条和第三百八十三条贪污罪、第三百八十四条挪用公款罪、第三百八十五条和第三百八十六条受贿罪的规定。”《刑法》第三百八十四条第二款规定：“挪用用于救灾、抢险、防汛、优抚、扶贫、移民、救济款物归个人使用的，从重处罚。”

处分条例等有关规则条例追究相应责任，涉嫌犯罪的，移送司法机关处理。固然，从立法技术上来讲，此种法律责任援引并不妨碍相应规则的适用。但不能否认的是，通过援引其他法律责任的规定只能实现对于一般性违法犯罪行为的追责，其特殊性适应性会略显不足。扶贫专项立法的缺失，使得具体行为的违法性存在识别困难，对于具体行为的入罪边界难以确定，极易产生法律适用上的偏颇，即同样的行为因为地域不同、时间不同可能会得到法律上的不同评价，有损法治权威。

第二节　提高扶贫资金监管法律责任追究的效果

“一个人在法律上对一定行为负责或者承担法律责任，意味着如果作出不法行为他应受制裁。”[①] 立法目的的最终实现依托于社会全体成员对于法律规则的遵守。从理性人角度出发，对于利益损失的规避心理会使得当违法行为受到追究惩戒时，社会成员方有遵守法律规则的动力。因此，为维护法律权威，实现立法效果，必然要对违反法定义务、超越法律授权而滥用权力等行为进行法律责任追究。为保障扶贫资金能够依法依规使用，最大限度发挥其应有绩效，势必要提高对于扶贫资金监管法律责任的追究效果。

① ［奥］凯尔森:《法与国家的一般理论》，沈宗灵译，中国大百科全书出版社1996年版，第65页。

一、协调扶贫资金监管法律责任追究机制

政府主导精准脱贫责任既是一种政治责任又是一种法律责任。[①] 在扶贫法律责任追究情形的具体化方面，仍然存在改进空间，问责情形的模糊，也直接导致了行政问责、党内问责、审计问责、司法问责之间界限的模糊不清。各地在推进脱贫攻坚任务中，出现了随意问责与胡乱问责的问题，甚至产生了一些极端错误问责的案例，严重影响了法律责任的追究效果。当务之急是完善扶贫资金违纪违法线索来源机制以及责任追究体制的协调配合。

首先，在编制扶贫资金预算过程中，要充分尊重人大的主导地位，将监督与问责进行有机结合。强化对扶贫资金分配和使用过程中的监管，发现扶贫资金的违规行为移交监察机关，使财税治腐与监察反腐相配合。从目前我国反腐败斗争的形势看，反腐败工作仍然需要大量的人力物力投入，同时也更需要相关制度的跟进和完善。在构建腐败预防机制和惩治机制的同时，必须将相关制度进行有机的衔接，形成制度合力。财政管理制度不完善、缺乏制度刚性，是造成腐败问题久治不绝的重要原因。扶贫领域腐败现象是包括财政制度在内的诸多制度漏洞的产物，而破局之道也应当从完善相关制度出发。

其次，在扶贫资金审计过程中，要建立审计制度和监察制度的有效衔接机制。“审计和监察都是腐败治理下的子系统，二者的共性均是运

① 蒋悟真：《政府主导精准脱贫责任的法律解释》，载《政治与法律》2017年第7期。

用权力制约与监督权力。”[①] 全面推进国家监察体制改革之后，国家审计与国家监察分立，审计权和监察权在权力的性质、监督的范围以及反腐败工作协同等方面的关系也产生了新的变化。2006年《审计法》修订后，其中关于审计机关如何与其他机关部门协调配合工作的条款沿用至今，但是一些内容与2018年出台的《监察法》已不相适应，需要尽快进行修订。例如，《审计法》第37条规定“审计机关履行审计监督职责，可以提请公安、监察、财政、税务、海关、价格、工商行政管理等机关予以协助”，虽然体现了与其他机关部门协作的要求，但是具体程序、协助形式等并没有作出进一步详细的说明，在实际操作中存在难度。同时，在国家监察体制改革的背景下，需要进一步明确审计、监察两大监督体系之间的协作和衔接关系。“在最先设计国家监察委员会改革时，想把审计制度并入国家监察委员会，采取监审合一模式”。[②] 因此，在对《审计法》进行修订时，要把握住审计机关、监察机关的协作和衔接关系这个重点，制定具有较强可操作性的规定，建立科学高效的分工合作机制。如在《审计法》第37条之后，增加审计机关、监察机关协作的相关规定，并对协作的程序进行原则性说明。具体应用到实践中，审计机关将在扶贫领域项目建设和资金使用过程中，通过审计发现的职务违法犯罪线索移送给监察委员会进行进一步调查。审计机关针对扶贫领域进行专项审计中发现的问题，可以联合监察机关进行进一步调查或者交由

① 王会金:《反腐败视角下政府审计与纪检监察协同治理研究》，载《审计与经济研究》2015年第6期。

② 秦前红:《国家监察体制改革宪法设计中的若干问题思考》，载《探索》2017年第6期。

监察部门独立进行调查，并将审计过程中发现的相关证明材料移交给监察机关作为调查相关职务违法犯罪事实的证据。监察机关在办理案件中需要审计机关进行专项审计的，审计机关应积极配合进行协助，必要时监察机关也可以抽调审计机关人员加入到案件的调查、取证工作中。

再次，扶贫领域职务犯罪还存在案件的主管和管辖的衔接。《监察法》是国家权力监督体系的创新，其他法律中的监督条款或者反腐败条款需要符合《监察法》的规定，因而必须修改《刑事诉讼法》《公务员法》等诸多法律，使之与《监察法》的规定一致或者衔接。扶贫领域职务犯罪的犯罪嫌疑人可能既涉嫌职务犯罪，又涉嫌其他犯罪行为。对于此类犯罪嫌疑人，应当以监察机关调查为主，公安机关予以协助。在职务犯罪管辖方面，职务犯罪的管辖包含地区管辖和级别管辖，实践中存在大量的异地监察调查，在监察调查之后，根据犯罪嫌疑人的犯罪事实，监察机关协调确定对应的公诉机关和审判机关。由于监察调查的级别管辖主要根据职务犯罪嫌疑人的干部管理权限确定，因此，犯罪嫌疑人移送的司法机关和监察机关之间存在级别管辖的协调。

最后，社会是多元利益的集合体，立法者无法保证法律制度制定实施之后，能够完全符合立法期待地被遵守和执行。责任追究得当是责任追究体系权威性所在，对责任追究的过程也应当充分予以监督，以保证责任明确和平等适用。就扶贫工作来说，贫困人口本身属于社会的弱势群体，其在社会中的发声渠道天然有限，而且扶贫资金的监管又具备一定的门槛，其并不一定能够掌握扶贫资金监管的情况，也并不一定能够对相关决策进行有效评估。因此，应对扶贫领域中的责任追究及责任追究实现过程进行其他方面的补充监督，充分发挥立法机关、行政机关对于扶贫资金监管法律责任追究的监督作用。立法机关的监督即人大对于行政体系的概括式监督，可通过政府工作报告、人大代表提案等多种途径实现。应充分利用行政机关内部监督。从行政机关内部纵向来讲，部门之间是垂直领导体系，上级政府对下级政府可以有效地领导、监督和问责。从行政部门横向来讲，各部门之间也可以起到监督作用，如审计机构可以有效对资金使用进行审计监督。应充分利用最广泛的社会监督。社会监督可能会涵盖到社会各种主体，可通过媒体系统、信访系统等多种渠道实现最广泛的监督。

二、优化扶贫资金监管法律责任追究程序

在扶贫资金监管中，不同的责任形式拥有相应的法律依据和追责体系。就刑事责任来说，其程序法依据为《刑事诉讼法》，由司法机关对犯罪行为进行评价，对主体进行责任追究。就行政责任来说，其法律依据为《预算法》《公务员法》《监察法》《财政违法行为处罚处分条例》等法律法规，由相关行政部门进行追责。但就民事责任来说，其责任的追究存在一定的真空。民法责任，即《合同法》《侵权责任法》追究违约责任或侵权责任，民事责任的追究主体主要是合法权益受到损害的扶贫对象。然而，扶贫项目的承接对象抑或是扶贫对象由于其固有的弱势社会地位，当面对强大的公权力机关时，双方地位先天不平衡。就民事责任的追究需要解决的是对双方平等法律地位的再确认，要将政府行为中应当属于民事领域解决的行为，从行政法应当规制的行政责任中分离出来，厘清可追责范围。针对性地解决扶贫对象面对公共部门存在维权

能力不足的问题，加强法律宣传和教育，使贫困人口知法、懂法，提升法律意识和维权意识，对自身合法权益和政府的权力边界有正确认识。提供必要的法律援助，通过扶贫机关或群众自治组织在扶贫对象的权益受到侵害时能够给予必要的支持。尽管诉讼救济途径是畅通的，但由于贫困人口诉诸法院的司法成本过高，诉讼救济并未得到广泛使用。检察公益诉讼是一种集结多类型、多层次主体参与公益保护的机制。审查各主体履行法律的情况，督促各主体主动纠正错误，弥补或者减轻公益损害，发挥持续可靠的治理效应。[①] 目前，我国开展公益诉讼理论研究成果已经较为丰富，相关的司法实践也取得了一定成果。公益诉讼对于环境保护、消费者权益保护等方面的先行先试，司法实践不断丰富，政府公共财政信息公开公益诉讼制度已经有了越来越多的现实依据。同时，近年来，公益诉讼案件也逐渐得到了社会民众和法律学界、司法工作、舆论宣传的关注，形成了广泛的社会基础，使公众知情权通过公益诉讼制度得到实现成为可能。行政公益诉讼的开展只能以督促在特定公益保护领域负有监督管理职责的行政机关依法行政为目的，通过督促行政机关纠正违法行为或不作为来促进依法行政。[②] 从制度设计架构上来看，公益诉讼最大的区别在于从原告资格上，打破了传统诉讼的直接利害关系人框架，扩大了“诉的利益”，从而将非利害关系人纳入适格原告范畴，从而引起公益诉讼在受理范围、级别管辖、原告资格、举证规则、诉讼费用承担等方面具有与传统诉讼不同的制度安排，也可引入诉讼启

① 刘艺:《论国家治理体系下检察公益诉讼》，载《中国法学》2020 年第 2 期。

② 潘剑锋、郑含博:《行政公益诉讼制度目的检视》，载《国家检察官学院学报》2020 年第 2 期。

动奖励等特殊的制度，以鼓励非利害关系人就公共利益受损事项启动司法程序。行政公益诉讼证明责任宜适用“谁主张、谁举证”原则，但涉及行政机关“不作为”或者“不依法履行职责”除外。[①] 与此同时，为了防止诉权滥用造成司法资源的浪费，还应当同时合理设计诉讼门槛，清楚界定公共利益受损的定义和启动程序。

① 章剑生:《论行政公益诉讼的证明责任及其分配》，载《浙江社会科学》2020年第1期。

附　录

附录 1. 法律、法规、部门规章

中华人民共和国乡村振兴促进法

（2021 年 4 月 29 日
第十三届全国人民代表大会常务委员会
第二十八次会议通过）

第一章 总则

第一条 为了全面实施乡村振兴战略，促进农业全面升级、农村全面进步、农民全面发展，加快农业农村现代化，全面建设社会主义现代化国家，制定本法。

第二条 全面实施乡村振兴战略，开展促进乡村产业振兴、人才振兴、文化振兴、生态振兴、组织振兴，推进城乡融合发展等活动，适用本法。

本法所称乡村，是指城市建成区以外具有自然、社会、经济特征和生产、生活、生态、文化等多重功能的地域综合体，包括乡镇和村庄等。

第三条 促进乡村振兴应当按照产业兴旺、生态宜居、乡风文明、治理有效、生活富裕的总要求，统筹推进农村经济建设、政治建设、文化建设、社会建设、生态文明建设和党的建设，充分发挥乡村在保障农产品供给和粮食安全、保护生态环境、传承发展中华民族优秀传统文化等方面的特有功能。

第四条 全面实施乡村振兴战略，应当坚持中国共产党的领导，贯彻创新、协调、绿色、开放、共享的新发展理念，走中国特色社会主义乡村振兴道路，促进共同富裕，遵循以下原则：

（一）坚持农业农村优先发展，在干部配备上优先考虑，在要素配置上优先满足，在资金投入上优先保障，在公共服务上优先安排；

（二）坚持农民主体地位，充分尊重农民意愿，保障农民民主权利和其他合法权益，调动农民的积极性、主动性、创造性，维护农民根本利益；

（三）坚持人与自然和谐共生，统筹山水林田湖草沙系统治理，推动绿色发展，推进生态文明建设；

（四）坚持改革创新，充分发挥市场在资源配置中的决定性作用，更好发挥政府作用，推进农业供给侧结构性改革和高质量发展，不断解放和发展乡村社会生产力，激发农村发展活力；

（五）坚持因地制宜、规划先行、循序渐进，顺应村庄发展规律，根据乡村的历史文化、发展现状、区位条件、资源禀赋、产业基础分类推进。

第五条 国家巩固和完善以家庭承包经营为基础、统分结合的双层经营体制，发展壮大农村集体所有制经济。

第六条 国家建立健全城乡融合发展的体制机制和政策体系，推动城乡要素有序流动、平等交换和公共资源均衡配置，坚持以工补农、以城带乡，推动形成工农互促、城乡互补、协调发展、共同繁荣的新型工农城乡关系。

第七条 国家坚持以社会主义核心价值观为引领，大力弘扬民族精神和时代精神，加强乡村优秀传统文化保护和公共文化服务体系建设，繁荣发展乡村文化。

每年农历秋分日为中国农民丰收节。

第八条 国家实施以我为主、立足国内、确保产能、适度进口、科技支撑的粮食安全战略，坚持藏粮于地、藏粮于技，采取措施不断提高粮食综合生产能力，建设国家粮食安全产业带，完善粮食加工、流通、储备体系，确保谷物基本自给、口粮绝对安全，保障国家粮食安全。

国家完善粮食加工、储存、运输标准，提高粮食加工出品率和利用率，推动节粮减损。

第九条 国家建立健全中央统筹、省负总责、市县乡抓落实的乡村振兴工作机制。

各级人民政府应当将乡村振兴促进工作纳入国民经济和社会发展规划，并建立乡村振兴考核评价制度、工作年度报告制度和监督检查制度。

第十条 国务院农业农村主管部门负责全国乡村振兴促进工作的统筹协调、宏观指导和监督检查；国务院其他有关部门在各自职责范围内负责有关的乡村振兴促进工作。

县级以上地方人民政府农业农村主管部门负责本行政区域内乡村振兴促进工作的统筹协调、指导和监督检查；县级以上地方人民政府其他有关部门在各自职责范围内负责有关的乡村振兴促进工作。

第十一条 各级人民政府及其有关部门应当采取多种形式，广泛宣传乡村振兴促进相关法律法规和政策，鼓励、支持人民团体、社会组织、企事业单位等社会各方面参与乡村振兴促进相关活动。

对在乡村振兴促进工作中作出显著成绩的单位和个人，按照国家有关规定给予表彰和奖励。

第二章　产业发展

第十二条　国家完善农村集体产权制度，增强农村集体所有制经济发展活力，促进集体资产保值增值，确保农民受益。

各级人民政府应当坚持以农民为主体，以乡村优势特色资源为依托，支持、促进农村一二三产业融合发展，推动建立现代农业产业体系、生产体系和经营体系，推进数字乡村建设，培育新产业、新业态、新模式和新型农业经营主体，促进小农户和现代农业发展有机衔接。

第十三条　国家采取措施优化农业生产力布局，推进农业结构调整，发展优势特色产业，保障粮食和重要农产品有效供给和质量安全，推动品种培优、品质提升、品牌打造和标准化生产，推动农业对外开放，提高农业质量、效益和竞争力。

国家实行重要农产品保障战略，分品种明确保障目标，构建科学合理、安全高效的重要农产品供给保障体系。

第十四条　国家建立农用地分类管理制度，严格保护耕地，严格控制农用地转为建设用地，严格控制耕地转为林地、园地等其他类型农用地。省、自治区、直辖市人民政府应当采取措施确保耕地总量不减少、质量有提高。

国家实行永久基本农田保护制度，建设粮食生产功能区、重要农产品生产保护区，建设并保护高标准农田。

地方各级人民政府应当推进农村土地整理和农用地科学安全利用，加强农田水利等基础设施建设，改善农业生产条件。

第十五条 国家加强农业种质资源保护利用和种质资源库建设，支持育种基础性、前沿性和应用技术研究，实施农作物和畜禽等良种培育、育种关键技术攻关，鼓励种业科技成果转化和优良品种推广，建立并实施种业国家安全审查机制，促进种业高质量发展。

第十六条 国家采取措施加强农业科技创新，培育创新主体，构建以企业为主体、产学研协同的创新机制，强化高等学校、科研机构、农业企业创新能力，建立创新平台，加强新品种、新技术、新装备、新产品研发，加强农业知识产权保护，推进生物种业、智慧农业、设施农业、农产品加工、绿色农业投入品等领域创新，建设现代农业产业技术体系，推动农业农村创新驱动发展。

国家健全农业科研项目评审、人才评价、成果产权保护制度，保障对农业科技基础性、公益性研究的投入，激发农业科技人员创新积极性。

第十七条 国家加强农业技术推广体系建设，促进建立有利于农业科技成果转化推广的激励机制和利益分享机制，鼓励企业、高等学校、职业学校、科研机构、科学技术社会团体、农民专业合作社、农业专业化社会化服务组织、农业科技人员等创新推广方式，开展农业技术推广服务。

第十八条 国家鼓励农业机械生产研发和推广应用，推进主要农作物生产全程机械化，提高设施农业、林草业、畜牧业、渔业和农产品初加工的装备水平，推动农机农艺融合、机械化信息化融合，促进机械化生产与农田建设相适应、服务模式与农业适度规模经营相适应。

国家鼓励农业信息化建设，加强农业信息监测预警和综合服务，推进农业生产经营信息化。

第十九条 各级人民政府应当发挥农村资源和生态优势，支持特色农业、休闲农业、现代农产品加工业、乡村手工业、绿色建材、红色旅游、乡村旅游、康养和乡村物流、电子商务等乡村产业的发展；引导新型经营主体通过特色化、专业化经营，合理配置生产要素，促进乡村产业深度融合；支持特色农产品优势区、现代农业产业园、农业科技园、农村创业园、休闲农业和乡村旅游重点村镇等的建设；统筹农产品生产地、集散地、销售地市场建设，加强农产品流通骨干网络和冷链物流体系建设；鼓励企业获得国际通行的农产品认证，增强乡村产业竞争力。

发展乡村产业应当符合国土空间规划和产业政策、环境保护的要求。

第二十条 各级人民政府应当完善扶持政策，加强指导服务，支持农民、返乡入乡人员在乡村创业创新，促进乡村产业发展和农民就业。

第二十一条 各级人民政府应当建立健全有利于农民收入稳定增长的机制，鼓励支持农民拓宽增收渠道，促进农民增加收入。

国家采取措施支持农村集体经济组织发展，为本集体成员提供生产生活服务，保障成员从集体经营收入中获得收益分配的权利。

国家支持农民专业合作社、家庭农场和涉农企业、电子商务企业、农业专业化社会化服务组织等以多种方式与农民建立紧密型利益联结机制，让农民共享全产业链增值收益。

第二十二条 各级人民政府应当加强国有农（林、牧、渔）场规划建设，推进国有农（林、牧、渔）场现代农业发展，鼓励国有农（林、牧、渔）场在农业农村现代化建设中发挥示范引领作用。

第二十三条 各级人民政府应当深化供销合作社综合改革，鼓励供销合作社加强与农民利益联结，完善市场运作机制，强化为农服务功能，发挥其为农服务综合性合作经济组织的作用。

第三章 人才支撑

第二十四条 国家健全乡村人才工作体制机制，采取措施鼓励和支持社会各方面提供教育培训、技术支持、创业指导等服务，培养本土人才，引导城市人才下乡，推动专业人才服务乡村，促进农业农村人才队伍建设。

第二十五条 各级人民政府应当加强农村教育工作统筹，持续改善农村学校办学条件，支持开展网络远程教育，提高农村基础教育质量，加大乡村教师培养力度，采取公费师范教育等方式吸引高等学校毕业生到乡村任教，对长期在乡村任教的教师在职称评定等方面给予优待，保障和改善乡村教师待遇，提高乡村教师学历水平、整体素质和乡村教育现代化水平。

各级人民政府应当采取措施加强乡村医疗卫生队伍建设，支持县乡村医疗卫生人员参加培训、进修，建立县乡村上下贯通的职业发展机制，对在乡村工作的医疗卫生人员实行优惠待遇，鼓励医学院校毕业生到乡村工作，支持医师到乡村医疗卫生机构执业、开办乡村诊所、普及医疗卫生知识，提高乡村医疗卫生服务能力。

各级人民政府应当采取措施培育农业科技人才、经营管理人才、法律服务人才、社会工作人才，加强乡村文化人才队伍建设，培育乡村文化骨干力量。

第二十六条 各级人民政府应当采取措施，加强职业教育和继续教育，组织开展农业技能培训、返乡创业就业培训和职业技能培训，培养有文化、懂技术、善经营、会管理的高素质农民和农村实用人才、创新创业带头人。

第二十七条 县级以上人民政府及其教育行政部门应当指导、支持高等学校、职业学校设置涉农相关专业，加大农村专业人才培养力度，鼓励高等学校、职业学校毕业生到农村就业创业。

第二十八条 国家鼓励城市人才向乡村流动，建立健全城乡、区域、校地之间人才培养合作与交流机制。

县级以上人民政府应当建立鼓励各类人才参与乡村建设的激励机制，搭建社会工作和乡村建设志愿服务平台，支持和引导各类人才通过多种方式服务乡村振兴。

乡镇人民政府和村民委员会、农村集体经济组织应当为返乡入乡人员和各类人才提供必要的生产生活服务。农村集体经济组织可以根据实际情况提供相关的福利待遇。

第四章 文化繁荣

第二十九条 各级人民政府应当组织开展新时代文明实践活动，加强农村精神文明建设，不断提高乡村社会文明程度。

第三十条 各级人民政府应当采取措施丰富农民文化体育生活，倡导科学健康的生产生活方式，发挥村规民约积极作用，普及科学知识，推进移风易俗，破除大操大办、铺张浪费等陈规陋习，提倡孝老爱亲、勤俭节约、诚实守信，促进男女平等，创建文明村镇、文明家庭，培育文明乡风、良好家风、淳朴民风，建设文明乡村。

第三十一条 各级人民政府应当健全完善乡村公共文化体育设施网络和服务运行机制，鼓励开展形式多样的农民群众性文化体育、节日民俗等活动，充分利用广播电视、视听网络和书籍报刊，拓展乡村文化服务渠道，提供便利可及的公共文化服务。

各级人民政府应当支持农业农村农民题材文艺创作，鼓励制作反映农民生产生活和乡村振兴实践的优秀文艺作品。

第三十二条 各级人民政府应当采取措施保护农业文化遗产和非物质文化遗产，挖掘优秀农业文化深厚内涵，弘扬红色文化，传承和发展优秀传统文化。

县级以上地方人民政府应当加强对历史文化名镇名村、传统村落和乡村风貌、少数民族特色村寨的保护，开展保护状况监测和评估，采取措施防御和减轻火灾、洪水、地震等灾害。

第三十三条 县级以上地方人民政府应当坚持规划引导、典型示范，有计划地建设特色鲜明、优势突出的农业文化展示区、文化产业特色村落，发展乡村特色文化体育产业，推动乡村地区传统工艺振兴，积极推动智慧广电乡村建设，活跃繁荣农村文化市场。

第五章 生态保护

第三十四条 国家健全重要生态系统保护制度和生态保护补偿机

制，实施重要生态系统保护和修复工程，加强乡村生态保护和环境治理，绿化美化乡村环境，建设美丽乡村。

第三十五条 国家鼓励和支持农业生产者采用节水、节肥、节药、节能等先进的种植养殖技术，推动种养结合、农业资源综合开发，优先发展生态循环农业。

各级人民政府应当采取措施加强农业面源污染防治，推进农业投入品减量化、生产清洁化、废弃物资源化、产业模式生态化，引导全社会形成节约适度、绿色低碳、文明健康的生产生活和消费方式。

第三十六条 各级人民政府应当实施国土综合整治和生态修复，加强森林、草原、湿地等保护修复，开展荒漠化、石漠化、水土流失综合治理，改善乡村生态环境。

第三十七条 各级人民政府应当建立政府、村级组织、企业、农民等各方面参与的共建共管共享机制，综合整治农村水系，因地制宜推广卫生厕所和简便易行的垃圾分类，治理农村垃圾和污水，加强乡村无障碍设施建设，鼓励和支持使用清洁能源、可再生能源，持续改善农村人居环境。

第三十八条 国家建立健全农村住房建设质量安全管理制度和相关技术标准体系，建立农村低收入群体安全住房保障机制。建设农村住房应当避让灾害易发区域，符合抗震、防洪等基本安全要求。

县级以上地方人民政府应当加强农村住房建设管理和服务，强化新建农村住房规划管控，严格禁止违法占用耕地建房；鼓励农村住房设计体现地域、民族和乡土特色，鼓励农村住房建设采用新型建造技术和绿色建材，引导农民建设功能现代、结构安全、成本经济、绿色环保、与乡村环境相协调的宜居住房。

第三十九条 国家对农业投入品实行严格管理，对剧毒、高毒、高残留的农药、兽药采取禁用限用措施。农产品生产经营者不得使用国家禁用的农药、兽药或者其他有毒有害物质，不得违反农产品质量安全标准和国家有关规定超剂量、超范围使用农药、兽药、肥料、饲料添加剂等农业投入品。

第四十条 国家实行耕地养护、修复、休耕和草原森林河流湖泊休养生息制度。县级以上人民政府及其有关部门依法划定江河湖海限捕、禁捕的时间和区域，并可以根据地下水超采情况，划定禁止、限制开采地下水区域。

禁止违法将污染环境、破坏生态的产业、企业向农村转移。禁止违法将城镇垃圾、工业固体废物、未经达标处理的城镇污水等向农业农村转移。禁止向农用地排放重金属或者其他有毒有害物质含量超标的污水、污泥，以及可能造成土壤污染的清淤底泥、尾矿、矿渣等；禁止将有毒有害废物用作肥料或者用于造田和土地复垦。

地方各级人民政府及其有关部门应当采取措施，推进废旧农膜和农药等农业投入品包装废弃物回收处理，推进农作物秸秆、畜禽粪污的资源化利用，严格控制河流湖库、近岸海域投饵网箱养殖。

第六章　组织建设

第四十一条 建立健全党委领导、政府负责、民主协商、社会协同、公众参与、法治保障、科技支撑的现代乡村社会治理体制和自治、法治、德治相结合的乡村社会治理体系，建设充满活力、和谐有序的善治乡村。

地方各级人民政府应当加强乡镇人民政府社会管理和服务能力建设，把乡镇建成乡村治理中心、农村服务中心、乡村经济中心。

第四十二条 中国共产党农村基层组织，按照中国共产党章程和有关规定发挥全面领导作用。村民委员会、农村集体经济组织等应当在乡镇党委和村党组织的领导下，实行村民自治，发展集体所有制经济，维护农民合法权益，并应当接受村民监督。

第四十三条 国家建立健全农业农村工作干部队伍的培养、配备、使用、管理机制，选拔优秀干部充实到农业农村工作干部队伍，采取措施提高农业农村工作干部队伍的能力和水平，落实农村基层干部相关待遇保障，建设懂农业、爱农村、爱农民的农业农村工作干部队伍。

第四十四条 地方各级人民政府应当构建简约高效的基层管理体制，科学设置乡镇机构，加强乡村干部培训，健全农村基层服务体系，夯实乡村治理基础。

第四十五条 乡镇人民政府应当指导和支持农村基层群众性自治组织规范化、制度化建设，健全村民委员会民主决策机制和村务公开制度，增强村民自我管理、自我教育、自我服务、自我监督能力。

第四十六条 各级人民政府应当引导和支持农村集体经济组织发挥依法管理集体资产、合理开发集体资源、服务集体成员等方面的作用，保障农村集体经济组织的独立运营。

县级以上地方人民政府应当支持发展农民专业合作社、家庭农场、农业企业等多种经营主体，健全农业农村社会化服务体系。

第四十七条 县级以上地方人民政府应当采取措施加强基层群团组

织建设，支持、规范和引导农村社会组织发展，发挥基层群团组织、农村社会组织团结群众、联系群众、服务群众等方面的作用。

第四十八条 地方各级人民政府应当加强基层执法队伍建设，鼓励乡镇人民政府根据需要设立法律顾问和公职律师，鼓励有条件的地方在村民委员会建立公共法律服务工作室，深入开展法治宣传教育和人民调解工作，健全乡村矛盾纠纷调处化解机制，推进法治乡村建设。

第四十九条 地方各级人民政府应当健全农村社会治安防控体系，加强农村警务工作，推动平安乡村建设；健全农村公共安全体系，强化农村公共卫生、安全生产、防灾减灾救灾、应急救援、应急广播、食品、药品、交通、消防等安全管理责任。

第七章 城乡融合

第五十条 各级人民政府应当协同推进乡村振兴战略和新型城镇化战略的实施，整体筹划城镇和乡村发展，科学有序统筹安排生态、农业、城镇等功能空间，优化城乡产业发展、基础设施、公共服务设施等布局，逐步健全全民覆盖、普惠共享、城乡一体的基本公共服务体系，加快县域城乡融合发展，促进农业高质高效、乡村宜居宜业、农民富裕富足。

第五十一条 县级人民政府和乡镇人民政府应当优化本行政区域内乡村发展布局，按照尊重农民意愿、方便群众生产生活、保持乡村功能和特色的原则，因地制宜安排村庄布局，依法编制村庄规划，分类有序推进村庄建设，严格规范村庄撤并，严禁违背农民意愿、违反法定程序撤并村庄。

第五十二条 县级以上地方人民政府应当统筹规划、建设、管护城乡道路以及垃圾污水处理、供水供电供气、物流、客运、信息通信、广播电视、消防、防灾减灾等公共基础设施和新型基础设施，推动城乡基础设施互联互通，保障乡村发展能源需求，保障农村饮用水安全，满足农民生产生活需要。

第五十三条 国家发展农村社会事业，促进公共教育、医疗卫生、社会保障等资源向农村倾斜，提升乡村基本公共服务水平，推进城乡基本公共服务均等化。

国家健全乡村便民服务体系，提升乡村公共服务数字化智能化水平，支持完善村级综合服务设施和综合信息平台，培育服务机构和服务类社会组织，完善服务运行机制，促进公共服务与自我服务有效衔接，增强生产生活服务功能。

第五十四条 国家完善城乡统筹的社会保障制度，建立健全保障机制，支持乡村提高社会保障管理服务水平；建立健全城乡居民基本养老保险待遇确定和基础养老金标准正常调整机制，确保城乡居民基本养老保险待遇随经济社会发展逐步提高。

国家支持农民按照规定参加城乡居民基本养老保险、基本医疗保险，鼓励具备条件的灵活就业人员和农业产业化从业人员参加职工基本养老保险、职工基本医疗保险等社会保险。

国家推进城乡最低生活保障制度统筹发展，提高农村特困人员供养等社会救助水平，加强对农村留守儿童、妇女和老年人以及残疾人、困境儿童的关爱服务，支持发展农村普惠型养老服务和互助性养老。

第五十五条 国家推动形成平等竞争、规范有序、城乡统一的人力资源市场，健全城乡均等的公共就业创业服务制度。

县级以上地方人民政府应当采取措施促进在城镇稳定就业和生活的农民自愿有序进城落户，不得以退出土地承包经营权、宅基地使用权、集体收益分配权等作为农民进城落户的条件；推进取得居住证的农民及其随迁家属享受城镇基本公共服务。

国家鼓励社会资本到乡村发展与农民利益联结型项目，鼓励城市居民到乡村旅游、休闲度假、养生养老等，但不得破坏乡村生态环境，不得损害农村集体经济组织及其成员的合法权益。

第五十六条 县级以上人民政府应当采取措施促进城乡产业协同发展，在保障农民主体地位的基础上健全联农带农激励机制，实现乡村经济多元化和农业全产业链发展。

第五十七条 各级人民政府及其有关部门应当采取措施鼓励农民进城务工，全面落实城乡劳动者平等就业、同工同酬，依法保障农民工工资支付和社会保障权益。

第八章 扶持措施

第五十八条 国家建立健全农业支持保护体系和实施乡村振兴战略财政投入保障制度。县级以上人民政府应当优先保障用于乡村振兴的财政投入，确保投入力度不断增强、总量持续增加、与乡村振兴目标任务相适应。

省、自治区、直辖市人民政府可以依法发行政府债券，用于现代农业设施建设和乡村建设。

各级人民政府应当完善涉农资金统筹整合长效机制，强化财政资金监督管理，全面实施预算绩效管理，提高财政资金使用效益。

第五十九条 各级人民政府应当采取措施增强脱贫地区内生发展能力，建立农村低收入人口、欠发达地区帮扶长效机制，持续推进脱贫地区发展；建立健全易返贫致贫人口动态监测预警和帮扶机制，实现巩固拓展脱贫攻坚成果同乡村振兴有效衔接。

国家加大对革命老区、民族地区、边疆地区实施乡村振兴战略的支持力度。

第六十条 国家按照增加总量、优化存量、提高效能的原则，构建以高质量绿色发展为导向的新型农业补贴政策体系。

第六十一条 各级人民政府应当坚持取之于农、主要用之于农的原则，按照国家有关规定调整完善土地使用权出让收入使用范围，提高农业农村投入比例，重点用于高标准农田建设、农田水利建设、现代种业提升、农村供水保障、农村人居环境整治、农村土地综合整治、耕地及永久基本农田保护、村庄公共设施建设和管护、农村教育、农村文化和精神文明建设支出，以及与农业农村直接相关的山水林田湖草沙生态保护修复、以工代赈工程建设等。

第六十二条 县级以上人民政府设立的相关专项资金、基金应当按照规定加强对乡村振兴的支持。

国家支持以市场化方式设立乡村振兴基金，重点支持乡村产业发展和公共基础设施建设。

县级以上地方人民政府应当优化乡村营商环境，鼓励创新投融资方式，引导社会资本投向乡村。

第六十三条 国家综合运用财政、金融等政策措施，完善政府性融资担保机制，依法完善乡村资产抵押担保权能，改进、加强乡村振兴的金融支持和服务。

财政出资设立的农业信贷担保机构应当主要为从事农业生产和与农业生产直接相关的经营主体服务。

第六十四条 国家健全多层次资本市场，多渠道推动涉农企业股权融资，发展并规范债券市场，促进涉农企业利用多种方式融资；丰富农产品期货品种，发挥期货市场价格发现和风险分散功能。

第六十五条 国家建立健全多层次、广覆盖、可持续的农村金融服务体系，完善金融支持乡村振兴考核评估机制，促进农村普惠金融发展，鼓励金融机构依法将更多资源配置到乡村发展的重点领域和薄弱环节。

政策性金融机构应当在业务范围内为乡村振兴提供信贷支持和其他金融服务，加大对乡村振兴的支持力度。

商业银行应当结合自身职能定位和业务优势，创新金融产品和服务模式，扩大基础金融服务覆盖面，增加对农民和农业经营主体的信贷规模，为乡村振兴提供金融服务。

农村商业银行、农村合作银行、农村信用社等农村中小金融机构应当主要为本地农业农村农民服务，当年新增可贷资金主要用于当地农业农村发展。

第六十六条 国家建立健全多层次农业保险体系，完善政策性农业保险制度，鼓励商业性保险公司开展农业保险业务，支持农民和农业经营主体依法开展互助合作保险。

县级以上人民政府应当采取保费补贴等措施，支持保险机构适当增加保险品种，扩大农业保险覆盖面，促进农业保险发展。

第六十七条 县级以上地方人民政府应当推进节约集约用地，提高土地使用效率，依法采取措施盘活农村存量建设用地，激活农村土地资源，完善农村新增建设用地保障机制，满足乡村产业、公共服务设施和农民住宅用地合理需求。

县级以上地方人民政府应当保障乡村产业用地，建设用地指标应当向乡村发展倾斜，县域内新增耕地指标应当优先用于折抵乡村产业发展所需建设用地指标，探索灵活多样的供地新方式。

经国土空间规划确定为工业、商业等经营性用途并依法登记的集体经营性建设用地，土地所有权人可以依法通过出让、出租等方式交由单位或者个人使用，优先用于发展集体所有制经济和乡村产业。

第九章 监督检查

第六十八条 国家实行乡村振兴战略实施目标责任制和考核评价制度。上级人民政府应当对下级人民政府实施乡村振兴战略的目标完成情况等进行考核，考核结果作为地方人民政府及其负责人综合考核评价的重要内容。

第六十九条 国务院和省、自治区、直辖市人民政府有关部门建立客观反映乡村振兴进展的指标和统计体系。县级以上地方人民政府应当对本行政区域内乡村振兴战略实施情况进行评估。

第七十条 县级以上各级人民政府应当向本级人民代表大会或者其常务委员会报告乡村振兴促进工作情况。乡镇人民政府应当向本级人民代表大会报告乡村振兴促进工作情况。

第七十一条 地方各级人民政府应当每年向上一级人民政府报告乡村振兴促进工作情况。

县级以上人民政府定期对下一级人民政府乡村振兴促进工作情况开展监督检查。

第七十二条 县级以上人民政府发展改革、财政、农业农村、审计等部门按照各自职责对农业农村投入优先保障机制落实情况、乡村振兴资金使用情况和绩效等实施监督。

第七十三条 各级人民政府及其有关部门在乡村振兴促进工作中不履行或者不正确履行职责的，依照法律法规和国家有关规定追究责任，对直接负责的主管人员和其他直接责任人员依法给予处分。

违反有关农产品质量安全、生态环境保护、土地管理等法律法规的，由有关主管部门依法予以处罚；构成犯罪的，依法追究刑事责任。

第十章 附则

第七十四条 本法自 2021 年 6 月 1 日起施行。

国务院
关于探索建立涉农资金统筹整合长效机制的意见

2017 年 12 月 8 日　　　　　　　　　　　　国发〔2017〕54 号

各省、自治区、直辖市人民政府，国务院各部委、各直属机构：

探索建立涉农资金统筹整合长效机制，是发挥财税体制改革牵引作用、推进农业供给侧结构性改革的重要途径，是加快农业现代化步伐和农村全面建成小康社会的有力保障。近年来，按照党中央、国务院决策部署，各地区、各有关部门探索推进涉农资金统筹整合，取得了积极进展。但涉农资金统筹整合仍面临一些问题和困难，涉农资金管理的体制机制性问题进一步凸显。为加强涉农资金统筹整合，探索建立长效机制，现提出如下意见。

一、总体要求

（一）指导思想。全面贯彻党的十九大精神，以习近平新时代中国特色社会主义思想为指导，认真落实党中央、国务院决策部署，统筹推进“五位一体”总体布局和协调推进“四个全面”战略布局，坚持稳中求进工作总基调，牢固树立和贯彻落实创新、协调、绿色、开放、共享的发展理念，遵循国家“三农”工作方针政策，紧紧围绕实施乡村振兴战略，将涉农资金统筹整合作为深化财税体制改革和政府投资体制改革的重要内容，优化财政支农投入供给，加强财政支农政策顶层设计，理顺涉农资金管理体系，创新涉农资金使用管理机制，改革和完善农村投融资体制，切实提升国家支农政策效果和支农资金使用效益。

（二）基本原则。坚持问题导向。主要针对当前涉农资金多头管理、交叉重复、使用分散等问题，优化顶层设计，创新体制机制，完善政策措施，不断提高涉农资金使用效益。支持连片特困地区县和国家扶贫开发工作重点县把专项扶贫资金、相关涉农资金和社会帮扶资金捆绑集中使用。

坚持简政放权。深入推进涉农领域“放管服”改革，进一步推动审批权下放，赋予地方必要的统筹涉农资金的自主权，激励地方积极主动作为。加强事中事后监管，依法依规、有序有效推进涉农资金统筹整合。

坚持统筹协调。各方协作，上下联动，促进中央宏观指导和地方自主统筹的有机结合，推进合理划分农业领域中央与地方财政事权和支出责任，明晰部门职责关系，建立激励约束机制，充分调动各方积极性。

坚持分类施策。按照专项转移支付和基建投资（即预算内投资，下同）管理的职责分工，在中央、省、市、县等层级分类有序推进涉农资金统筹整合，对行业内涉农资金在预算编制环节进行源头整合，行业间涉农资金主要在预算执行环节进行统筹，加强行业内涉农资金整合与行业间涉农资金统筹的衔接配合。

（三）主要目标。到 2018 年，实现农业发展领域行业内涉农专项转移支付的统筹整合。到2019年，基本实现农业发展领域行业间涉农专项转移支付和涉农基建投资的分类统筹整合。到2020年，构建形成农业发展领域权责匹配、相互协调、上下联动、步调一致的涉农资金（涉农专项转移支付和涉农基建投资）统筹整合长效机制，并根据农业领域中央与地方财政事权和支出责任划分改革以及转移支付制度改革，适时调整完善。

二、推进行业内涉农资金整合

（四）归并设置涉农资金专项。中央涉农资金以党中央、国务院有关决策部署和相关法律法规为依据，根据预算法等相关规定按程序设立。进一步完善现行涉农资金管理体系，按照涉农专项转移支付和涉农基建投资两大类，对行业内交叉重复的中央涉农资金予以清理整合。中央层面构建涉农资金管理体系，其中涉农专项转移支付以农业生产发展、农业资源及生态保护、农村土地承包经营权确权登记颁证、动物防疫、农业综合开发、土地整治、林业生态保护恢复、林业改革发展、水利发展、大中型水库移民后期扶持、农业生产救灾及特大防汛抗旱等大专项为主体，涉农基建投资以重大水利工程、水生态及中小河流治理等其他水利工程、农村饮水安全巩固提升、重大水利项目勘察设计等前期工作、农业生产发展、农业可持续发展、现代农业支撑体系、森林资源培育、重点区域生态保护与修复、生态保护支撑体系、农村民生工程等大专项为主体。对清理整合后的涉农资金，进一步明确政策目标、扶持对象、补助标准、实施期限、绩效管理等。（财政部、国家发展改革委、

国土资源部、水利部、农业部、国家林业局等负责，2019年基本完成并逐步完善）

（五）合理设定任务清单。中央涉农资金在建立大专项的基础上，实行“大专项+任务清单”管理模式。有关部门根据各项涉农资金应当保障的政策内容设立任务清单。任务清单区分约束性任务和指导性任务，给予地方不同的整合权限，实施差别化管理。约束性任务主要包括党中央、国务院明确要求的涉及国计民生的事项、重大规划任务、新设试点任务以及农业生产救灾、对农牧民直接补贴等，其他任务为指导性任务。充分赋予地方自主权，允许地方在完成约束性任务的前提下，根据当地产业发展需要，区分轻重缓急，在同一大专项内调剂使用资金。任务清单按照专项转移支付、基建投资两大类，分别由财政部、国家发展改革委衔接平衡，并会同有关部门对任务清单定期开展评估，建立调整优化和退出机制，为最终形成中央领导、合理授权、依法规范、运转高效的财政事权和支出责任划分模式奠定实践基础。（财政部、国家发展改革委、国土资源部、水利部、农业部、国家林业局等负责，2019年基本完成并逐步完善）

（六）同步下达资金与任务清单。财政部、国家发展改革委按照专项转移支付、基建投资管理的职责分工，分别会同有关部门按照因素法、项目法等方式分配中央涉农资金，统筹考虑任务清单中各项任务的性质，不断完善涉农资金分配指标体系。加强资金分配与任务清单的衔接匹配，确保资金投入与任务相统一。以大专项为单位，实现涉农资金和任务清单集中同步下达。省级有关部门要组织完成约束性任务，因地制宜统筹安排指导性任务，进行细化分解，制定资金使用方案和任务完成计划，并分别报财政部、国家发展改革委和有关部门备案。进一步创新完善省级以下涉农资金管理体制，明确省级与市县级的责任分工，充分调动基层工作积极性。（财政部、国家发展改革委、国土资源部、水利部、农业部、国家林业局、地方人民政府等负责，2019年基本完成并逐步完善）

（七）建立与整合相适应的绩效评价制度。财政部、国家发展改革委要会同有关部门根据省级制定的资金使用方案、任务完成计划和绩效目标开展绩效考核，逐步建立以绩效评价结果为导向的涉农资金大专项和任务清单设置机制及资金分配机制。健全完善科学全面的绩效评价指标体系，逐步由单项任务绩效考核向行业综合绩效考核转变。建立健全奖励激励机制，对涉农资金统筹整合成效突出的地方在资金安排上予以适当倾斜。（财政部、国家发展改革委、国土资源部、水利部、农业部、国家林业局等负责，2019年基本完成并逐步完善）

三、推进行业间涉农资金统筹

（八）充分发挥规划的引领作用。地方各级人民政府要摸清涉农资金底数，根据财政收支形势等情况编制三年滚动财政规划和政府投资规划，并与国民经济和社会发展五年规划纲要及相关涉农专项规划进行衔接。对因地制宜搭建的各类涉农资金统筹整合平台，如支持农村一二三产业融合发展、推进适度规模经营、扶持小农户生产、支持特色优势产业发展等，要科学编制有关专项规划、区域规划，不断提升规划的适用性和可操作性，以规划引领涉农资金统筹使用和集中投入。（地方人民

政府负责，2018 年起持续推进）

（九）加强性质相同、用途相近的涉农资金统筹使用。针对多个部门安排的性质相同、用途相近的涉农资金，如各类支持高标准农田建设的资金等，加大预算执行环节的统筹协调力度。有关部门要建立部际会商机制，沟通资金流向，统一建设标准，完善支持方式，加强指导服务，为地方推进涉农资金统筹使用创造条件。地方可在确保完成目标任务的前提下，将各级财政安排的性质相同、用途相近的涉农资金纳入同一资金池，统一设计方案、统一资金拨付、统一组织实施、统一考核验收，形成政策合力，提升资金使用效益。财政部、国家发展改革委要会同有关部门及时总结地方在预算执行环节的统筹经验，进一步明确职责分工和资金用途，逐步实现同一工作事项按照部门职责分工由一个行业部门统筹负责。（财政部、国家发展改革委、国土资源部、水利部、农业部、国家林业局、地方人民政府等负责，2018 年起持续推进）

（十）促进功能互补、用途衔接的涉农资金集中投入。支持省、市、县级人民政府围绕改革任务、优势区域、重点项目等，按照“渠道不乱、用途不变、集中投入、各负其责、各记其功、形成合力”的原则，统筹安排各类功能互补、用途衔接的涉农资金。充分发挥地方特别是县级涉农资金统筹整合的主体作用，挖掘亮点典型，总结推广经验，自下而上完善涉农资金统筹整合体制机制。（财政部、国家发展改革委、国土资源部、水利部、农业部、国家林业局、地方人民政府等负责，2018 年起持续推进）

四、改革完善涉农资金管理体制机制

（十一）加强管理制度体系建设。继续对涉农资金管理制度进行清理、修订和完善，做到每一项涉农资金对应一个资金管理办法。加强现行各项管理制度的衔接，指导地方制定与中央涉农资金相对应的管理细则。各地在出台或修订相关管理制度时，要充分考虑中央关于涉农资金统筹整合的要求。切实加强制度培训和执行工作，确保涉农资金统筹整合取得实效。（财政部、国家发展改革委、国土资源部、水利部、农业部、国家林业局、地方人民政府等负责，2019 年基本完成并逐步完善）

（十二）进一步下放审批权限。有关部门要按照简政放权、放管结合、优化服务改革的总体要求，在做好宏观指导的基础上，统筹考虑项目投入、项目性质等因素，进一步下放涉农项目审批权限，赋予地方相机施策和统筹资金的自主权。强化地方人民政府特别是县级人民政府统筹使用涉农资金的责任，不断提高项目决策的自主性和灵活度。（财政部、国家发展改革委、国土资源部、水利部、农业部、国家林业局、地方人民政府等负责，2018 年起持续推进）

（十三）充实涉农资金项目库。依据国家"三农"工作方针政策和相关规划，编制政府投资项目三年滚动计划，加强各类涉农项目储备。完善项目论证、评审等工作流程，对相关项目库内项目实施动态管理。加强财政、发展改革和行业部门之间，中央和地方之间，年度之间项目库的衔接，归并重复设置的涉农项目。加快资金安排进度，适当简化、整合项目报建手续，健全完善考核措施，确保项目发挥效益。根据项目性质，采取投资补助、民办公助、贷款贴息等方式予以支持，不断提升涉农项目的公众参与度。（财政部、国家发展改革委、国土资源部、水利部、农业部、国家林业局、地方人民政府等负责，2018 年起持续推进）

（十四）加强涉农资金监管。有关部门及地方各级人民政府要加强对涉农资金的监管，形成权责明确、有效制衡、齐抓共管的监管格局，防止借统筹整合名义挪用涉农资金。探索建立第三方评估体系，通过竞争择优的方式选择专家学者、研究机构等对涉农资金政策进行评估。完善决策程序，健全决策责任追究制度，对违反涉农资金统筹整合相关制度规定、造成涉农资金重大损失的，要对相关责任人予以问责。严肃查处违纪违法违规行为，及时追回被骗取、冒领、挤占、截留、挪用的涉农资金，依纪依法追究相关单位和责任人的责任。加强信用监管，对严重失信主体探索建立联合惩戒机制。（财政部、国家发展改革委、国土资源部、水利部、农业部、国家林业局、地方人民政府等负责，2018 年起持续推进）

（十五）加大信息公开公示力度。全面推进信息公开，健全公告公示制度。地方各级人民政府及有关部门在涉农资金的统筹整合方案决策前要听取各方意见，管理办法、资金规模、扶持范围、分配结果等应按规定向社会公开。利用互联网、大数据等信息化手段，探索实行“互联网 + 监管”新模式。推动县级建立统一的涉农资金信息公开网络平台。各地应结合涉农资金管理使用情况，明确不同层级公告公示的具体内容、时间要求和工作程序。建立健全村务监督机制，继续完善行政村公告公示制度。（财政部、国家发展改革委、国土资源部、水利部、农业部、国家林业局、地方人民政府等负责，2018 年起持续推进）

五、保障措施

（十六）加强组织领导。地方各级人民政府要高度重视，把涉农资金统筹整合工作摆在突出位置，切实承担主体责任，为推进统筹整合工作提供组织保障。建立政府统一领导、相关部门参与的涉农资金统筹整合领导小组及办公室，统一思想认识，加大协调力度，制定实施方案，狠抓工作落实。（地方人民政府负责，2018 年基本建成并持续加强领导）

（十七）加强部门协同。各有关部门要加强沟通配合，为推进涉农资金统筹整合工作提供机制保障。财政、发展改革部门要以资金、规划和任务清单管理为抓手，指导和支持涉农资金统筹整合。行业部门要科学设置、细化分解任务清单，做好任务落实和考核评价等工作。（财政部、国家发展改革委、国土资源部、水利部、农业部、国家林业局、地方人民政府等负责，2019 年基本完成并逐步完善）

（十八）鼓励探索创新。贫困县涉农资金统筹整合试点、黑龙江省“两大平原”涉农资金整合第二阶段试点、市县涉农资金整合优化试点、省级涉农资金管理改革试点和湖南省以高标准农田建设为平台开展涉农资金整合试点等相关试点，在试点期内，继续按相关规定实施。鼓励各地根据行业内资金整合与行业间资金统筹的工作思路，因地制宜开展多层级、多形式的涉农资金统筹整合，突破现有管理制度规定的，应按管理权限和程序报批或申请授权。在开展涉农资金统筹整合中涉及财政专项扶贫资金时，要遵循精准使用的原则，不得用于非建档立卡贫困户和非扶贫领域。地方各级人民政府可参照“大专项＋任务清单”管理模式，在预算编制环节合理设置本级涉农资金大专项，探索实施任务清单差别

化管理。（财政部、国家发展改革委、国土资源部、水利部、农业部、国家林业局、地方人民政府等负责，2018 年起持续推进）

（十九）加强舆论宣传。认真总结和推广各地区、各有关部门在涉农资金统筹整合中的好经验、好做法，加强信息报送和政策宣传，注重宣传的引导性和时效性，努力营造全社会关心、支持涉农资金统筹整合的新局面。（财政部、国家发展改革委、国土资源部、水利部、农业部、国家林业局、地方人民政府等负责，2018 年起持续推进）

国务院

2017 年 12 月 8 日

（此件公开发布）

财政部
关于印发《财政部门财政扶贫资金违规管理责任追究办法》的通知

2019 年 6 月 30 日　　财监〔2019〕21 号

各省、自治区、直辖市、计划单列市财政厅（局），新疆生产建设兵团财政局，部机关有关司局，财政部各地监管局：

为全面贯彻落实党中央、国务院脱贫攻坚决策部署，进一步加强和规范财政扶贫资金管理，确保资金安全，提高资金使用效益，根据《中华人民共和国预算法》《财政违法行为处罚处分条例》及相关法律法规，结合近年来财政扶贫资金管理实际，我们制定了《财政部门财政扶贫资金违规管理责任追究办法》。现印发你们，请遵照执行。

附件:《财政部门财政扶贫资金违规管理责任追究办法》

财政部

2019 年 6 月 30 日

财政部门财政扶贫资金违规管理责任追究办法

第一章　总则

第一条　为进一步加强和规范财政部门财政扶贫资金管理，依法严肃责任追究，提高资金使用效益，确保高质量高标准完成脱贫攻坚任务，根据《中华人民共和国预算法》《财政违法行为处罚处分条例》以及相关法律法规规定，制定本办法。

第二条　本办法适用于违规管理财政扶贫资金应当受到责任追究的各级财政部门及其工作人员。

第三条　本办法所指财政扶贫资金包括以下范围：

中央本级的财政扶贫资金，是指《财政部关于全面加强脱贫攻坚期内各级各类扶贫资金管理的意见》(财办〔2018〕24 号）所界定的用于支持现行标准下脱贫攻坚目标的各类转移支付资金（含对个人和家庭的补助)。

地方各级财政结合本地实际，参照中央资金范围，确定地方各级财政扶贫资金的具体范围。

第四条 财政扶贫资金的违规管理责任追究，遵循依法依规、客观公正、权责一致、惩教结合的原则。

第二章 追责情形和追责形式

第五条 有以下情形之一的，应当对相关财政部门及其工作人员实施责任追究：

（一）以弄虚作假手段骗取、套取财政扶贫资金的；

（二）无故延迟拨付财政扶贫资金造成扶贫资金闲置的；

（三）贪污、挪用财政扶贫资金的；

（四）违反规定擅自改变财政扶贫资金使用计划、方式的；

（五）在招投标或者政府采购活动中弄虚作假谋取私利或不符合相关规定的；

（六）伪造、变造、销毁有关账簿表册凭证的；

（七）未按规定执行扶贫资金项目公告公示制度的；

（八）在财政扶贫资金管理中未按照规定执行财政扶贫资金相关政策和标准的；

（九）在履行财政扶贫资金管理监督职责过程中滥用职权谋取私利的；

（十）其他违反规定管理使用财政扶贫资金的行为。

第六条 对财政部门追责的形式包括：责令改正，调整有关会计账目，追回有关财政扶贫资金，限期退还违法所得，对单位给予警告或者通报批评等。

第七条 对财政部门工作人员追责的形式包括：

（一）政务处分或行政处分。对失职失责，应当给予政务处分或行政处分的，依照《中华人民共和国公务员法》《中华人民共和国监察法》《财政违法行为处罚处分条例》等有关规定追究相应责任。

（二）纪律处分。对失职失责，应当给予纪律处分的，依照《中国共产党纪律处分条例》《中国共产党问责条例》等有关规定追究相应责任。

上述追责方式可以单独使用，也可以合并使用。追责对象涉嫌犯罪的，应当及时移送司法机关依法处理。

第三章　移送程序

第八条　本级财政部门对依法依纪应当追究责任的人员无权处理的，应当移送有权部门处理。

第九条　本级财政部门承办机构认为需要移送案件、线索等，应提出移送建议，本级财政部门应当指定2名以上工作人员或者内部有关机构对是否移送进行复核，并提出移送处理意见，报本级财政部门负责人审批。

本级财政部门办理移送时，应当向受移送机关提交移送通知书，并附下列材料：

（一）基本情况；

（二）检查报告或者调查报告；

（三）已作出处理处罚的情况以及处理处罚建议；

（四）有关证据；

（五）问题款物清单；

（六）移送通知书送达回证；

（七）其他需要移送的材料。

第十条 本级财政部门应当及时掌握移送进展情况。移送后超过 30 日尚未收到送达回证的，或者受理后超过 90 日尚未收到书面处理结果的，应当向受移送机关函询移送进展情况。

第四章 附则

第十一条 地方各级财政部门可结合本地区实际，参照制定具体办法。

第十二条 本办法自公布之日起 30 日后施行。

中国银保监会 财政部 中国人民银行 国家乡村振兴局 关于深入扎实做好过渡期脱贫人口小额信贷工作的通知

2021 年 3 月 4 日　　　　银保监发〔2021〕6 号

各银保监局，各省、自治区、直辖市财政厅（局），中国人民银行上海总部、各分行、营业管理部、各省会（首府）城市中心支行，各省、自治区、直辖市扶贫办（乡村振兴局），各政策性银行、大型银行、股份制银行：

扶贫小额信贷是金融扶贫的重要创新，是精准扶贫的重要抓手，是脱贫攻坚的品牌工作，在解决建档立卡贫困群众融资难融资贵问题、支持贫困地区产业发展和改善乡村基层治理等方面发挥了积极作用，为如期全面打赢脱贫攻坚战作出了重要贡献。为认真贯彻习近平总书记对扶贫小额信贷工作的重要指示精神，深入落实党中央、国务院关于巩固拓展脱贫攻坚成果同乡村振兴有效衔接的决策部署，扶贫小额信贷政策在过渡期内将继续坚持并进一步优化完善，切实满足脱贫人口小额信贷需求，支持脱贫人口发展生产稳定脱贫。现就做好过渡期脱贫人口小额信贷工作通知如下：

一、脱贫人口小额信贷政策要点

（一）支持对象：建档立卡脱贫人口，以户为单位发放贷款。边缘易致贫户可按照执行。

（二）贷款金额：原则上 5 万元（含）以下。

（三）贷款期限：3 年期（含）以内。

（四）贷款利率：鼓励银行机构以贷款市场报价利率（LPR）放款，贷款利率可根据贷款户信用评级、还款能力、贷款成本等因素适当浮动，1 年期（含）以下贷款利率不超过 1 年期 LPR，1 年期至 3 年期（含）贷款利率不超过 5 年期以上 LPR。贷款利率在贷款合同期内保持不变。

（五）担保方式：免担保免抵押。

（六）贴息方式：财政资金对贷款适当贴息，地方财政部门应根据需要和财力状况，合理确定贴息比例，保持过渡期内政策力度总体稳定。

（七）风险补偿机制：已设立扶贫小额信贷风险补偿金的县保持现行机制基本稳定，鼓励其他地区通过适当方式分担贷款风险。

（八）贷款用途：坚持户借、户用、户还，精准用于贷款户发展生产和开展经营，不能用于结婚、建房、理财、购置家庭用品等非生产性支出，也不能以入股分红、转贷、指标交换等方式交由企业或其他组织使用。

（九）贷款条件：申请贷款人员必须遵纪守法、诚实守信、无重大不良信用记录，并具有完全民事行为能力；必须通过银行评级授信、有贷款意愿、有必要的劳动生产技能和一定还款能力；必须将贷款资金用于不违反法律法规规定的产业和项目，且有一定市场前景；借款人年龄原则上应在 18 周岁（含）—65 周岁（含）之间。

（十）实施时间：文件印发之日至 2025 年 12 月 31 日。

二、切实满足脱贫人口信贷需求

（一）积极做好信贷投放。银行机构要根据脱贫人口的产业特点、生产周期、还款能力等实际情况，在符合政策、风险可控的前提下，准确开展评级授信，合理确定贷款额度和期限，优化业务审批流程，努力满足脱贫人口贷款需求。

（二）加强续贷和展期管理。脱贫人口小额信贷可续贷或展期 1 次，脱贫攻坚期内发放的扶贫小额信贷在过渡期内到期的，也可续贷或展期 1 次，续贷或展期期间各项政策保持不变，经办银行要合规审慎办理续贷或展期。已还清贷款且符合贷款条件的脱贫人口可多次申请贷款。

（三）合理追加贷款。办理脱贫人口小额信贷后，对个别确有需要且具备还款能力的，可予以追加贷款支持，追加贷款后，单户脱贫人口小额信贷不得超过10万元，5万元以上部分贷款不予贴息，也不纳入风险补偿范围。

（四）创新信贷服务方式。鼓励银行机构基于脱贫人口生产经营数据，在保障用户隐私和数据安全的前提下，依法合规通过互联网、大数据等金融科技手段开发授信模型，推动开展供应链金融、批量授信、快速审批等信贷新模式，开展高效便捷金融服务。

三、有效防控信贷风险

（一）完善银行机构信贷管理机制。银行机构要健全完善脱贫人口小额信贷审批流程和内控管理，科学合理制定信贷计划，自主决策发放贷款，不过度强调获贷率，避免向不符合条件、没有还款能力的脱贫人口发放贷款。要认真做好贷前调查、贷中审查、贷后管理，及时准确掌握贷款资金流向。

（二）稳妥处置逾期贷款。监管部门、财政部门、人民银行分支机构、扶贫（乡村振兴）部门等部门要全面监测掌握脱贫人口小额信贷情况，加强分析研判，及时提示风险，合力解决突出问题。银行机构要努力争取地方党委、政府支持，依法合规、积极稳妥做好贷款风险防控、清收处置等工作。

（三）健全风险补偿和分担机制。已建立扶贫小额信贷风险补偿机制的地区要在保持工作机制总体稳定的基础上，动态调整，规范使用，积极做好风险补偿，进一步提高财政资金使用效率。鼓励各地探索采用政府购买服务、保费补贴等方式，引入政府性担保机构和保险公司分担脱贫人口小额信贷风险，明确约定风险分担比例和启动条件。不得让贷款对象承担风险补偿、担保和保险费用，不得要求贷款对象提供反担保。

（四）规范信贷资金发放和使用。加强脱贫人口小额信贷管理，加大监督检查力度，杜绝“搭便车”“户贷企用”等违规行为。对因个人主观恶意而调整出列、不再符合贷款条件的贷款户，银行机构要及时收回贷款或转为农户贷款。对恶意拖欠银行贷款、存在逃废债行为的，要纳入失信债务人名单。

四、进一步夯实工作基础

（一）促进脱贫人口融入产业发展。支持在脱贫地区培育发展县域支柱产业和优势特色产业，为脱贫人口自主发展产业提供良好环境。充分发挥村两委、驻村第一书记和工作队作用，帮助脱贫人口选择合适的产业，组织开展生产技术、市场销售等方面培训。发挥新型农业经营主体、龙头企业带动作用，提高脱贫人口发展产业的组织化程度。大力发展农业保险特别是特色农产品保险，深入开展大病保险和人身意外伤害保险，为脱贫人口提供充足风险保障。

（二）推进脱贫地区信用体系建设。深入开展面向脱贫地区、脱贫人口的金融知识宣传活动，大力评选创建信用乡镇、信用村、信用户，广泛开展评级授信，提高脱贫人口信用意识，改善脱贫地区金融生态环境。

（三）坚持分片包干责任制。监管部门负责在脱贫人口数量较多的乡镇，指定1家设有网点的银行机构作为脱贫人口小额信贷主责任银行，对脱贫人口实行名单制管理，确保应贷尽贷。

（四）持续开展银行基层机构与基层党组织“双基”联动。完善县乡村三级金融服务体系，提高金融服务脱贫人口能力。用好村两委、驻村第一书记和工作队等基层力量，协助做好脱贫人口小额信贷政策宣传、贷后管理等工作。

五、不断完善支持政策

（一）实施差异化监管政策。监管部门要指导做好脱贫人口小额信贷投放和风险防范，适当提高不良贷款容忍度，对脱贫人口小额信贷不良率高于银行机构各项贷款不良率目标3个百分点以内的，不作为监管部门监管评价和银行机构内部考核评价扣分因素，督促银行机构落实脱贫人口小额信贷尽职免责制度。

（二）用好货币政策工具。人民银行要运用再贷款、差异化存款准备金等货币政策工具，支持银行机构发放脱贫人口小额信贷。

（三）强化财政资金撬动作用。财政部门要发挥好职能作用，各地要及时安排好财政贴息资金，配合做好相关工作。

（四）加大扶贫（乡村振兴）部门工作力度。扶贫（乡村振兴）部门特别是县级扶贫（乡村振兴）部门，要将脱贫人口小额信贷作为巩固拓展脱贫成果的重要工作抓紧抓好，及时向银行机构提供和更新脱贫人口、边缘易致贫人口名单，做好组织协调、政策宣传、产业指导等工作。

六、认真抓好工作落实

（一）加强组织领导。各级监管部门、财政部门、人民银行分支机构、扶贫（乡村振兴）部门要进一步提高思想认识，强化政治担当，加大工作统筹、政策协调和信息共享力度，充分发挥工作合力。

（二）抓好贯彻落实。要广泛开展脱贫人口小额信贷政策培训，认真做好贷款统计监测和分析调度工作，建立定期会商和监测通报制度，深入开展监督检查，及时评估政策效果。

（三）大力宣传引导。要采取群众喜闻乐见的形式开展脱贫人口小额信贷政策宣传，营造良好舆论氛围。发挥典型引路作用，及时总结和宣传推广各地开展脱贫人口小额信贷工作的好做法、好经验。

中国银保监会

财政部

中国人民银行

国家乡村振兴局

2021 年 3 月 4 日

财政部　国家发展改革委　国家民委　生态环境部　住房城乡建设部　交通运输部　水利部　农业农村部　文化和旅游部　国家林草局　国家乡村振兴局 关于继续支持脱贫县统筹整合使用财政涉农资金工作的通知

2021 年 4 月 2 日　　财农〔2021〕22 号

有关省、自治区、直辖市人民政府：

为贯彻落实《中共中央 国务院关于实现巩固拓展脱贫攻坚成果同乡村振兴有效衔接的意见》精神，经国务院同意，现就脱贫县（指原 832 个连片特困地区县和国家扶贫开发工作重点县）延续执行《国务院办公厅关于支持贫困县开展统筹整合使用财政涉农资金试点的意见》（国办发〔2016〕22 号）有关事项通知如下：

一、整合试点范围

2021—2023 年，在脱贫县延续整合试点政策。2024—2025 年，整合试点政策实施范围调整至中央确定的国家乡村振兴重点帮扶县，确保平稳过渡。各省（区、市）自行确定的其他试点县，可利用地方各级财政资金继续自主开展探索。

纳入整合试点范围的资金（以下统称整合资金）包括各级财政安排用于农业生产发展和农村基础设施建设等方面的资金，原则上与国办发〔2016〕22号文件规定的范围保持一致（具体资金名称及支出方向以2020年为准，见附件）。地方各级财政部门要结合本地实际，明确本级整合资金范围。教育、医疗、卫生等社会事业方面资金，也要结合巩固拓展脱贫攻坚成果和乡村振兴任务，突出重点，集中投入，形成合力。

二、整合资金安排使用重点

脱贫县根据巩固拓展脱贫攻坚成果和乡村振兴的需要，可以按规定将整合资金用于农业生产、畜牧生产、水利发展、林业改革发展、农田建设、农村综合改革、林业草原生态保护恢复、农村环境整治、农村道路建设、农村危房改造、农业资源及生态保护、乡村旅游等农业生产发展和农村基础设施项目，在整合资金范围内打通，统筹安排使用。

脱贫县要将支持产业发展摆在优先位置，发展壮大脱贫地区优势特色产业（含必要的产业配套基础设施），促进产业提质增效，带动脱贫人口就业增收。脱贫县要将整合资金优先用于产业项目。

三、资金倾斜支持要求

中央和省、市级财政要在保持投入总体稳定的基础上，继续按政策要求向符合条件的脱贫县倾斜。原则上纳入整合试点范围各项中央财政涉农资金用于832个脱贫县的资金总体增幅不低于每项资金的平均增幅，或确保当年安排脱贫县的资金县均投入规模不低于其他县的县均投入规模。中央预算内投资在充分考虑规划任务、地方需求等情况的基础上统筹加大对脱贫县支持力度。整合资金原则上仍按原渠道下达到县。其中，纳入直达资金范围的资金，按照直达资金管理的有关要求下达。地方各级财政部门要会同相关部门，利用现有信息系统，建立整合资金台账和做好统计分析工作，掌握资金下达进度、支出进度和用途、绩效等情况，定期汇总报告。

四、整合资金项目监管

脱贫县根据“三农”工作方针政策、本地巩固拓展脱贫攻坚成果同乡村振兴有效衔接规划和相关行业规划等，编制年度整合资金实施方案，确定好重点项目和建设任务，兼顾脱贫村和其他村、脱贫户和其他户，因地制宜统筹安排和管好用好整合资金。有关部门和地方不得干扰脱贫县按规定使用整合资金。

脱贫县要健全完善巩固拓展脱贫攻坚成果和乡村振兴项目库，整合资金支持的项目原则上从项目库中选择，做好项目储备，科学设定绩效目标，严格项目论证入库。鼓励整合资金优先安排用于既有利于巩固拓展脱贫攻坚成果、又有利于完成行业发展任务的项目，凝聚支持合力。落实项目资金公开公示和绩效管理要求，主动接受各方监督。严肃财经纪律，切实防范和化解风险隐患，整合资金不得用于偿还债务、垫资或回购、注资企业、设立基金、购买各类保险等。

五、整合试点组织保障

坚持“中央统筹、省负总责、市县乡抓落实”的工作机制。中央部门统筹指导并加强考核。省级对整合试点负总责，根据本通知要求制定整合试点实施细则，强化对脱贫县整合试点工作的全过程监督指导。进一步推动审批权限下放到脱贫县，县级承担资金安全、规范、有效使用的主体责任，切实加强整合资金使用和项目管理。有关部门将对政策实施效果进行系统总结和科学评估。

财政部

国家发展改革委

国家民委

生态环境部

住房城乡建设部

交通运输部

水利部

农业农村部

文化和旅游部

国家林草局

国家乡村振兴局

2021 年 4 月 2 日

国务院办公厅
转发国家乡村振兴局中央农办财政部关于加强扶贫项目资产后续管理指导意见的通知

2021年5月22日　　　　　　　　　　　　　　　　国办函〔2021〕51号

各省、自治区、直辖市人民政府，国务院各部委、各直属机构：

国家乡村振兴局、中央农办、财政部《关于加强扶贫项目资产后续管理的指导意见》已经国务院同意，现转发给你们，请认真贯彻执行。

国务院办公厅

2021年5月22日

国家乡村振兴局　中央农办　财政部关于加强扶贫项目资产后续管理的指导意见

党的十八大以来，国家持续加大扶贫投入力度，实施了大量扶贫项目，形成了较大规模的资产，极大地改善了贫困地区生产生活条件，为贫困户脱贫增收、打赢脱贫攻坚战奠定了重要基础。为加强扶贫项目资产后续管理，确保扶贫项目在巩固拓展脱贫攻坚成果、接续全面推进乡村振兴中持续发挥效益，现提出如下意见。

一、指导思想

以习近平新时代中国特色社会主义思想为指导，全面贯彻党的十九大和十九届二中、三中、四中、五中全会精神，坚持中央统筹、省负总责、市县乡抓落实的工作机制，坚持精准方略，在巩固拓展脱贫攻坚成果同乡村振兴有效衔接框架下，按照现有资产管理制度及农村集体产权制度改革等要求，建立健全扶贫项目资产的长效运行管理机制，确保项目资产稳定良性运转、经营性资产不流失或不被侵占、公益性资产持续发挥作用，为巩固拓展脱贫攻坚成果、全面实现乡村振兴提供更好保障。

二、工作原则

坚持依法依规，突出帮扶特性。扶贫项目资产后续管理要与农村集体产权制度改革相衔接，遵循国有资产和农村集体资产管理及行业管理等有关规定，充分考虑扶贫项目资产受益群众的特殊性，资产权属和收益权尽量下沉。

坚持权责明晰，实施分类管理。按产权归属落实后续管理责任。扶贫项目资产由地方政府负责统筹。根据不同类别扶贫项目资产属性，落实各级行业主管部门监管责任。注重发挥村级组织作用。因地制宜、分类施策，完善扶贫项目资产后续管理机制。

坚持公开透明，引导群众参与。严格落实公告公示制度，提高项目资产后续管理和运营透明度。充分尊重农民意愿，切实保障受益群众对扶贫项目资产的知情权、参与权、表达权、监督权。

三、主要措施

（一）摸清扶贫项目资产底数。扶贫项目资产按经营性资产、公益性资产和到户类资产进行管理。经营性资产主要为具有经营性质的产业就业类项目固定资产及权益性资产等，公益性资产主要为公益性基础设施、公共服务类固定资产等，到户类资产主要为通过财政补助等形式帮助贫困户发展所形成的生物性资产或固定资产等。对党的十八大以来使用各级财政资金、地方政府债券资金、东西部协作、社会捐赠和对口帮扶等投入形成的扶贫项目资产进行全面摸底，分类建立管理台账，重点是经营性资产和公益性资产。

（二）有序推进确权登记。结合农村集体产权制度改革，按照“谁主管、谁负责”的原则，稳妥推进符合条件的扶贫项目资产确权登记，做好资产移交，并纳入相关管理体系。对经营性资产，根据资金来源、受益范围、管理需要等明确权属，尽可能明确到获得收益的个人、村集体经济组织等。难以明确到个人的扶贫项目资产，原则上应明确到村集体经济组织，纳入农村集体资产管理范围，并按照农村集体产权制度改革要求有序推进股份合作制改革。对公益性资产，项目建成后应及时办理移交手续，按照行业相关要求进行确权和管理。到户类资产归农户所有。对属于不动产的，依法办理确权登记。

（三）落实后续管理责任。省市两级政府要统筹指导和监督做好扶贫项目资产后续管理工作。县级政府对本县域扶贫项目资产后续管理履行主体责任，明确相关部门、乡镇政府管理责任清单。乡镇政府要加强扶贫项目资产后续运营的日常监管。对确权到村集体的扶贫项目资产，村级组织要担负起监管责任。各级行业主管部门按照职责分工，根据行业领域资产管理制度和规定，履行行业监管职责。

（四）规范后续管护运营。根据扶贫项目资产特点，明确产权主体管护责任，探索多形式、多层次、多样化的管护模式。对经营性资产，要加强运营管理，完善运营方案，确定运营主体、经营方式和期限，明确运营各方权利义务，做好风险防控。各地可根据实际，探索实行集中统一管护。管护经费根据运营方案原则上从经营收益中列支。对公益性资产，要加强后续管护，完善管护标准和规范，由相应的产权主体落实管护责任人和管护经费。可通过调整优化现有公益性岗位等方式解决管护力量不足问题，优先聘请符合条件的脱贫人口参与管护。属于村集体的公益性资产管护经费，可由村集体经营收益、地方财政资金统筹解决。落实受益群众责任，引导其参与管护和运营。对到户类资产，由农户自行管理，村级组织和有关部门要加强指导和帮扶，使到户扶贫项目资产更好地发挥效益。

（五）规范收益分配使用。发挥扶贫项目资产的帮扶作用，经营性资产收益分配按照现行资产管理制度实施。对制度未予明确规定的，应通过民主决策程序提出具体分配方案，体现精准和差异化扶持，并履行相应审批程序，分配方案和分配结果要及时公开。扶贫项目资产收益重点用于巩固拓展脱贫攻坚成果和全面实现乡村振兴。属于村集体的资产收益，通过设置一定的条件，鼓励采取参加村内项目建设和发展等劳动增收方式进行分配，激发群众内生动力。提取的公积公益金重点用于项目运营管护、村级公益事业等方面。严禁采用简单发钱发物、一分了之的做法进行收益分配。

（六）严格项目资产处置。任何单位和个人不得随意处置国有和集体扶贫项目资产。确需处置的，应严格按照国有资产、集体资产管理有关规定，履行相应审批手续进行规范处置。将扶贫项目资产进行抵押担保的，要严格按照相关法律法规执行。对以个人、村集体经济组织名义入股或参股企业等经营主体的，应明确股权的退出办法和处置方式等。属于村集体资产的处置收入应重新安排用于巩固拓展脱贫攻坚成果和全面实现乡村振兴。

四、组织保障

（一）加强组织领导。各地区要充分认识加强扶贫项目资产后续管理的重要性，将其纳入巩固拓展脱贫攻坚成果同乡村振兴有效衔接工作中统筹部署落实。各省（自治区、直辖市）要根据本指导意见，结合实际情况制定具体实施意见或办法。乡村振兴、农业农村、发展改革、教育、财政、自然资源、交通运输、水利、卫生健康等相关部门要按照分工明确管理责任，密切配合，共同将扶贫项目资产后续管理各项工作落实到位，乡村振兴部门要发挥好统筹协调作用。

（二）强化监督管理。加强对扶贫项目资产后续管理情况的纪律监督、审计监督、行业监督和社会监督等。发挥驻村工作队、村务监督委员会、村集体经济组织监事会等监督作用。严格落实公告公示制度，及时公布扶贫项目资产运营、收益分配、处置等情况。对贪占挪用、违规处置扶贫项目资产及收益等各类行为，依纪依法严肃追究责任。

（三）抓好总结推广。各地区要加强对扶贫项目资产后续管理工作的总结，积极探索并不断完善扶贫项目资产后续管理办法，及时解决发现的问题，积累和推广成功经验做法。

中央财政衔接推进乡村振兴补助资金管理办法

为贯彻落实《中共中央 国务院关于实现巩固拓展脱贫攻坚成果同乡村振兴有效衔接的意见》精神，加强过渡期中央财政衔接推进乡村振兴补助资金（以下简称衔接资金）管理，根据预算管理的有关规定，特制定本办法。

第一条 衔接资金用于支持各省（自治区、直辖市，以下统称各省）巩固拓展脱贫攻坚成果同乡村振兴有效衔接，具体包括以下三个方面：

（一）支持巩固拓展脱贫攻坚成果。

1. 健全防止返贫致贫监测和帮扶机制，加强监测预警，强化及时帮扶，对监测帮扶对象采取有针对性的预防性措施和事后帮扶措施。可安排产业发展、小额信贷贴息、生产经营和劳动技能培训、公益岗位补助等支出。低保、医保、养老保险、临时救助等综合保障措施，通过原资金渠道支持。监测预警工作经费通过各级部门预算安排。

2. “十三五”易地扶贫搬迁后续扶持。支持实施带动搬迁群众发展的项目，对集中安置区聘用搬迁群众的公共服务岗位和“一站式”社区综合服务设施建设等费用予以适当补助。对规划内的易地扶贫搬迁贷款和调整规范后的地方政府债券按规定予以贴息补助。

3. 外出务工脱贫劳动力（含监测帮扶对象）稳定就业，可对跨省就业的脱贫劳动力适当安排一次性交通补助。采取扶贫车间、以工代赈、生产奖补、劳务补助等方式，促进返乡在乡脱贫劳动力发展产业和就业增收。继续向符合条件的脱贫家庭（含监测帮扶对象家庭）安排“雨露计划”补助。

（二）支持衔接推进乡村振兴。

1. 培育和壮大欠发达地区特色优势产业并逐年提高资金占比，支持农业品种培优、品质提升、品牌打造。推动产销对接和消费帮扶，解决农产品“卖难”问题。支持必要的产业配套基础设施建设。支持脱贫村发展壮大村级集体经济。

2. 补齐必要的农村人居环境整治和小型公益性基础设施建设短板。主要包括水、电、路、网等农业生产配套设施，以及垃圾清运等小型公益性生活设施。教育、卫生、养老服务、文化等农村基本公共服务通过原资金渠道支持。

3. 实施兴边富民行动、人口较少民族发展、少数民族特色产业和民族村寨发展、困难群众饮用低氟边销茶，以工代赈项目，欠发达国有农场和欠发达国有林场巩固发展，“三西”地区农业建设。

（三）巩固拓展脱贫攻坚成果同乡村振兴有效衔接的其他相关支出。

衔接资金不得用于与巩固拓展脱贫攻坚成果和推进欠发达地区乡村振兴无关的支出，包括：单位基本支出、交通工具及通讯设备、修建楼堂馆所、各种奖金津贴和福利补助、偿还债务和垫资等。偿还易地扶贫搬迁债务按有关规定执行。

第二条 衔接资金按照巩固拓展脱贫攻坚成果和乡村振兴、以工代赈、少数民族发展、欠发达国有农场巩固提升、欠发达国有林场巩固提升、“三西”农业建设任务进行分配。资金分配按照因素法进行测算，因素和权重为：相关人群数量及结构30%、相关人群收入30%、政策因素30%、绩效等考核结果10%，并进行综合平衡。各项任务按照上述因素分别确定具体测算指标（详见附件）。“三西”农业建设任务按照国务院批准的规模安排。

第三条 衔接资金应当统筹安排使用，形成合力。综合考虑脱贫县规模和分布，实行分类分档支持。对国家乡村振兴重点帮扶县及新疆、西藏予以倾斜支持。东部地区应结合实际将衔接资金主要用于吸纳中西部脱贫人口跨省就业。中西部地区继续按规定开展统筹整合使用财政涉农资金试点工作的脱贫县，资金使用按照统筹整合有关要求执行。

各省在分配衔接资金时，要统筹兼顾脱贫县和非贫困县实际情况，推动均衡发展。衔接资金项目审批权限下放到县级，强化县级管理责任，县级可统筹安排不超过30%的到县衔接资金，支持非贫困村发展产业、补齐必要的基础设施短板及县级乡村振兴规划相关项目。

第四条 各地要建立完善巩固拓展脱贫攻坚成果和乡村振兴项目库，提前做好项目储备，严格项目论证入库，衔接资金支持的项目原则上要从项目库选择，且符合本办法要求。属于政府采购管理范围的项目，执行政府采购相关规定，村级微小型项目可按照村民民主议事方式直接委托村级组织自建自营。各地要加强衔接资金和项目管理，落实绩效管理要求，全面推行公开公示制度，加快预算执行，提高资金使用效益。

各省可按照不超过1%的比例从衔接资金中统筹安排项目管理费，

由县级使用。项目管理费主要用于项目前期设计、评审、招标、监理以及验收等与项目管理相关的支出。

第五条 各级财政部门负责预算安排、审核资金分配建议方案和下达资金，指导各级乡村振兴、发展改革、民委、农业农村、林草等行业主管部门（以下简称行业主管部门）及地方加强资金监管和绩效管理。各级行业主管部门负责提出资金分配建议方案、资金和项目使用管理、绩效管理、监督管理等工作，按照权责对等原则落实监管责任。

国家乡村振兴局、发展改革委、国家民委、农业农村部、林草局根据职责分工，于每年1月31日前提出当年衔接资金分配建议方案报送财政部。财政部于每年全国人民代表大会批准预算后30日内，根据预算管理要求、年度预算安排，结合行业主管部门资金分配建议方案研究确定分配方案，将衔接资金预算下达省级财政部门，并抄送财政部有关监管局。

第六条 财政部有关监管局按照工作职责和财政部要求，对衔接资金使用管理情况开展监管。各级财政和行业主管部门按要求配合审计、纪检监察、检察机关做好衔接资金和项目的审计、检查等工作。

各级财政和行业主管部门及其工作人员在衔接资金分配、使用管理等工作中，存在违反本办法规定，以及滥用职权、玩忽职守、徇私舞弊等违法违纪行为的，按照国家有关规定追究相应责任；涉嫌犯罪的，移送有关国家机关处理。

第七条 省级财政部门要会同省级行业主管部门，根据本办法制定具体资金管理办法。各级财政部门要根据巩固拓展脱贫攻坚成果同乡村振兴有效衔接的任务需要及财力情况，每年预算安排一定规模的本级衔接资金，保持投入力度总体稳定。

第八条 本办法自2021年3月31日起施行，由财政部会同行业主管部门负责解释。《财政部 扶贫办 国家发改委 国家民委 农业部 林业局关于印发〈中央财政专项扶贫资金管理办法〉的通知》（财农〔2017〕8号）和《财政部 国家林业局关于印发〈国有贫困林场扶贫资金管理办法〉的通知》（财农〔2005〕104号）、《财政部 国务院扶贫办关于印发〈“三西”农业建设专项补助资金使用管理办法（修订稿）〉的通知》（财农〔2006〕356号）、《财政部 国家民委关于印发〈少数民族发展资金管理办法〉的通知》（财农〔2006〕18号）、《财政部 农业部关于印发〈国有贫困农场财政扶贫资金管理暂行办法〉的通知》（财农〔2007〕347号）同时废止。

附件 2. 地方性法规、地方政府规章

内蒙古自治区
农村牧区扶贫开发条例

（2012 年 11 月 29 日

内蒙古自治区第十一届人民代表大会常务委员会

第三十二次会议通过）

第一章　总则

第一条　为规范农村牧区扶贫开发工作，加快贫困地区和贫困人口脱贫致富，推进城乡、区域协调发展，促进社会和谐，结合自治区实际，制定本条例。

第二条　自治区行政区域内农村牧区扶贫开发活动适用本条例。

本条例所称农村牧区扶贫开发，是指国家机关和社会各界以及个人通过扶持产业发展，完善基础设施，改善生产生活条件和教育、医疗、卫生条件，提高人口素质，开展技能培训，促进转移就业等措施，帮助农村牧区贫困地区及贫困人口提高自我发展能力，实现脱贫致富的活动。

第三条　农村牧区扶贫开发遵循政府主导、社会参与、自力更生的原则，实行扶贫开发与农村牧区最低生活保障制度有效衔接。

第四条 旗县级以上人民政府应当将农村牧区扶贫开发纳入本地区国民经济和社会发展规划，并制定农村牧区扶贫开发专项规划。

旗县级以上人民政府有关行政主管部门制定行业发展规划时，应当优先安排实施农村牧区贫困地区建设项目。

第五条 旗县级以上人民政府应当将财政专项扶贫资金纳入本级财政预算，并建立与本地区经济社会发展水平相适应的财政扶贫投入增长机制。

自治区人民政府每年安排的财政专项扶贫资金，应当不低于中央投入自治区的财政专项扶贫资金；盟行政公署、设区的市及旗县级人民政府年度财政专项扶贫资金安排比例，由自治区人民政府区别不同情况予以核定。

自治区人民政府，盟行政公署、设区的市人民政府对扶贫开发重点旗县（市、区）一般性转移支付增长幅度应当高于本年度可用财力增长幅度。

第六条 自治区实行农村牧区扶贫开发目标责任制和考核评价制度，将扶贫开发目标完成情况作为对各级人民政府及其相关部门和负责人考核评价的内容。

第七条 旗县级以上人民政府通过专项扶贫、行业扶贫、社会扶贫等方式，加强农村牧区贫困地区基础设施建设，改善贫困人口生产生活条件。

扶贫开发应当与生态建设、环境保护、社会主义新农村新牧区建设、城乡一体化建设和人口统筹发展协调推进。

第八条 各级人民政府应当统筹协调本行政区域内的农村牧区扶贫

开发工作。

旗县级以上人民政府扶贫开发行政主管部门负责本行政区域内农村牧区扶贫开发的组织实施和监督管理工作，其他有关部门按照各自职责做好相关的扶贫开发工作。

第九条 国家和自治区扶贫开发工作重点旗县（市、区），应当设立专门的扶贫开发工作机构，重点贫困苏木乡镇应当配备扶贫开发专职工作人员。

第十条 旗县级以上人民政府应当对农村牧区扶贫开发工作中做出突出成绩的单位和个人给予表彰奖励。

第二章 扶贫标准、对象和范围

第十一条 自治区人民政府根据本地区农牧民年人均纯收入、经济社会发展水平等，可以制定高于国家扶贫标准的自治区扶贫标准，并按照经济社会发展状况适时调整。

盟行政公署、设区的市人民政府可以制定高于自治区扶贫标准的地区标准。

第十二条 农村牧区扶贫开发以年人均纯收入低于自治区扶贫标准，并具备劳动能力的农村牧区人口为主要对象，对扶贫对象中的军烈属、残疾人、计划生育户等特殊群体给予优先扶持。

第十三条 农村牧区扶贫开发范围主要包括国家和自治区确定的集中连片特困地区和重点旗县（市、区）、贫困嘎查村和贫困户。

确定或者调整农村牧区扶贫开发范围时，对少数民族聚居区、革命老区、边境地区应当给予倾斜。

第十四条 贫困嘎查村按照下列程序确定：

（一）嘎查村民委员会向苏木乡镇人民政府或者街道办事处提出书面申请；

（二）苏木乡镇人民政府或者街道办事处自接到申请之日起十五个工作日内提出审查意见，审查结果公示无异议或者异议不成立的，报旗县级人民政府；

（三）旗县级人民政府自接到审查意见之日起十五个工作日内提出审核意见，对符合条件的，予以确定，并逐级报自治区人民政府扶贫开发行政主管部门备案；对不符合条件的，书面告知苏木乡镇人民政府。

第十五条 贫困户按照下列程序确定：

（一）农牧户或者嘎查村民委员会代表农牧户提出书面申请；

（二）嘎查村民委员会召开嘎查村民会议或者嘎查村民代表会议进行评议，评议结果公示无异议或者异议不成立的，报苏木乡镇人民政府或者街道办事处；

（三）苏木乡镇人民政府或者街道办事处自收到嘎查村民委员会报送的评议结果之日起十五个工作日内提出审核意见，对符合条件的，予以确定，并报旗县级人民政府扶贫开发行政主管部门备案；对不符合条件的，书面告知嘎查村民委员会。

第十六条 贫困嘎查村、贫困户确定过程中的公示时间不得少于十个工作日。对公示内容有异议的，苏木乡镇人民政府或者街道办事处、嘎查村民委员会应当在十个工作日内调查核实；调查属实的，应当予以纠正。

任何组织和个人不得弄虚作假、瞒报收入、骗取相关扶贫政策待遇。

第十七条 旗县级以上人民政府扶贫开发行政主管部门应当建立农村牧区扶贫开发统计监测制度和信息管理系统，实行动态监督管理。

第三章 扶贫措施

第十八条 各级人民政府应当建立健全农村牧区扶贫开发工作目标责任制，明确各部门农村牧区扶贫开发的目标和任务，确保工作落实到贫困嘎查村和贫困户。

第十九条 旗县级以上人民政府应当采取措施壮大县域经济，发展优势特色产业，增强县域经济实力；支持农村牧区贫困地区发展嘎查村集体经济、农牧民专业合作社、农牧民专业户规模经济和农牧民行业协会，多渠道促进贫困农牧民就业。

第二十条 旗县级以上人民政府及有关部门应当支持和引导大型项目、重点工程、新兴产业开发项目向农村牧区贫困地区倾斜，劳动密集型项目优先向贫困地区转移。

第二十一条 自治区对国家或者自治区确定的集中连片特困地区实行差别化产业政策，对上述地区的经济社会发展项目应当优先审批、实施。

第二十二条 旗县级以上人民政府及其有关部门应当将新增建设用地指标优先用于易地扶贫搬迁建房及相关生产性实施建设需求，合理安排农村牧区贫困地区小城镇建设和产业聚集区建设用地。

第二十三条 旗县级以上人民政府及其有关部门应当优先实施农村

牧区贫困地区道路、农田灌溉、牲畜棚圈、饲草料基地、饮水安全、危房改造、电力、电信、邮政、广播电视、医疗卫生等基础设施建设，改善农村牧区贫困地区生产生活条件。

第二十四条 旗县级以上人民政府及其有关部门应当建立完善新型科技服务体系，组织科技人员开展科技扶贫，创建科技扶贫示范嘎查村、示范户，培养科技致富带头人，加快先进实用新技术的推广应用。

第二十五条 旗县级以上人民政府及其有关部门应当加强农村牧区贫困地区基础教育和职业教育，实施城市教师到农村牧区贫困地区支教制度。重视和支持民族教育，对民族学校基础设施建设应当给予重点倾斜。对接受义务教育、高中阶段教育的贫困户寄宿生给予生活费补助，对贫困户在校大学生实施助学，帮助其完成学业。

第二十六条 旗县级以上人民政府及其有关部门应当加强农村牧区贫困地区劳动力职业技能培训、创业培训，鼓励和扶持农村牧区贫困地区劳动力就近就地就业和自主创业。

第二十七条 旗县级以上人民政府及其有关部门应当对长期在农村牧区贫困地区工作的各类专业技术人员实行优惠政策，鼓励和支持教育、科技、医疗卫生等专业技术人员定期到贫困地区服务，加强贫困地区专业技术人员的继续教育。

第二十八条 自治区鼓励和支持大中专院校、科研院所、医疗机构为农村牧区贫困地区定向培养人才；鼓励和支持大中专毕业生到农村牧区贫困地区就业、创业。

第二十九条 自治区鼓励金融服务机构增加农村牧区贫困地区服务网点，利用金融产品支持贫困地区发展，推动农村牧区金融产品和服务方式创新。

自治区鼓励、支持农村牧区贫困地区县域法人金融机构将新增可贷资金70%以上留在当地使用，满足发展生产的资金需求。

自治区鼓励、支持保险机构在农村牧区贫困地区建立基层服务网点，开展与扶贫开发产业相关的保险业务。

第三十条 旗县级以上人民政府扶贫开发行政主管部门应当统筹安排、协调、动员开展社会扶贫工作。

国家机关、事业单位、国有企业、社会团体对贫困嘎查村、贫困户实行定点帮扶。

自治区鼓励、支持民间组织、民营企业及个人到农村牧区贫困地区投资兴业，帮助贫困地区开发资源、培育增收产业；引导和支持志愿者组织建立农村牧区扶贫开发服务网络，参与扶贫开发工作。

自治区鼓励、支持有利于扶贫开发的跨地区扶贫。

第三十一条 旗县级以上人民政府及其有关部门应当加强农村牧区扶贫开发领域的国际交流与合作，吸引和利用境外项目、资金、技术依法参与本地区扶贫开发。

第四章 项目与资金管理

第三十二条 国家和自治区在农村牧区贫困地区安排的公益性建设项目，取消旗县级以下以及国家确定的集中连片特困地区盟市配套资金。

第三十三条 国家或者自治区确定的集中连片特困地区的旗县级人民政府在不改变资金投向的前提下，可以将用于农村牧区的各类项目和资金统筹安排、集中实施。

第三十四条 旗县级以上人民政府扶贫开发行政主管部门应当建立农村牧区扶贫开发项目库，编制扶贫开发项目年度实施计划。项目年度实施计划一经审批不得随意变更；确需变更的，报原审批部门批准。

第三十五条 农村牧区扶贫开发项目实行分级分类审批。

旗县级以上人民政府扶贫开发行政主管部门应当按照各自的审批权限，分类审批扶贫开发项目。

第三十六条 农村牧区扶贫开发项目建设应当依法进行环境影响评价，实行项目责任制、项目档案登记制、公告公示制等。

扶贫开发项目符合政府采购和招投标要求的，应当依法进行政府采购和招投标。

第三十七条 项目建设单位应当负责农村牧区扶贫开发项目的组织实施，编制项目实施方案，建立项目档案，确定项目管理主体，明确管理责任。

任何单位和个人不得擅自占用、变卖或者毁坏扶贫开发项目设施、设备和资产。

第三十八条 旗县级以上人民政府扶贫开发行政主管部门应当依法履行监督管理职责，会同有关部门对已经建设完成的农村牧区扶贫开发项目组织验收。

第三十九条 农村牧区扶贫开发资金主要包括财政专项扶贫资金、扶贫贴息贷款及有关部门筹集、社会捐赠等。

财政专项扶贫资金和有关部门筹集的资金主要用于改善农村牧区贫困地区基本生产生活条件、培育和壮大特色优势产业、开展农村牧区贫困地区劳动力职业技能培训、提高扶贫对象发展能力。

扶贫贴息贷款主要用于支持能够带动扶贫对象增加收入的种养殖业、扶贫龙头企业、农牧民扶贫互助社和专业合作组织等。

社会捐赠扶贫资金按照捐赠者的意愿使用。企业和个人参与扶贫开发，依法享受税收优惠。

各类农村牧区扶贫开发资金不得用于与扶贫开发无关的项目。

第四十条 财政专项扶贫资金按照扶贫对象规模及比例、农牧民年人均纯收入、地方人均财力、贫困深度和财政专项扶贫资金使用管理绩效评价情况等因素进行分配。

财政专项扶贫资金应当按照国库支付和政府采购制度的规定支付。

第四十一条 旗县级以上人民政府财政行政主管部门应当设立财政专项扶贫资金专户，农村牧区扶贫开发项目建设单位应当设立财政扶贫资金专账；财政专项扶贫资金实行旗县级财政报账制管理。

财政专项扶贫资金应当专款专用，任何单位和个人不得截留、滞留、侵占、挪用、骗取。

第四十二条 旗县级以上人民政府财政、扶贫开发行政主管部门应当对财政专项扶贫资金的使用和管理进行绩效考核评价。

财政专项扶贫资金绩效考核评价的主要内容包括农村牧区扶贫开发成果、扶贫开发资金管理、财政专项扶贫资金预算安排和执行、扶贫开发项目实施情况等。

财政、审计、监察行政主管部门依法对农村牧区扶贫开发资金管理和使用情况进行监督检查。

第四十三条 旗县级以上人民政府扶贫开发行政主管部门应当依法

向社会公开农村牧区扶贫开发资金分配、使用情况和扶贫开发项目计划实施情况。

第四十四条 嘎查村民委员会和嘎查村民有权对本嘎查村扶贫开发资金使用情况进行监督。

第五章 法律责任

第四十五条 承担农村牧区扶贫开发工作任务的单位和个人不履行职责的，由旗县级以上人民政府责令限期改正，予以通报批评。

第四十六条 采取弄虚作假手段骗取农村牧区扶贫开发优惠待遇的，由有关部门取消其获取的优惠待遇；获取经济利益的，依法予以追回。

第四十七条 擅自占用、变卖或者毁坏农村牧区扶贫开发项目设施、设备和资产的，由有关部门责令限期改正，对直接负责的主管人员和其他直接责任人员依法给予处分；构成犯罪的，依法追究刑事责任。

第四十八条 截留、滞留、侵占、挪用或者骗取财政专项扶贫资金的，由有关部门责令限期改正，对直接负责的主管人员和直接责任人员依法给予处分；构成犯罪的，依法追究刑事责任。

第四十九条 扶贫开发行政主管部门或者其他有关部门工作人员违反本条例规定，有下列行为之一的，由其所在单位或者上级主管部门对直接负责的主管人员和其他直接责任人员依法给予行政处分；构成犯罪的，依法追究刑事责任：

（一）未经批准擅自改变农村牧区扶贫开发项目年度实施计划的；

（二）未依法审批农村牧区扶贫开发项目的；

（三）农村牧区扶贫开发项目未依法进行政府采购和招投标的；

（四）将农村牧区扶贫开发资金用于与扶贫开发无关项目的；

（五）其他滥用职权、玩忽职守、徇私舞弊的行为。

第六章　附则

第五十条　本条例自 2013 年 1 月 1 日起施行，有效期为《中国农村扶贫开发纲要（2011—2020 年）》的实施期限。

内蒙古自治区人民政府
关于进一步加强自治区财政衔接推进乡村振兴补助资金使用管理的意见

2022 年 3 月 14 日　　内政发〔2022〕9 号

各盟行政公署、市人民政府，各旗县人民政府，自治区各委、办、厅、局，各大企业、事业单位：

为深入贯彻习近平总书记关于巩固拓展脱贫攻坚成果同乡村振兴有效衔接的重要指示精神，认真落实《中共中央　国务院关于实现巩固拓展脱贫攻坚成果同乡村振兴有效衔接的意见》及自治区党委和政府关于巩固拓展脱贫攻坚成果、全面推进乡村振兴的工作要求，进一步加强自治区财政衔接推进乡村振兴补助资金（以下简称衔接资金）使用管理，提升资金使用效益，结合自治区实际，现提出如下意见。

一、总体要求

以习近平新时代中国特色社会主义思想为指导，深入贯彻党的十九大和十九届历次全会精神，坚持以人民为中心的发展思想，过渡期内严格落实“四个不摘”要求，将巩固拓展脱贫攻坚成果放在突出位置，以党中央、国务院决策部署及自治区党委和政府工作要求统领衔接资金使用管理工作，建立健全巩固拓展脱贫攻坚成果长效机制，调整完善衔接资金使用管理政策，持续提高衔接资金管理水平，确保其在巩固拓展脱贫攻坚成果、有效衔接乡村振兴中发挥效益。

二、基本原则

（一）坚持平稳过渡。过渡期内，在巩固拓展脱贫攻坚成果上下更大功夫、给予更多后续帮扶支持，对脱贫旗县、出列嘎查村、脱贫人口扶上马送一程，确保脱贫群众不返贫。加强防止返贫监测预警，强化及时帮扶，对监测帮扶对象采取有针对性的预防性和事后帮扶措施。

（二）坚持有效衔接。过渡期内，在保持财政支持政策总体稳定的前提下，根据巩固拓展脱贫攻坚成果同乡村振兴有效衔接的需要和财力状况，合理安排财政投入规模，优化支出结构，调整支持重点，聚焦支持脱贫地区巩固拓展脱贫攻坚成果和推进乡村振兴，适当向国家和自治区乡村振兴重点帮扶旗县倾斜。

（三）坚持权责统一。对于自治区及以下衔接资金管理权限，要充分赋权，能放则放、应放尽放，严禁明放暗不放、变相自行调整或收回权限。严肃财经纪律，压实盟市、旗县（市、区）主体责任，严格按照衔接资金相关规定使用管理资金，确保资金使用的合法性、规范性、实效性。

三、调整完善衔接资金使用管理政策

（一）支持巩固拓展脱贫攻坚成果。自治区安排衔接资金切块下达到旗县（市、区），由各地区根据实际情况，用于巩固“两不愁、三保障”成果，做好易地扶贫搬迁后续扶持工作，促进脱贫人口稳定就业，持续改善脱贫地区基础设施条件，进一步提升脱贫地区公共服务水平。培育和壮大欠发达地区特色优势产业并逐年提高衔接资金占比，2022—2025年度，各盟市收到的中央、自治区财政衔接资金用于产业的比例应分别≥55%、60%、65%和70%，且不得低于上年用于产业发展的资金占比。旗县（市、区）可统筹安排不超过30%的到县衔接资金，用于支持非贫困嘎查村发展产业、补齐必要的基础设施短板，以及旗县（市、区）乡村振兴规划相关项目。

（二）保持过渡期内社会救助兜底政策总体稳定。对脱贫人口中完全丧失劳动能力或部分丧失劳动能力且无法通过产业就业获得稳定收入的人口，按规定纳入农村牧区低保或特困人员救助供养范围，并按照困难类型及时给予专项救助、临时救助等。

（三）建立健全有效衔接激励机制。充分发挥衔接资金激励引导作用，加大在考核评估机制上的衔接力度，坚持突出重点、注重实效，聚焦巩固、拓展、衔接主线，逐步健全巩固拓展脱贫攻坚成果、全面推进乡村振兴分类考核评估专项激励机制，对考核评估结果好的盟市以及巩固拓展脱贫攻坚成果同乡村振兴有效衔接成效显著的旗县（市、区）给予资金奖励，安排中央预算内以工代赈试点项目时优先予以考虑，不断增强考核评估工作的科学性、针对性、实效性。

四、健全衔接资金投入使用机制

（一）科学合理安排衔接资金预算。继续把脱贫旗县作为全面推进乡村振兴的支持重点，脱贫攻坚期间给予贫困地区强化财政保障能力的政策继续维持一段时间，并与全面推进乡村振兴加强衔接。过渡期内，各盟市、旗县（市、区）根据巩固拓展脱贫攻坚成果同乡村振兴有效衔接的任务需要及财力情况，每年预算安排一定规模的本级衔接资金，保持投入力度总体稳定。充分发挥内蒙古乡村振兴产业发展基金的引导作用，撬动金融和社会资本更多投向脱贫地区，加快与脱贫旗县项目对接，实行市场化运作。

（二）下放衔接资金项目审批权限。按照任务、责任、权力相统一的原则，自治区对衔接资金实行“因素分配、切块下达、县级审批、自治区盟市备案”的管理办法，将衔接资金审批权真正下放到基层。自治区财政厅、乡村振兴局、发展改革委、民委、农牧厅、林草局等部门根据各旗县（市、区）相关人群数量及结构、相关人群收入、造林良种使用率、政策因素、实际需求、绩效等考核结果因素，切块分配下达到各盟市、旗县（市、区），由旗县（市、区）人民政府根据项目需求组织实施。

（三）严格执行衔接资金预算下达时限。中央财政衔接资金系一般性转移支付资金，按照《中华人民共和国预算法》相关规定，自治区必须在30日内拨付到旗县（市、区）。自治区乡村振兴局、发展改革委、民委、农牧厅、林草局等行业主管部门（以下简称行业主管部门）要提前研究年度资金分配计划，在收到中央财政衔接资金指标10日内，将资金分配意见送达自治区财政厅，自治区财政厅提出审核意见后10日内下达盟市；盟市在10日内正式下达旗县（市、区）。自治区预算安排的财政衔接资金在自治区人大批准预算后60日内正式下达盟市；行业主管部门在自治区人大批准后30日内将资金分配意见送达自治区财政厅，自治区财政厅提出审核意见，30日内正式下达盟市；盟市收到自治区衔接资金后30日内下达旗县（市、区）。旗县（市、区）财政部门在收到上级衔接资金（未明确项目的）后30日内将资金分解下达到项目具体实施部门（单位）和苏木乡镇。

（四）严格执行项目资金拨付要求。巩固拓展脱贫攻坚成果和乡村振兴项目资金要按照建设工程相关管理办法、预算内投资项目管理办法和国库集中支付有关规定，按项目、分进度拨款，项目竣工验收、竣工决算后，除预留的质量保证金外，其余资金要全部拨付，不得拖欠项目工程款和农民工工资。制定、完善相关办法，简化巩固拓展脱贫攻坚成果和乡村振兴工程项目审批流程及手续，推进“多评（审、规）合一”“多图联审”改革，推行审批服务“马上办、就近办、一次办”。按照《财政部办公厅关于落实财政支持贫困村微小型项目由村级组织自建自营有关政策的通知》（财办库〔2019〕75号）有关规定，涉及脱贫嘎查村的微小型项目可按照村民民主议事方式直接委托村级组织自建自营。

五、夯实衔接资金使用管理基础

（一）抓好巩固拓展脱贫攻坚成果和乡村振兴项目库建设。按照《国家乡村振兴局关于做好县级巩固拓展脱贫攻坚成果和乡村振兴项目库建设管理的通知》（国乡振发〔2021〕3号）要求，过渡期内项目库建设管理工作原则上按照原国务院扶贫开发领导小组办公室《关于完善县级脱贫攻坚项目库建设的指导意见》（国开办发〔2018〕10号）、《关于进一步做好县级脱贫攻坚项目库建设的通知》（国开办发〔2019〕7号）相关要求执行，项目库建设管理要求总体保持不变。认真落实“五级书记”抓乡村振兴要求，各旗县（市、区）党政主要领导作为第一责任人，要主动挂帅、组织相关部门提前谋划巩固拓展脱贫攻坚成果和乡村振兴项目，并认真组织实施。要重点关注脱贫人口和监测帮扶对象等利益联结机制建立情况，加强与京蒙协作资金、内蒙古乡村振兴产业发展基金的统筹衔接，切实解决资金项目和产业项目投向不精准问题，确保衔接资金落地见效。

（二）建立衔接资金监管机制。加强衔接资金使用管理，平移脱贫攻坚期内解决资金滞留闲置、支出进度慢等问题的督查机制，2022—2023年继续对全区使用中央和自治区衔接资金的旗县（市、区）开展督查，促进衔接资金及时足额拨付，切实发挥资金使用效益。依托财政国库预算执行系统、自治区财政民生服务信息平台及全国防返贫监测信息系统，定期调度全区农牧林水、财政补贴资金及衔接资金支出情况，加大督促监管力度，切实提高财政预算安排执行效果。

（三）建立健全衔接资金绩效评价体系。行业主管部门要结合衔接资金管理要求，加强衔接资金使用全流程监管，建立衔接资金绩效评价体系，健全与预算安排挂钩、向同级政府报告、评价结果公开、依结果问责机制，强化对巩固拓展脱贫攻坚成果考核、项目库建设和统筹整合涉农涉牧资金等结果的正向激励，并作为分配资金的一项因素。对旗县（市、区）衔接资金滞留、执行进度慢、项目 6 个月以上未按时开工的，自治区、盟市可采取收回、调整等方式，用于支持执行进度快的盟市、旗县（市、区），各盟市要及时将资金收回、调整等情况报自治区相关部门。京蒙协作资金同步开展资金绩效评价。

六、继续推进脱贫旗县统筹整合涉农涉牧资金

（一）严格按照规定范围和标准整合。按照《内蒙古自治区脱贫旗县统筹整合使用财政涉农涉牧资金实施细则》（内财农〔2021〕812 号）规定的资金整合范围开展工作，过渡期内前 3 年，在 31 个国家级脱贫旗县、4 个列入自治区乡村振兴重点帮扶旗县及有意愿参加的自治区级脱贫旗县开展整合试点，后 2 年将试点政策调整至国家和自治区乡村振兴重点帮扶旗县实施。统筹整合资金优先安排用于既有利于巩固拓展脱贫攻坚成果又有利于完成行业发展任务的项目。优先支持产业发展、发展壮大脱贫地区优势特色产业（含必要的产业配套基础设施），促进产业提质增收，带动脱贫人口就业增收。

（二）深入推进脱贫旗县涉农涉牧资金整合试点工作。试点脱贫旗县可按照年度巩固拓展脱贫攻坚成果同乡村振兴有效衔接规划和相关行业规划等，制定本地区涉农涉牧整合资金实施方案，赋予纳入整合旗县

资金项目审批权限，对各纳入统筹整合范围内的资金，资金整合旗县可根据具体项目的实施需要自主确定牵头管理部门。相关行业部门和地方不得干扰脱贫旗县按规定使用整合资金。试点脱贫旗县要将整合资金及早下达到责任部门，由责任部门对整合支出进度及使用绩效承担主体责任，强化项目实施和资金使用管理。

（三）严格落实脱贫旗县资金支持要求。整合资金原则上按原渠道下达到旗县（市、区），按照法定时限拨付。各级财政在保持投入总体稳定的基础上，继续按照政策要求向符合条件的脱贫旗县倾斜，确保当年安排给脱贫旗县的资金县均投入规模不低于其他旗县的县均投入规模。资金“切块下达”，不得指定具体项目或提出与巩固拓展脱贫攻坚成果、推进脱贫地区发展和乡村振兴无关的任务要求。

七、加大衔接资金监管力度

（一）规范衔接资金使用范围。各盟市、旗县（市、区）要加强衔接资金管理，严格按照中央和自治区制定的衔接资金管理办法及指导意见进行使用。中央和自治区衔接资金不得用于盟市、旗县（市、区）融资平台注资，不得用于偿还债务，不得设立基金，不得使用衔接资金支持与巩固拓展脱贫攻坚成果衔接推进乡村振兴无关的龙头企业，或支持未与脱贫人口和监测对象建立利益联结机制的企业及合作社等新型经营主体。

（二）进一步明晰各行业主管部门与财政部门职责。各级行业主管部门根据巩固拓展脱贫攻坚成果和乡村振兴任务商财政部门拟定衔接资金分配方案，财政部门审定后分配下达资金。各级行业主管部门负责资金和项目具体使用管理、项目库建设、监督检查等，按照权责对等原则落实管理责任。自治区各相关部门要依据职责职能，对盟市及旗县（市、区）衔接资金使用管理情况开展绩效评价及考核。

（三）明确各级财政的监管职责。根据《中华人民共和国预算法》及其实施条例有关规定，盟市、旗县（市、区）财政部门承担衔接资金管理监督的主体责任，根据当地巩固拓展脱贫攻坚成果和乡村振兴规划，在抓好资金安排、分配、拨付、支付的同时，承担资金安全、规范、有效使用的具体责任。自治区负责对盟市、旗县（市、区）的督促指导、组织协调、监督检查和绩效考评等工作。

（四）全面落实公告公示制度。自治区、盟市、旗县（市、区）衔接资金分配结果一律公开，苏木乡镇、嘎查村两级项目安排和资金使用情况一律公告公示，接受群众和社会监督。各级财政及资金管理部门要将相关涉农涉牧资金政策文件、管理制度、资金分配、工作进度等信息及时向社会公开，主动接受社会监督，保障人民群众知情权、参与权和监督权。

（五）严厉查处违纪违法行为。各级纪委监委、审计、财政、乡村振兴等有关部门通过开展衔接资金专项检查、建立负面清单、黑名单制度和加大典型案件曝光力度等，重点查处虚报冒领、挤占挪用、贪污侵占、挥霍浪费等违法违规行为。

本意见自印发之日起施行，《内蒙古自治区人民政府关于进一步加强扶贫资金使用管理的意见》（内政发〔2018〕21号）同时废止。

内蒙古自治区人民政府办公厅
关于印发《内蒙古自治区扶贫项目资产后续管理办法（试行）》的通知

各盟行政公署、市人民政府，各旗县人民政府，自治区各委、办、厅、局，各大企业、事业单位：

经自治区人民政府同意，现将自治区乡村振兴局、党委农牧办、财政厅研究制定的《内蒙古自治区扶贫项目资产后续管理办法（试行）》印发给你们，请结合实际，认真贯彻执行。

2021 年 10 月 21 日

内蒙古自治区扶贫项目资产后续管理办法（试行）

第一章　总则

第一条　根据《国务院办公厅转发国家乡村振兴局中央农办财政部关于加强扶贫项目资产后续管理指导意见的通知》（国办函〔2021〕51 号）和《内蒙古自治区人民政府关于加强扶贫资产管理的指导意见（试行）》（内政发〔2019〕18 号），为进一步加强和规范扶贫项目资产后续管理，确保扶贫项目资产在巩固拓展脱贫攻坚成果、接续推进乡村振兴中持续发挥效益，制定本办法。

第二条 坚持自治区负总责，盟市、旗县（市、区）抓落实的工作机制。坚持依法依规，把巩固拓展脱贫攻坚成果与农村牧区集体产权制度改革相衔接，遵循国有资产和农村牧区集体资产管理及行业管理等有关规定，因地制宜、分类施策，建立健全扶贫项目资产的长效运行管理机制，确保扶贫项目资产稳定良性运转、经营性资产不流失或不被侵占、公益性资产持续发挥作用、到户类资产最大限度实现保值增值。

第三条 坚持权责明晰，扶贫项目资产由旗县（市、区）人民政府负责统筹。按照产权归属分类分级履行后续管理责任，落实各级行业主管部门监管责任，注重发挥嘎查村级组织作用。

第四条 坚持公开透明，严格落实公告公示制度，提高项目资产后续管理和运营透明度。引导群众参与，充分尊重群众意愿，切实保障群众对扶贫项目资产的知情权、参与权、表达权、监督权。

第二章 范围类型

第五条 本办法所称扶贫项目资产，是指2012年以来用于扶贫开发和脱贫攻坚的各级各类财政资金（财政专项扶贫资金、统筹整合财政涉农涉牧资金、彩票公益金、行业扶贫资金等）、京蒙协作资金、结对帮扶资金、地方政府债券资金（用于支持脱贫攻坚）、易地扶贫搬迁资金、定点帮扶资金以及社会捐赠等投入形成的扶贫项目资产。

第六条 扶贫项目资产按经营性资产、公益性资产和到户类资产进行管理。

经营性资产主要为具有经营性质的产业就业类项目固定资产及权益性资产，包括农林牧业产业基地、生产加工设施、仓储物流设施、光伏扶贫电站、扶贫车间、旅游服务设施等，还包括用于生产经营的房屋、厂房、设备、工具器具、生物性资产等，以及扶贫资金直接投入嘎查村集体经济、新型经营主体、企业等经营主体形成的股权、债权等权益性资产等。

公益性资产主要为公益性基础设施、公共服务类固定资产，包括道路交通、电子商务、农田水利、安全饮水、电力通讯、环境治理、教育、文化、体育、卫生、科技等基础设施设备等。

到户类资产主要为通过财政补助等形式帮助贫困户发展所形成的生物性资产或固定资产。

第三章　建立台账

第七条　以旗县（市、区）为单位，摸清各级各类扶贫项目资产底数，分级分类建立扶贫项目资产台账，实行信息化管理。

第八条　分年度梳理 2012 年以来投入的各级各类扶贫资金，建立县乡村扶贫资金投向和项目建设情况台账，内容包含但不限于：项目名称、指标文号、资金类型、投资规模、建设时间、建设地点、建设内容、竣工时间、主管部门、实施部门等。

第九条　分年度分类建立县乡村扶贫项目资产台账，内容包含但不限于：资产名称、资产类别、购建时间、购建数量、计量单位、使用年限、原始价值、资金来源、产权归属、管护模式、资产状态、经营主体、收益权人、经营方式、收益分配等。形成的扶贫项目资产原始价值，原则上按照项目竣工决算为登记依据。

第四章　确权移交

第十条　合理界定扶贫项目资产权属，做好资产移交，并纳入相关管理体系。充分考虑扶贫项目资产受益群众的特殊性，资产权属和收益尽量下沉。属于不动产的，依法办理确权登记。

第十一条　到户类资产归农牧户所有，建立完善到户类资产台账。投入嘎查村形成的资产确权到嘎查村集体，村级联建形成的资产按投资比例或事先约定比例确权到各联建嘎查村，由苏木乡镇移交嘎查村，纳入农村牧区“三资”管理。由苏木乡镇统一组织实施形成的资产，原则上确权到嘎查村，难以明确到嘎查村的产权归属苏木乡镇，按照国有资产进行管理，及时确权移交。

第十二条　由旗县（市、区）统筹实施形成的经营性资产，产权归属旗县（市、区）人民政府，由旗县（市、区）人民政府指定相关部门管理。由行业部门跨乡跨村统筹实施形成的公益性资产，产权归属旗县（市、区）人民政府，指定行业部门按照国有资产和行业部门有关规定管理。对产权无法清晰界定的，由旗县（市、区）人民政府确定产权归属。

第五章　清算核实

第十三条　每年3月底前，由旗县（市、区）乡村振兴部门会同相关部门和苏木乡镇，对扶贫项目资产使用现状、资产净值开展年度清算核实。

第十四条　清算核实完成后，根据资产权属，依据现行会计准则进行计提折旧，计算净值，原则上经营性资产中的权益资产和到户类资产不进行计提折旧。对发生更新置换的资产，重新登记资产原值，并且重新确定折旧年限。对无法使用或达到使用年限的，且符合资产处置，依法依规进行资产处置。按年度及时更新数据信息。

第六章　管护运营

第十五条　按照所有权与监管权相统一、受益权与管护权相结合的原则，加强扶贫项目资产后续管护运营，明确管护责任，制定管护运营方案，确保资产持续发挥效益。

第十六条　经营性资产所有权人直接经营项目资产的，自行运营管理。采取托管、租赁、合作等方式经营的，依法依规依责明确经营主体，资产所有权人必须与经营主体之间签订合同，明确双方的权利和义务，对包括但不限于收益率、期限、风险承担、管护责任、帮扶责任、退出办法等进行明确规定，并按照规定执行。经营主体要确保扶贫项目资产达到设计使用期限，合同期满后，保证资产正常发挥功能，因管护运营不当或者造成资产损失的，由经营主体承担相关责任。经营主体不得利用扶贫项目资产通过抵押、担保等方式进行融资。对光伏扶贫电站等专业性较强的项目资产，可通过购买服务方式委托第三方机构进行管护运营。

第十七条 公益性资产的管护应当明确管护单位和责任人，按照行业标准和规范履行管护责任。旗县级公益性资产由主管部门进行管护；苏木乡镇级公益性资产由苏木乡镇进行管护；嘎查村级公益性资产由嘎查村进行管护。对嘎查村集体管护力量不足的，可通过开发公益岗位等形式，优先吸纳脱贫人口和边缘人口参与管护，管护经费可从嘎查村集体经济和经营性资产收益中解决。

第十八条 到户类资产由农牧户自行管理，相关行业部门、苏木乡镇和嘎查村做好技术指导、服务监督和处置管理工作。

第十九条 扶贫项目资产管护运营坚持民主决策、公示公开、协议约束等原则，严格按照现行国有资产、农村牧区集体资产以及行业管理等规定规范程序。要严格防控风险，健全完善风险防范机制，建立经营性资产日常监控台账，做好日常跟踪监测，确保扶贫项目资产安全。对于经营风险较高的项目资产，应当通过购买商业保险和提供担保保证、资产抵押等方式，分散和降低经营风险，增强履约偿付能力。

第七章　收益分配

第二十条 旗县级或苏木乡镇级经营性资产收益金由扶贫项目资产主管责任单位负责收缴，所得收益应及时上缴旗县级财政。嘎查村级经营性资产收益由嘎查村委员会负责收缴，在规定时间内上缴到嘎查村集体经济组织账户或苏木乡镇三资代管中心统一管理。

第二十一条 经营性资产所得收益，重点用于巩固拓展脱贫攻坚成果、全面实现乡村振兴及项目资产运行管护等；优先用于脱贫不稳定户、边缘易致贫户、突发严重困难户帮扶，也可用于资产收益、开发公益岗位、智志双扶奖励补助、鼓励群众参加嘎查村内项目建设和发展等劳动、购买“防贫保”与“扶贫项目资产保险”、扶贫项目资产后续管护、小型公益性基础设施建设等，还可用于壮大嘎查村集体经济、优势特色产业发展与提质增效，以及其他与巩固拓展脱贫攻坚成果和推进乡村振兴的相关项目。

国有经营性资产可按照不高于年度收益总额的1%提取运营管理费，由旗县（市、区）据实列支办公、人员、管理、评估等费用。集体经营性资产收益，每年可按照一定比例提取公积公益金，重点用于嘎查村级扶贫项目资产运营管护、嘎查村级公益事业等方面。

第二十二条 产权到旗县（市、区）的扶贫项目资产收益由乡村振兴部门提出分配方案，提交旗县（市、区）人民政府研究审定，按照方案进行分配。产权到苏木乡镇的扶贫项目资产收益由苏木乡镇研究确定收益分配方案，报旗县（市、区）乡村振兴部门备案。产权到嘎查村的扶贫项目资产收益由嘎查村“两委”提出收益分配使用方案，经村民代表会议讨论通过，报苏木乡镇人民政府备案。发放到户的收益金经公告告示后向受益户发放告知书。对制度未予明确规定的，应通过民主决策程序提出具体分配方案，体现精准和差异化扶持，并履行相应审批程序，分配方案和分配结果要及时公开。

第二十三条 光伏扶贫电站项目收益分配使用，按照光伏扶贫电站项目收益分配使用相关规定执行。

第二十四条 资产收益率可根据市场情况由旗县（市、区）人民政府自主确定，但不得低于同期贷款市场报价利率。

第二十五条 严禁采用简单发钱发物、一分了之的做法进行收益分配。不得用于与巩固拓展脱贫攻坚成果和推进欠发达地区乡村振兴无关的支出，包括单位基本支出、交通工具及通讯设备、修建楼堂馆所、各种奖金津贴和福利补助、偿还债务、设立基金和垫资等。偿还易地扶贫搬迁债务按有关规定执行。

第二十六条 政府债务形成的扶贫项目资产，纳入国有资产管理，约定债务本息由项目收益偿还的按合同约定执行。在未全额偿还债务前，严格控制转让、拍卖、置换、抵押、担保、报损。

第八章 资产处置

第二十七条 资产处置应坚持符合法律法规、规章规定，公开、公平、公正的原则。任何单位和个人不得随意处置国有和集体扶贫项目资产。对确需处置的资产，应严格按照国有资产、集体资产管理有关规定，履行相应审批手续规范处置。

第二十八条 资产能够发挥设计功能且绩效达标的，原则上不可处置。对扶贫项目资产进行抵押担保的，要严格按照相关法律法规执行，并履行相关审批程序。

第二十九条 资产处置范围：

（一）闲置的资产；

（二）合同（协议）到期的资产；

（三）需要变更产权的资产；

（四）淘汰报废的资产；

（五）经营亏损及非正常损失的资产；

（六）已超过使用年限无法继续使用的资产；

（七）因技术原因并经过科学论证，依照国家有关规定需要进行资产处置的其他情形。

第三十条 资产处置类型：

（一）资产所有权处置。采取拍卖、转让、出售、置换等方式处置。

（二）资产经营权处置。采取托管、租赁、合作等方式经营的经营性资产合同（协议）到期后通过重新选择经营主体或变更经营方式进行处置，以及对闲置经营性资产重新盘活使用。

（三）报损处置。对发生损坏、损毁的资产进行处置。能够修复、改造的，采取相应措施恢复使用功能。确实无法修复改造利用的，按有关规定予以资产核销。

（四）报废处置。对无法正常使用或达到使用年限的，经技术鉴定或按有关规定进行产权核销。

第三十一条 产权到旗县（市、区）和苏木乡镇的扶贫项目资产确需处置的，应按照国有资产管理规定，分别由指定的管理部门单位提出处置申请，会同财政、乡村振兴以及行业主管部门论证后报旗县（市、区）人民政府审批处置。资产处置所得重新安排用于巩固拓展脱贫攻坚成果和全面实现乡村振兴，不得造成资金闲置和流失。

第三十二条 产权到嘎查村的扶贫项目资产确需处置的，应按照农村牧区集体资产管理规定，由嘎查村“两委”提出处置方案，经民主决策、公示公开，报苏木乡镇审核后进行处置。处置结果报旗县（市、区）相关行业主管部门备案。处置所得重新安排用于本嘎查村巩固拓展脱贫攻坚成果和全面实现乡村振兴。

第三十三条 到户类资产由嘎查村“两委”负责监督，由农牧户自行决定处置方式，但需向嘎查村“两委”备案。

第三十四条 易地扶贫搬迁形成的固定资产要严格按照相关规定进行处置，不得擅自处置。

第三十五条 在资产处置过程中，发现存在未经批准擅自处置，弄虚作假、人为造成资产损失的，对已获准处置资产不进行处置、继续留用的，隐瞒、截留、挤占、坐支和挪用资产处置收入的以及其他违法违规的资产处置行为，依法依规追究相关责任。

第九章 责任分工

第三十六条 自治区乡村振兴、农牧、发展改革、林草、民族事务、教育、财政、自然资源、住房城乡建设、交通运输、水利、卫生健康、文化和旅游、商务等相关行业部门要按照职能职责，明确管理责任，加强政策支持，密切配合，统筹协调推进扶贫项目资产后续管理，组织研究解决扶贫项目资产后续管理中的具体问题，指导各盟市、旗县（市、区）将扶贫项目资产后续管理各项工作落实到位。

乡村振兴部门要发挥好统筹协调作用，指导做好扶贫项目资产后续管理制度建设、摸清底数、台账建立、清算核实等工作。财政部门要加大对扶贫项目资产绩效考核，确保扶贫项目资产规范安全、绩效达标。农牧部门要按照农村牧区集体资产管理要求，指导盟市、旗县（市、区）将确权到嘎查村级扶贫项目资产全部纳入“三资”管理平台规范管理。其他行业部门要指导做好由本部门所负责监督管理的扶贫项目资产的清产核资、确权登记、后续管理等工作。

第三十七条 各盟市要指导督促所属旗县（市、区）做好扶贫项目资产后续管理工作，明确牵头部门、建立协作机制、加强监督检查、及时总结经验、发现和处理问题。

第三十八条 旗县（市、区）人民政府对扶贫项目资产后续管理工作负总责，主要领导同志是第一责任人，负责统筹做好扶贫项目资产后续管理制度建设、工作落实、重大问题决策，明确相关部门、苏木乡镇管理责任清单，配强工作队伍，做好扶贫项目资产清产核资、确权移交、台账建立、管护运营、收益分配、风险防控、资产处置等后续管理工作。

旗县（市、区）乡村振兴部门负责扶贫项目资产后续管理的统筹协调工作，向旗县（市、区）党委和政府提供意见建议，提出旗县级收益金分配方案等。国有资产相关监管部门负责做好国有扶贫项目资产管理相关工作，将国有扶贫项目资产纳入国有资产管理范畴进行绩效管理。农牧部门负责指导和监督苏木乡镇、嘎查村将确权到嘎查村的扶贫项目资产纳入农村牧区“三资”管理体系，执行农村牧区集体资产管理制度。其他行业主管部门按照行业管理规定负责本部门主管的旗县级扶贫项目资产运营、管理和维护等工作，并承担本部门主管的其他扶贫项目资产的监督指导工作。

第三十九条　苏木乡镇党委、政府是乡村两级扶贫项目资产后续管理的直接主体，主要领导是直接责任人，负责统筹确权到本区域内扶贫项目资产后续管理工作，包括确权移交、台账建立、监督运营、资产处置等工作。

第四十条　嘎查村“两委”负责确权到本嘎查村扶贫项目资产后续管理管护运营、收益分配、资产处置等工作。加强对到户类资产指导服务监督工作。

第十章　组织保障

第四十一条　加强对扶贫项目资产后续管理情况的纪律监督、审计监督、行业监督和社会监督等。严格落实公告公示制度，及时将扶贫项目资产运营、收益分配、处置等情况进行公示公告，公示公告不得少于10天，主动接受社会监督。

第四十二条　持续强化监督考核，将扶贫项目资产后续管理纳入巩固拓展脱贫攻坚成果同乡村振兴有效衔接考核指标和自治区衔接补助资金绩效评价内容，进一步压实工作责任。对扶贫项目资产后续管理中发现的虚报冒领、截留私分、贪占挪用、违规处置扶贫项目资产及收益等各类违规违纪行为，依法依纪严肃追究责任。

第四十三条　注重总结推广，积极探索并不断完善扶贫项目资产后续管理办法，及时解决发现的问题，积累和推广成功经验做法。

第十一章　附则

第四十四条　本办法实施中的具体问题，由自治区乡村振兴局会同自治区党委农牧办、财政厅负责解释。各盟市、旗县（市、区）要结合实际制定本地区扶贫项目资产后续管理具体实施方案或细则。

第四十五条　法律法规对扶贫项目资产后续管理另有规定的，按相应的法律法规执行。

第四十六条　本办法自印发之日起施行。

附录 3. 典型案例

中央纪委公开曝光八起
扶贫领域腐败和作风问题典型案例

近年来，各级纪检监察机关认真贯彻落实习近平总书记关于脱贫攻坚的系列重要讲话、批示精神，不断加大查处扶贫领域腐败和作风问题力度。日前，中央纪委公开曝光 8 起典型案例。分别是：

1. 河北省隆化县扶贫和农业开发办公室原党组成员、副主任王某柱在扶贫项目上为他人谋取利益并从中收受财物等问题。2013 年至 2016 年，王某柱利用职务上的便利，为多个村、合作社和个人在申报验收扶贫项目上谋取利益，先后收受 12 人钱款 10.4 万元及其他物品；对 7 个扶贫项目申报验收把关不严，造成国家扶贫资金 184.2 万元被骗取。2017 年 11 月、2018 年 1 月，王某柱受到开除党籍、开除公职处分，违纪所得已被追缴，其涉嫌犯罪问题及线索被移送司法机关依法处理。

2. 辽宁省康平县柳树屯蒙古族满族乡党委原书记杨某新套取扶贫资金等问题。2014 年至 2017 年，杨某新通过虚构工程项目、伪造工程合同等方式，套取专项扶贫资金 12 万元和财政资金 446 万余元，用于个人消费、请客送礼等支出；分 21 次挪用村级集体资金和村民互助资金 435 万余元；将用少数民族发展专项扶贫资金、以工代赈资金投资建设的扶贫项目，违规指定其司机、同学承建。2017 年 9 月，杨某新受到开除党籍、开除公职处分，违纪所得已被追缴，其涉嫌犯罪问题及线索被移送司法机关依法处理。

3. 湖北省红安县七里坪镇石家咀村原党支部书记、村委会主任石某富等人截留五保资金等问题。2015 年至 2016 年，石某富与石家咀村党支部委员、村委会委员蔡某莲、石某生以及村委会副主任万某全商定，分 2 次从五保户的供养资金中截留 1.76 万元，用于发放村干部补贴。2017 年 9 月，七里坪镇要求石家咀村整改，石某富、蔡某莲编造虚假的退还五保资金清单，实际并未退还截留资金。此外，石某富等人在低保评定时优亲厚友，违规为村干部亲属办理低保（尚未实际获得低保金）；家庭经济困难的群众周某某多次申请低保，石某富等人却以指标不足为借口不予办理。2017 年 11 月，石某富受到开除党籍处分，被依法罢免村委会主任职务；万某全受到留党察看二年处分，被依法罢免村委会副主任职务；蔡某莲受到留党察看一年处分，被依法罢免村委会委员职务；石某生受到党内严重警告处分；截留的 1.76 万元已被追缴并足额发放给 8 户五保户。

4. 湖南省湘西土家族苗族自治州农业机械管理局原党组成员、副局长钟某文骗取扶贫资金等问题。2013 年至 2016 年，钟某文在担任湘西州农机局驻龙山县农车乡纸厂村扶贫工作组组长期间，利用组织实施纸厂村扶贫工程项目的职务便利，采取虚增工程量等方式，与民营企业人员王某某共同占有扶贫工程项目资金 607 万余元。其中，钟某文个人占有 168 万余元。2012 年至 2017 年，钟某文还利用先后担任龙山县政府副县长、湘西州农机局副局长兼农机局驻龙山县农车乡纸厂村扶贫工作组组长、湘西州红十字会常务副会长等职务便利，帮助他人承揽扶贫工程建设项目或谋取其他非法利益，收受他人财物 117 万余元。2017 年 8

月、10 月，钟某文受到开除党籍、开除公职处分，违纪所得已被追缴，其涉嫌犯罪问题及线索被移送司法机关依法处理。王某某涉嫌犯罪问题及线索亦被移送司法机关依法处理。

5. 广东省兴宁市水口镇洋槐村原党支部书记、村委会主任刘某等人违规收受财物、套取挪用扶贫资金等问题。2012 年至 2015 年，刘某以指定工程承包方等方式帮助他人承揽扶贫等工程建设项目，先后 10 次收受承包商黄某某、刘某某等人钱款 10.7 万元。2014 年，水口镇政府驻洋槐村工作组组长刘某浩指定其妻陈某某承接洋槐村藤艺培训扶贫项目，从中获利 1.5 万元。2014 年，在未履行立项报批和招标程序的情况下，刘某与洋槐村时任村委会委员兼出纳刘某龙等人使用对口帮扶扶贫资金 89.47 万元，实施油茶种植项目，种植后不进行养护，导致油茶长势极差、存量稀少，造成扶贫资金严重损失浪费；通过签订虚假投资合同、伪造会计凭证方式，套取挪用对口帮扶扶贫资金 45 万元。2017 年 7 月，刘某受到开除党籍处分，被依法罢免村委会主任职务，其涉嫌犯罪问题及线索被移送司法机关依法处理；2017 年 12 月，刘某浩、刘某龙分别受到留党察看一年处分；刘某违规收受的资金和刘某浩不当获利均已被追缴。

6. 广西壮族自治区融安县桥板乡党委原书记王某林非法占有扶贫项目资金等问题。2015 年，王某林利用职务上的便利，将扶贫项目结余资金 1.5 万元占为已有，并伪造该资金用于修路的虚假材料。2013 年至 2016 年，王某林利用职务上的便利，帮助民营企业人员杨某某、周某某等人承接扶贫工程建设等项目，先后 9 次收受杨某某、周某某等人钱款 12.5 万元。2017 年 12 月，王某林受到开除党籍、开除公职处分，侵占和违规收受的资金均已被追缴，其涉嫌犯罪问题及线索被移送司法机关依法处理。

7. 贵州省龙里县扶贫开发局原局长范某旭索取、收受钱款等问题。2012 年至 2016 年，范某旭先后 7 次向承接扶贫项目、享受扶贫贷款贴息政策的企业索取钱款 19 万余元，12 次收受相关企业钱款 84.5 万元（索取、收受的钱款已被范某旭挥霍）。范某旭以“减贫摘帽”奖励为名，拨付某养殖企业 3 万元，实际让企业用该笔资金为与其关系密切的人员修建竹鼠圈舍及提供50对种鼠。2016年7月、8月，范某旭受到开除党籍、开除公职处分，其涉嫌犯罪问题及线索被移送司法机关依法处理。

8. 新疆维吾尔自治区喀什市阿瓦提乡民政办低保专干麦某某挪用挥霍低保资金问题。2016 年 3 月至 4 月，麦某某利用职务上的便利，私自挪用阿瓦提乡农村低保资金 173 万余元，并将其中 101 万余元用于赌博，已全部输掉。2016 年 5 月，麦某某受到开除党籍、开除公职处分，挪用的 173 万余元已被全部追回，其涉嫌犯罪问题及线索被移送司法机关依法处理。

最高人民检察院发布三起
刑事案件涉扶贫领域财物依法快速返还典型案例

典型案例

一、崔某某挪用公款案

【关键词】

挪用公款　征地补偿　查明涉案财物权属关系　依法快速返还

【基本案情】

被不起诉人崔某某，男，河南省鲁山县某乡某村村委会原委员。

2012 年 5 月，鲁山县财政局将某乡某村的乡村建设征地补偿款 1011 万余元拨入乡财税所，后财税所陆续将大部分补偿款下拨到大多数村民小组，并由村民小组分发给村民。由于其中两个村民小组在部分土地的权属问题上存在争议，涉及该部分的补偿款 18 万余元滞留在乡财税所账户未发放。2017 年 3 月，两个村民小组商议并经乡政府同意，决定先将补偿款从乡财税所领出，由崔某某保管，待争议问题解决后再予分发。于是，崔某某到乡财税所办理了拨款手续，并提供自己的粮食直补账户作为收款账户，乡财税所将 18 万余元存入崔某某账户。2018 年 3 月 27 日，崔某某通过转账方式支取 15 万元征地补偿款，用于其本人在新疆种植西瓜。后崔某某到鲁山县监察委员会投案，退缴其挪用的 15 万元。

【诉讼过程】

2020年5月26日，河南省鲁山县监察委员会将崔某某涉嫌挪用公款案向鲁山县人民检察院移送起诉，涉案赃款15万元随案移送。2020年6月18日，鲁山县人民检察院依据刑事诉讼法第一百七十七条第二款的规定，对崔某某作出不起诉决定。

【检察工作情况】

（一）推动解决土地权属争议，依法快速返还涉案赃款。本案案发时，鲁山县系国家级贫困县，崔某某所在村有贫困户52户153人。检察机关审查发现，由于两个村民小组对被征用土地的权属存在争议，导致补偿款先后滞留在乡财税所账户和崔某某账户。为促使补偿款尽快发放到村民手中，鲁山县人民检察院联合县监察委员会多次深入乡村，听取群众意见建议，详细了解土地权属争议情况，并与当地乡村两级协商解决方案。在多方共同努力下，土地权属争议妥善解决。2020年6月15日，鲁山县人民检察院将15万元涉案赃款返还至乡政府代管的村账户上，并跟进督促村委会将补偿款发放到包括13户27名贫困群众在内的村民手中。

（二）全面查明案件事实、情节，依法作出不起诉决定。鲁山县人民检察院审查发现，崔某某挪用公款事实清楚、证据确实充分，应依法惩处；同时其具有自首、全额退赃等情节，并且认罪认罚，可适用认罪认罚从宽制度。崔某某一贯表现较好，先后带领一百多户村民到新疆种植西瓜，其在人力、技术等方面给予指导帮助，为村民脱贫致富贡献了力量。综合考虑全案情况，鲁山县人民检察院报经平顶山市人民检察院批准后，依法对崔某某作出不起诉决定。

（三）针对发现问题制发检察建议，促进完善相关制度。针对相关财务管理制度不完善、村组公私账户混用及资金使用不规范等问题，鲁山县人民检察院依法向乡政府发出《检察建议书》，督促完善村级财务管理制度、规范村集体资金审批使用流程、加强资金监督管理，并建议以案促改，增强工作透明度。乡政府对照《检察建议书》进行整改，制定下发乡村级财务管理制度文件，加强对村集体资金的监管力度。

（四）结合所办案件进行普法宣传，提高干部群众法治意识。鲁山县人民检察院将不起诉决定公开宣布现场作为普法宣传现场，邀请县、乡、村三级相关人员参加并座谈交流。检察官公开宣布不起诉决定书，对犯罪事实、法律适用及相关知识进行通俗易懂的讲解，提高了相关人员对涉农领域职务犯罪危害的认识。

【典型意义】

（一）检察机关办理涉扶贫领域刑事案件，要深入了解案发原因，查明涉案财物权属关系，依法快速返还。根据最高人民法院、最高人民检察院、公安部联合发布的《关于刑事案件涉扶贫领域财物依法快速返还的若干规定》（以下简称《若干规定》）第三条规定，涉扶贫领域财物依法快速返还，要符合涉案财物权属关系已经查明这一前提条件。检察机关在办案过程中，要深入了解案发原因，查明涉案财物权属关系，依法快速返还。

（二）检察机关办理涉扶贫领域刑事案件，要全面考虑案件事实、情节，依法作出处理决定，确保取得良好办案效果。检察机关办理涉扶贫领域刑事案件，要充分考虑犯罪事实、后果、情节等，还要考虑案件办理整体效果，防止入罪即诉或一诉了之。经审查认定犯罪嫌疑人具有自首、认罪悔罪、全额退赃等从宽处罚情节的，要依法从宽处理；对当地扶贫工作有积极贡献、能继续带领村民脱贫致富的，应酌情从宽处理。对符合不起诉条件的，应依法作出不起诉决定；对符合缓刑适用条件的，应依法向法院提出适用缓刑建议。

（三）检察机关办理涉扶贫领域刑事案件，要落实“谁执法谁普法”的普法责任制，积极开展法治宣传工作。检察机关要结合所办案件，采取多种形式开展普法宣传，向有关部门及群众讲解法律知识和国家政策，分析犯罪行为的危害，教育警示有关人员遵纪守法，建议有关部门完善涉扶贫款物管理制度，减少或避免涉扶贫领域刑事案件的发生。

二、徐某、庄某贪污、诈骗案

【关键词】

贪污　诈骗　医疗救助　依法快速返还

【基本案情】

被告人徐某，男，江苏省丰县某镇人民政府原民政办负责人。

被告人庄某，男，江苏省丰县某镇某村原党支部书记。

（一）贪污罪

2011年至2012年间，徐某、庄某经商议，分别利用徐某负责审核其本镇大病医疗救助申请材料的职务便利和庄某负责报送其本村大病医疗救助申请材料的职务便利，伪造该镇郭某某等16人医疗救助申请材料，向县民政局申报，套取医疗救助金21万余元。2010年至2011年间，徐某与连某某（另案处理）经商议，利用徐某负责审核本镇大病医疗救助申请材料的职务便利，伪造该镇连某某等14人医疗救助申请材料，向县民政局申报，套取医疗救助金 17 万余元。

（二）诈骗罪

2011 年至 2012 年间，徐某、庄某经商议，伪造丰县其他两个镇刘某某等 7 人的医疗救助申请材料，向县民政局申报，骗得医疗救助金 11 万余元。

庄某投案后，退缴赃款 15 万元。

【诉讼过程】

2019 年 9 月 2 日，丰县公安局对徐某、庄某涉嫌诈骗罪立案侦查。2019 年 9 月 23 日，丰县监察委员会对徐某、庄某涉嫌贪污罪立案调查。2019 年 10 月 17 日，丰县监察委员会将徐某、庄某涉嫌贪污案向丰县人民检察院移送起诉，涉案赃款 15 万元随案移送。2019 年 11 月 1 日，丰县公安局将徐某、庄某涉嫌诈骗案向丰县人民检察院移送起诉。2019 年 11 月 12 日，丰县人民检察院并案向丰县人民法院提起公诉。2020 年 8 月 11 日，丰县人民法院作出判决，认定徐某犯贪污罪，判处有期徒刑五年，并处罚金人民币三十万元，犯诈骗罪，判处有期徒刑三年十个月，并处罚金人民币四万元，决定执行有期徒刑六年，并处罚金人民币三十四万元；认定庄某犯贪污罪，判处有期徒刑三年，并处罚金人民币二十万元，犯诈骗罪，判处有期徒刑三年三个月，并处罚金人民币三万元，决定执行有期徒刑四年，并处罚金人民币二十三万元。

【检察工作情况】

（一）加强沟通配合，准确界定案件性质。2019 年 9 月 10 日，应公安机关商请，丰县人民检察院派员参与讨论徐某、庄某诈骗案，发现徐某、庄某在他们所属镇骗取医疗救助资金，利用的是各自职务便利，涉嫌共同贪污犯罪；徐某、庄某通过欺骗其他两个镇民政办获得医疗救助资金，与自身职务便利无关，涉嫌诈骗犯罪。检察机关将上述意见反馈给公安机关、监察机关，三方达成共识，本案依法分别由监察机关调查、公安机关侦查。2019 年 10 月 14 日，经监察机关商请，丰县人民检察院派员提前介入徐某、庄某贪污案，就案件定性、法律适用等问题提出意见。

（二）明确资金性质，及时返还救助资金。根据《丰县城乡困难群众医疗救助实施细则（试行）》《丰县城乡困难群众医疗救助实施办法》有关规定，城乡医疗救助是对患病困难群众在获取国家规定补偿后，个人负担仍然较重而给予的补充性医疗救助，具有扶贫、救济性质。据此，丰县人民检察院认为徐某、庄某贪污、诈骗的医疗救助资金属于扶贫领域财物，庄某退缴的 15 万元赃款应依法返还。2019 年 11 月 8 日，丰县人民检察院在相关部门工作人员参与下，将 15 万元返还至社会保障基金财政专户。

（三）制发检察建议，完善救助资金管理。丰县人民检察院针对办案中发现的医疗救助资金管理漏洞，向县有关部门发出《检察建议书》，指出医疗救助制度在财务公开、监督管理等方面存在的问题，并建议明示申请条件、审批流程和发放数额标准，公布救助对象和救助金额，定期跟踪检查使用情况。丰县人民检察院还与县有关部门召开联席会议，阐明检察建议的制发目的和具体内容。之后，有关部门对医疗救助资金管理使用情况进行了全面梳理排查，召开医疗救助工作专题培训会，开展城乡低保专项治理活动，并研究出台《关于脱贫攻坚普查和问题排查整改方案》，建立健全“医疗救助暨医保扶贫工作联席会议制度”“规范社会救助公示制度”等专项制度。

【典型意义】

（一）检察机关办理涉扶贫领域刑事案件，要加强与其他单位沟通配合，积极沟通协商，形成办案合力。实践中，涉扶贫领域刑事案件类型多样，既包括贪污等职务犯罪案件，也包括诈骗等普通刑事犯罪案件。检察机关提前介入案件侦查或调查时，发现管辖机关应作出变更的，应积极与公安机关、监察机关沟通协商，争取达成共识，及时作出调整，促进案件依法顺利办理。

（二）检察机关办理涉扶贫领域刑事案件，要及时明确涉案财物性质，对属于扶贫性质的，应及时开展依法返还工作。实践中，扶贫款物涉及产业扶贫、就业扶贫、健康扶贫、教育扶贫、危房改造、社会救助、基本医疗等多个领域，有些并不冠以“扶贫”二字，需要检察机关结合相关法律政策等明确其是否属于扶贫性质。对明确系扶贫性质，且符合快速返还条件的，应及时返还相关个人、单位或组织。

（三）检察机关办理涉扶贫领域刑事案件，要在依法办好案件的同时，积极参与社会治理，努力做到办理一案治理一片。根据《若干规定》第十条规定，对于管理环节存在漏洞的，检察机关要及时提出检察建议，督促扶贫款物依法正确使用。检察机关通过制发检察建议等形式，将办案过程中发现的扶贫款物管理漏洞等问题通报相关部门并提出改进建议、督促落实完善，是将办案职能向社会治理领域延伸的重要方式。检察机关要在提升质量、强化效力等方面下功夫，努力把检察建议做成刚性、做到刚性。

三、李某某拒不支付劳动报酬案

【关键词】

拒不支付劳动报酬　及时追缴涉案财物　释法说理　依法快速返还

【基本案情】

被告人李某某，男，陕西省吴堡县某镇某村村民。

2016年，吴堡县扶贫开发办公室对某镇某村的村内道路拓宽工程进行立项，该村村委会负责组织实施。2017年3月10日，村委会与李某某签订村内道路拓宽工程的承包合同，总承包费用18万余元，李某某雇佣农民工进行施工。2017年6月30日，道路拓宽工程竣工，县扶贫开发办公室将第一笔工程款13万余元转入李某某账户。2017年7月5日，李某某携工程款逃离吴堡县，共欠付包括11名贫困户在内的44名农民工劳动报酬12万余元。政府有关部门多次联系李某某，并责令其支付农民工劳动报酬，李某某躲匿外地拒不支付。2019年7月6日，县扶贫开发办公室与某镇人民政府联合发出《责令改正决定书》，责令李某某在15日之内支付农民工劳动报酬，李某某逾期仍不支付。后经公安机关网上追逃，李某某被抓获归案。

【诉讼过程】

2019年11月18日，吴堡县公安局对李某某涉嫌拒不支付劳动报酬罪立案侦查。2020年2月1日，吴堡县公安局将李某某涉嫌拒不支付劳动报酬案向吴堡县人民检察院移送起诉。2020年3月17日，吴堡县人民检察院向吴堡县人民法院提起公诉。2020年4月9日，吴堡县人民法院作出判决，认定李某某犯拒不支付劳动报酬罪，判处拘役六个月，缓刑一年，并处罚金人民币五千元。

【检察工作情况】

（一）释法说理，追回拖欠劳动报酬。依法追缴李某某拖欠的劳动报酬，对44名农民工尤其是其中的11名贫困户具有重要意义。为此，检察机关对李某某释法说理，指出其犯罪行为的严重危害，促使其认识到自己的行为侵害了农民工特别是其中贫困户的合法权益。李某某表示认罪认罚，并委托家属筹集资金，争取尽快还给农民工。随后，检察机关开展李某某家属的思想工作，使其家属意识到要通过退缴赃款等实际行动，消除李某某犯罪行为的影响，取得受害农民工谅解。2020年3月7日，李某某家属代退了李某某拖欠的农民工劳动报酬12万余元。

（二）克服疫情影响，快速返还劳动报酬。本案办理期间正值新冠肺炎疫情防控关键时期，大部分农民工无法外出打工，经济收入受到影响。吴堡县人民检察院在收到李某某家属代退的工资款后，经审查认为符合依法快速返还条件，应及时返还农民工。次日，吴堡县人民检察院派员到案发所在村，选择一处空旷地段作为返还工资款的现场，在做好相关防疫措施后，向44名农民工悉数发放了劳动报酬。

（三）开展以案释法，做好法治宣传工作。吴堡县人民检察院办结本案后，通过相关媒体进行了系列法治宣传，包括依法办理拒不支付劳动报酬犯罪案件、推动开展涉案财物快速返还、统筹协调检察工作与疫情防控等内容，后获多个中央机关媒体转载报道，取得良好社会效果。

【典型意义】

（一）检察机关办理涉扶贫领域刑事案件，要依法积极追缴涉案财物，为依法快速返还创造前提条件。根据《若干规定》第四条规定，办案机关办理有关扶贫领域刑事案件，应当依法积极追缴涉案财物。对于涉案财物尚未追缴到案的，检察机关应积极开展追缴工作，促使犯罪嫌疑人退缴、劝说其家属代为退缴或者通过其他工作方法将涉案财物追缴到案，既能达到不让犯罪嫌疑人在经济上占便宜的目的，又能为下一步依法快速返还工作创造前提条件。

（二）检察机关办理涉扶贫领域刑事案件，对于具备快速返还条件的，要依法快速返还。检察机关经审查认为案件事实清楚，证据确实充分，涉案财物已追缴到案且权属关系已经查明，有明确的权益被侵害的个人、单位或组织，返还不损害其他被害人或者利害关系人利益且不影响诉讼正常进行或者案件公正处理，犯罪嫌疑人以及利害关系人对涉案财物快速返还没有异议的，应当将涉案财物快速返还给相关个人、单位或组织，避免因时间过长导致涉扶贫款物迟迟不能发挥效用。

（三）检察机关办理涉扶贫领域刑事案件，要在依法办好案件的同时，重视做好检察宣传工作。检察机关要将检察宣传工作融入国家扶贫工作大局，精心设置策划选题、精心打磨新闻产品，通过报纸、微信公众号等多种形式，将检察履职和办案效果等进行宣传，让人民群众理解检察机关办案理念，支持检察机关依法履职，引导、深化、推动检察工作创新发展。

最高人民检察院发布五起检察机关查办和预防涉农扶贫领域职务犯罪典型案例

案例 1

北京市通州区马驹桥镇政府残联黄某某、孙某某玩忽职守案

一、基本案情

2013 年，黄某某在担任北京市通州区马驹桥镇政府残联理事长过程中，未按照规定对北京市京福园菌类种植专业合作社申请成为扶贫助残基地的申报材料进行核实；未按照资金使用协议规定履行相应的行政管理职责，未及时发现京福园未履行协议内容并告知区残联；孙某某在担任通州区残联副理事长期间，在对京福园进行绩效考核工作过程中，严重不负责任，未按照规定，采取召开残疾人座谈会、到残疾人家中了解情况、电话抽查等形式核实扶持帮扶协议内容落实等考核内容，将不符合条件的京福园考核为合格。二人的玩忽职守行为造成农村残疾人扶持资金巨额损失。

二、处罚情况

2015 年 5 月，通州区人民法院作出判决，黄某某、孙某某二人犯玩忽职守罪，免于刑事处罚。

三、案件评析

查办案件中发现，一些公务人员对自己的工作职责未充分了解，或

是推脱卸责，依法依规履职的观念淡薄，畏难情绪普遍存在，正是这些对于工作完全不愿担责的观念、态度，使他们怠于职守，最终铸成大错。同时，案件的查办也暴露出，在扶贫助残领域，存在扶贫助残生产项目审批不规范、扶贫助残基地绩效考核走过场、残疾人帮扶资金拨付漏洞严重等问题，应加强公务人员依法依规履职教育，规范扶贫助残项目的审批管理，建立科学严密的助残项目考核机制，全面加强对助残资金使用和发放的监管，完善助残资金申报和拨付工作制度，加强专项资金使用监管力度。

案例 2

吉林省长岭县长岭镇东升村原党支部书记董某某贪污案

一、基本案情

董某某在任吉林省长岭镇东升村党支部书记期间，利用职务上的便利，于 2008 年至 2011 年期间，伙同董某民等 8 人（已另案处理）以他人名义，采用虚假申报的方式骗取国家泥草房改造补助资金 39.6 万元，董某某获得赃款 35.7 万元，全部被其挥霍。

二、处罚情况

2014 年 10 月 28 日，长岭县人民法院以董某某犯贪污罪判处其有期徒刑 10 年零 6 个月。

三、案件评析

泥草房改造补助资金，是国家对贫困地区农民住房改造所给的相应补贴，是国务院下发的一项惠民政策。长岭县作为贫困县，国家对该县泥草房改造给予一定程度的优惠政策，但有些村干部，通过“虚报骗取”等手段，相互串通、利益均沾，骗取和冒领国家拨付的补贴款项，造成窝案、串案多发，社会影响恶劣。通过积极查办该类案件，对部分将国家惠民政策资金当成“唐生肉”的人起到了警示作用，为国家挽回了经济损失，为惠民政策的实施保驾护航。同时，针对惠农资金，检察机关提出了应制定国家惠农资金使用管理办法、完善村级财务管理制度、落实公开监督机制等建议，确保农民真正享受到国家的补助政策。

案例 3

江西省宜黄县民政局副局长黄某某受贿、贪污、玩忽职守案

一、基本案情

受贿罪。2007 年至 2012 年，黄某某在担任宜黄县民政局副局长兼县移民办公室主任期间，利用掌握全县移民项目计划审核上报、验收及资金拨付的职务便利，在移民村组申报移民项目及资金拨付过程中，为他人申请移民项目及拨付移民项目资金提供便利，先后收受他人贿赂共计人民币 25.2 万元。

贪污罪。2010 年至 2012 年期间，黄某某利用担任宜黄县移民办公室主任的职务便利，以收取单位工作经费为名，先后收受宜黄县委党校给予的培训费返还款 10.5 万元，并伙同周某英、黄某金（另案处理）将其中的 4 万元及新丰乡人武部长方某根所送的 1 万元，共计 5 万元予以共同侵吞，其中黄某某个人分得 1.7 万元。

玩忽职守罪。2006 年至 2012 年，黄某某在担任宜黄县移民办公室主任期间，工作严重不负责任，不认真履行县级移民部门对全县库移民后期扶持建设项目的实施监督和验收等工作职责，致使宜黄县 124.2672

万元的乡镇村组大中型水库移民后期扶持建设项目未实施，造成国家移民项目资金遭受重大损失。

二、处罚情况

2013 年 8 月，黄某某因受贿罪、贪污罪、玩忽职守罪被宜黄县人民法院判处有期徒刑 11 年。

三、案件评析

黄某某作为国家机关工作人员，忽视政治理论学习和法律学习，对党风廉政建设和反腐败问题认识不深刻；滋生以权谋私思想，平时社交圈子较复杂，爱好打扑克、麻将，输赢上万元是常事；工作中严重不负责任，最终走上犯罪道路。案件还反映出，黄某某作为宜黄县民政局副局长，兼任县移民办公室主任，掌握全县移民项目计划审核上报、验收及资金拨付的权利，对移民村组申报移民项目、资金拨付具有决定权，个人权力过于集中，加之内部监督制度形同虚设，缺乏有效监督，致使其职务犯罪行为的发生。案件社会危害大，扶贫专项资金涉及到农民的切身利益，该领域案件的发生不仅影响了党和国家民生工程的顺利实施，而且极易引发农村各种社会矛盾的激化，成为村民集体上访的导火索，影响农村社会稳定。

案例 4

广西上林县原扶贫开发办公室主任周某刚贪污、受贿案

一、基本案情

2010 年 7 月，周某刚明知上林县乔贤镇小卢至板浪扶贫道路工程已于 2008 年建成，且已按实际里程亦结算完毕，其利用担任上林县扶贫主任的职务便利，以整合资金为借口，授意李某成（另案处理）向上林县财政局重新申请拨付虚构的新建水头村至板浪道路项目的工程款，以从中共同侵吞国家扶贫款。随后，李某成授意他人伪造相关印章、签名等并制作虚假申报材料，经过周某刚审批上报，上林县财政局于2011年1月、7月分别拨付财政扶贫37.8万元和4.2万元给李某成。在周某刚配合下，李某成套取国家扶贫资金并实际占有了42万元。2007年底，被告人周某刚在任上林县扶贫办主任期间，利用其职务便利，以调动工作为由，收受扶贫道路工程承建方李某成的钱款送给时任南宁市扶贫办主任的林某辉，后因工作调动未果，林某辉将4万元退还给周某刚，周某刚将相关款项据为已有。

二、处罚情况

2014年10月18日，南宁市中级人民法院一审判决周某刚犯贪污罪，判处有期徒刑10年6个月，剥夺政治权利1年，并处没有财产10万元；犯受贿罪判处有期徒刑3年，决定执行有期徒刑12年，剥夺政治权利1年，并处没有财产10万元。

三、案件评析

惠民工程无小事，扶贫项目牵人心。扶贫办作为扶贫民心工程的执行者，本应将惠民政策落实到位，让惠民政策惠及于民。然而，近年来，为满足贪婪欲望，少数扶贫工作领域工作人员经不起考验，在金钱的驱动下，疯狂追求物质利益，利用手中掌握的权力进行贪污受贿犯罪活动，将惠民工程作为自己中饱私囊的工具而走上违法犯罪之路，令人痛心，发人深省。周某刚贪污、受贿案就是其中典型的一例，该案虽然涉案金额不大，但社会影响恶劣，对上林县这样一个国家级扶贫县而言，扶贫办作为扶贫开发项目的组织管理部门，本应以改善民生、为民谋利为己任，清正廉洁，恪尽职守，严格管理，切实把每分每毫扶贫款落到实处，然而，却因他们的一己之私，不仅使党和政府的扶贫惠农政策难以落实，更严重的是直接损害了党和政府的公信力。检察机关作为职务犯罪侦查和预防部门，一直坚持“抓小抓早”，同时，加大对重点部门、领导和重点岗位职务犯罪的预防和打击力度，有效抑制职务犯罪率的上升和蔓延。

案例 5

云南省文山州丘北县原温浏乡政府秘书余某贪污案

一、基本案情

余某利用担任云南省文山州丘北县温浏乡令冲村村委会主任、党总支书记的职务便利，伙同妻子毛某（另案）为本村 4 名孤儿申请办理了孤儿基本生活保障补助金，但没有将民政部门发给 4 名孤儿的基本生活保障补助金的存折交给抚养人，余某夫妇二人从 2012 年 4 月 26 日至 2013 年 12 月 12 日，将 4 名孤儿信用社账户上的 7.2 万元取走，案发后余某退还了 4300 元。余某还利用职务便利，伙同妻子毛某，用村民杨某的户口册为其申请了农村低保，但两人没有告知杨某有低保，也没有将低保存折交给杨某，余某夫妻二人从 2011 年 1 月 14 日 2013 年 11 月 7 日，将杨某的低保共 1.146 万元从信用社取走侵吞。

二、处罚情况

2014 年 9 月 24 日，丘北县人民法院以贪污罪判处余某有期徒刑 7 年。

三、案件评析

本案中余某身为乡政府秘书兼村党总支书记，伙同担任该村村委会副主任的妻子毛某共同作案，虽然二人级别不高，但均实权在握，拥有财物的管理权和支配权。而且，随着国家涉农惠民政策的增多，上级划拨的补助资金越来越多，有些村干部把国家的补助资金作为自己的私人提款机而大肆贪污挪用。同时，贪污贿赂案件不再仅仅是截留款项的单一手段，其方式多种多样，或重复支出套取公款；或巧立名目，骗取上级资金；或以接待费等虚假列支；或将上交费用中多收取的部分扣留，私自挪用经营项目，从中获取好处；或用公款送礼；或将超生款、土葬款隐瞒不报纳入个人手中；或用小金库方式套取公款等。但“小官蚁贪”的危害不容忽视，它不仅直接侵害了最基层广大农民的经济利益，而且损害了党和政府在人民群众中的形象和威信，社会影响恶劣，后果严重。检察机关正在积极创建教育、制度、监督并重的惩治和预防体系，最大限度地从源头上遏制贪污受贿职务犯罪现象的发生。

结 语

脱贫攻坚任务的完成，标志着我国现行贫困标准下贫困人口全部脱贫。但随着社会经济水平的提高，我国现行的贫困线标准也将随之提高，贫困问题和贫困现象也会依旧存在。如何构建与实施扶贫资金监管法律制度仍然是我国理论研究与实务操作中需要解决的重要难题。因此，为了实现扶贫开发的法治化治理，提高贫困治理能力的现代化能力，本书的研究工作主要集中在以下三个方面。

首先，针对扶贫开发法治化的研究，将扶贫资金这一贯穿扶贫开发的主线作为切入点，以点带面对扶贫开发中存在的法律困境进行了理论回应，提出系统化的扶贫资金监管制度的总体设计。我国正在开展的脱贫攻坚行动中，扶贫资金的运行既表现为财政、金融等宏观调控措施，又与行政给付和政府采购行为密切相关。基于扶贫资金运行的特点，需要创新扶贫资金绩效监管的理念，采用符合扶贫资金运行规律的监管机制。对于扶贫资金运行的监管，应当立足于三大主线，即扶贫资金筹集环节的监管、扶贫资金使用环节的监管和扶贫资金投后环节的监管，通过对扶贫资金运行三个层面的监管，并提高法律责任追究效果，形成完整的扶贫资金监管制度。

其次，针对扶贫资金来源多样和多元主体协同发力的精准扶贫机制，政府及其相关职能部门往往既是“裁判员”又是“运动员”。为了实现扶贫资金监管权的有效配置，应当强化各级人大对扶贫资金的预算监督，尤其是发挥各级人大在扶贫资金的重大决策过程中的宏观监管职能，完善地方人大借助扶贫资金审计报告对扶贫资金开展事中和事后的监督。平衡财政部门的内部监管和外部监管，完善审计机关对扶贫领域的专项审计，增强扶贫主管部门的监管职能。建立解决相对贫困长效机制中，应该首先回应扶贫资金监管选择多元机制亦或是单一机制。贫困治理常态化，应当着重建设具有综合性监管功能的机构，逐步清理和合并涉及不同部门的监管权，避免监管权过于分散或普遍存在导致的多部门的重复监管，减轻扶贫一线工作人员的监管“压力”。赋予扶贫主管部门必要的与履行职权相适应的职权，全面负责扶贫法律和政策的实施、资金管理以及项目审批等，完善扶贫资金调拨使用管理和项目申报实施监管程序，降低不同部门为平衡利益的博弈和消耗。

最后，内蒙古是我国贫困地区的一个典型，是我国最早成立的民族自治地区，被誉为“模范自治区”，我国民族区域自治的制度构想就是来自内蒙古自治区的生动实践。基于对内蒙古扶贫资金监管中扶贫资金预算和分配、对口帮扶内蒙古支援地的监管、扶贫补贴发放、扶贫项目的非招标采购方式、政府购买扶贫服务的变相融资行为以及扶贫 PPP 项目运行等问题的深度剖析，发现扶贫资金监管存在的问题，并相应提出完善建议，扶贫资金监管的法律进路不仅适用于内蒙古，同时，对我国其他贫困地区也具有借鉴价值。

具体而言，通过上述六章的研究分析，本书得出如下几个基本结论。

第一，扶贫资金监管法律制度是一项系统工程，包括扶贫资金的筹集监管制度、扶贫资金支出监管制度和扶贫资金投后监管制度。扶贫资金监管法律关系主体多元、客体特殊、内容综合。对于扶贫资金监管法律关系中主体多元，应当依法明确和界定监管主体的法律地位和职能职责，从横向和纵向两个维度厘清和配置扶贫资金监管权限。扶贫资金监管的对象，既包括类型多元的扶贫资金，也包括扶贫资金运行过程中涉及的相关部门及其工作人员。针对扶贫资金监管的特点，需要结合扶贫资金运行模式系统设计相关监管制度，各项监管制度间应有机联系和互为保障促进，相关监管制度的安排离不开法治化的价值指引。

第二，扶贫资金监管是对扶贫资金运行全过程的监督管理，在扶贫资金监管中存在三大核心问题，即扶贫资金运行安全问题、扶贫资金使用绩效问题和扶贫资金分配公平问题。贫困人口脱贫离不开大量有效的政府行为，由于扶贫资金运行过程中可能存在政府失灵，需要依法对扶贫主体的行为进行监督和管理。因此，在扶贫资金监管中不仅要遵循贫困地区的经济发展规律，而且还应对扶贫资金使用决策、扶贫项目审批、扶贫项目采购、扶贫资产运营、违法责任追究等作出制度安排，保障扶贫资金运行过程的安全、绩效和规范。

第三，围绕均衡协调资金安全、使用绩效与公平分配这条主线，从扶贫资金的筹集、使用、投后三个环节，确定扶贫资金监管法治化的具体进路。在第一环节中，规范政府间财政关系的法律调整，加强对各级政府财政扶贫资金的预算监督；构建纵横交错的转移支付法律制度，完善对口支援支援地的监管权行使；实施扶贫小额信贷的差异化监管，规制扶贫小额信贷的道德风险和逆向选择。在第二环节中，明确贫困人口行政给付受益权及其救济途径；建立政府采购扶贫项目成本收益分析程序，确定扶贫资金支出方式；扶贫资金支出绩效评价法制化。在第三环节中，健全扶贫资产产权法律制度、重构扶贫资产运营管理法律制度和完善扶贫资产收益分配法律制度。上述三个环节的九项措施确定是扶贫资金监管法治化的具体进路。

第四，依法追究扶贫资金运行中违纪违法行为的法律责任是扶贫资金监管法律制度的重要保障。实践中，我国目前关于扶贫资金监管法律责任的设定与实施存在规定过于抽象、责任追究异化等问题。为了完善扶贫资金监管法律责任制度，需要针对扶贫资金运行中，特别要明确资金使用末端的基层组织和个人的法律责任承担范围，通过增强法律责任的惩罚力度和综合运用其他辅助激励措施来提高扶贫资金监管法律责任的效果。